高等学校"十四五"生命科学规划新形态教材

U0683579

Curriculum
Theory
of
Secondary
School

中学生物学
课程论

主编

徐宜兰　张海珠

中国教育出版传媒集团

高等教育出版社·北京

内容提要

　　《中学生物学课程论》主要对生物学课程进行研究,不仅有助于职前和在职中学生物学教师理解生物学课程,还能在此基础上唤起读者的课程意识,提升其对生物学课程的执行力与创生力。

　　全书共 8 章,内容包括生物学课程的性质、生物学课程的文化特征、生物学课程的基本理念、生物学课程的学科核心素养、生物学课程目标、生物学课程内容、生物学课程的主要文本、生物学课程评价与测量。全书在核心素养的视域下,以中学生物学课程论的学科逻辑体系为基本线索,旨在引导读者指向核心素养的理性教学实践。

　　本书可作为高等院校生物学教育专业的课程教材,也可供在职生物学教师进修或研习使用,还可作为生物学教研员、生物学课程设计及开发人员或其他生物学课程研究人员的参考用书。

图书在版编目（ＣＩＰ）数据

　　中学生物学课程论 / 徐宜兰，张海珠主编 . -- 北京：
高等教育出版社，2024.3

　　ISBN 978-7-04-056760-1

　　Ⅰ . ①中… Ⅱ . ①徐… ②张… Ⅲ . ①生物课 - 教学研究 - 中学 - 高等师范院校 - 教材 Ⅳ . ① G633.912

　　中国版本图书馆 CIP 数据核字（2021）第 168232 号

ZHONGXUE SHENGWUXUE KECHENGLUN

策划编辑　靳　然	责任编辑　靳　然	封面设计　姜　磊	责任印制　沈心怡

出版发行	高等教育出版社	网　　址	http://www.hep.edu.cn
社　　址	北京市西城区德外大街4号		http://www.hep.com.cn
邮政编码	100120	网上订购	http://www.hepmall.com.cn
印　　刷	涿州市星河印刷有限公司		http://www.hepmall.com
开　　本	787mm×960mm　1/16		http://www.hepmall.cn
印　　张	15.5		
字　　数	330 千字	版　　次	2024 年 3 月第 1 版
购书热线	010-58581118	印　　次	2024 年 3 月第 1 次印刷
咨询电话	400-810-0598	定　　价	42.00元

本书如有缺页、倒页、脱页等质量问题,请到所购图书销售部门联系调换
物　料　号　56760-00

新形态教材·数字课程（基础版）

中学生物学课程论

主编　徐宜兰　张海珠

登录方法：

1. 电脑访问 http://abooks.hep.com.cn/56760，或微信扫描下方二维码，打开新形态教材小程序。
2. 注册并登录，进入"个人中心"。
3. 刮开封底数字课程账号涂层，手动输入 20 位密码或通过小程序扫描二维码，完成防伪码绑定。
4. 绑定成功后，即可开始本数字课程的学习。

绑定后一年为数字课程使用有效期。如有使用问题，请点击页面下方的"答疑"按钮。

新形态教材网
Abooks

关于我们 | 联系我们　　　　　登录/注册

中学生物学课程论

徐宜兰　　张海珠

开始学习　　　　收藏

　　中学生物学课程论数字课程围绕纸质教材知识体系，立足呈现更多拓展学习资源。本数字课程资源涵盖了拓展阅读、教学课件、课后自测、视频讲解及参考文献等内容。建议教师根据教学需求遴选数字资源用于教学，学生可根据学习需求利用这些资源开拓视野，提升学习效果。

http://abooks.hep.com.cn/56760

序

　　课程是教学得以展开的基本依据，课程实施效果是判断教学目标是否达成的标准。教师能否具有相应的课程意识、能否恰当地理解课程，在很大程度上决定和影响着其教学的质量和水平。从这个意义上来讲，唤醒教师的课程意识、提升教师的课程理解力，是教师教育与教师继续教育的重要内容。不同的学科有不同的性质、特点、形成过程和发展逻辑，由此演化而来的学科课程在学生核心素养的培育中便具有不同的价值和作用。由生物学科支撑起来的生物学课程也不例外。生物学教师的课程意识如何唤醒？生物学教师的课程理解力如何提升？由此出发，我们就可以看到本书的现实意义与存在价值。

　　长期以来，在"大教学论"的背景之下，我国教师的教学意识相对浓厚，但课程意识却相对薄弱。如针对学生的个性差异，很多教师主要从教学方法的角度思考与应对，而较少能从课程内容的角度为学生提供多样化的选择。当然，这并不是否定教学方法的作用，也不是说教学方法的变革不重要，而是说教学方法的真正变革必然涉及课程结构和课程内容的调整和变化，否则教学方法的变革就会沦为一种纯粹的形式、一副干瘪的躯壳。从这个意义上来讲，本书旨在唤醒读者的生物学课程创生意识、动态意识、改革意识和责任意识，提升读者的课程理解力、执行力与创生力，这无疑具有积极的意义。

　　课程理解是教师将官方"正式的课程"转变为教师"领悟的课程"与"运作的课程"的必需环节，它关涉课程实施的质量和水平。然而，课程理解本身并不是自明的，而是在被澄明的过程中才能逐渐彰显的。这个过程包括 3 个层次：第一个层次是"作为事实的理解"，即通过揭露事物间的联系而认识新事物的过程；第二个层次是"作为情感的理解"，也就是同情性或移情性地把握对象，而不仅仅是理智地直观认识或分析推理；第三个层次是"作为实践的理解"，它指向对某一具体事物的合理性的选择与行动。由此可见，对课程的理解首先是对课程事实的认知过程。假如没有对课程一定程度上的知性观念或认知，也就谈不上对课程的理解。甚至可以说，只有对课程形成了一定的知性观念，对它的理解才有可能达到深刻。

　　本书对生物学课程的性质、生物学课程的基本理念、生物学课程的学科核心素养、生物学课程目标、生物学课程内容、生物学课程的主要文本、生物学课程评价与课程测量等进行了解读、分析与研判，可以帮助读者认识与把握生物学课程的本质、生物学课程的现象及关键的生物学课程事件，这在作为事实的课程理解层次上是非常饱满的。更为可贵的是，本书对生物学课程的理解并没有止步于作为课程事实的理解，而是在此基础上引导读者反思，唤起读者的生物学课程意识。生物学教师的课程意识决定了生物学教学的境界，也决定了生物学课程理解、实施与创生的驱动力。课程理解还离不开课程的实践，正是在现实的课程实践活动中，课程理解的意义才会真正得以生成。本书虽以理性的研究为基本线索，实质上则是引领读者走向理性的实践。正像本书所告诉读者的，生物学课程不仅是对工具理性、价值理性、交往理性的追求，更是对实践理性的追求。

徐宜兰和张海珠两位教师长期从事生物学课程论的研究和教学工作，本书既是她们生物学课程思想的表达，也是其实践经验的总结。我相信，本书的出版将有力地推动生物学课程论的学科发展和实践深化。

徐继存

山东师范大学教育学部部长

前　言

　　生物学课程是中学两学段必修的基础课程，是每个公民都必须学习的学科。这反映出生物学课程对中学生成长不可替代的重要价值，也体现了生物学课程的研究之于职前和在职中学生物学教师的重要性。

　　中学生物学课程与师范院校生物学教育专业所开设的生物学专业课程是不同的。它是根据中学生相应年龄阶段的心理特点与思维特点，甄别与选拔对中学生的身心成长、社会化成长有重要价值的生物科学专业知识，并按照心理学化、结构化、社会化等原则进行生物科学文化的改造而重新组织、排列起来的学科课程。可见，生物科学专业知识是生物学教师把握生物学课程的基础，但也只是其中一个的方面。

　　全面把握中学生物学课程，是生物学教师专业素养的必然要求。因此，作为研究生物学课程的学问——生物学课程论，也定然会成为师范院校生物学教育专业的必修课程。尽管如此，生物学课程论在我国还是一门非常年轻的学问。我国曾在很长一段时间以教学研究代替课程研究，"课程"一词全然由"教学"取代，如教学计划、教学大纲、教科书等。20世纪80年代左右，我国才开始逐渐关注课程。与此同时，伴随着世界各国教育改革步伐的加快和教育水平的提高，课程的改革日益成为各国教育改革的关键。我国在历次教育改革的过程中也逐渐意识到，课程作为实现教育目的的载体对学生的发展具有最为直接、最具稳定性的影响，课程的改革是教育改革的核心内容和关键。因此，课程的研究已成为我国教育研究的基本课题和热点课题。随着我国生物学课程改革的不断深化，我国生物学课程论的研究也逐渐发展并成熟起来。

　　生物学课程论的研究对象包括生物学课程的性质、生物学课程的目标、生物学课程的理念、生物学课程的内容、生物学课程的结构、生物学课程的政策、生物学课程标准、生物学课程资源、生物学教科书、生物学课程评价、生物学课程的历史、生物学教师的课程权利、生物学教师的课程意识、生物学教师的课程生成，等等。生物学课程论能指导生物学课程的开发、生物学课程的改革，能唤起生物学教师的课程意识，能提升生物学教师对生物学课程的理解力、执行力与创生力。

　　本书分为8章，从8个角度展开了对中学生物学课程的研究。第一章首先对我国 1986 年以来生物学课程标准（或教学大纲）关于"生物学课程性质"的表述进行比较，系统梳理了生物学课程的一般性质与学科性质，并对生物学课程的科学本质及与其他科学课程的共性进行了讨论。第二章首先对生物学课程的"两种文化倾向"进行了批判与应答，以我国中学生物学课程体系的演进过程作为基本坐标，考察了我国生物学课程不同时期的"文化性格"，并基于生物学课程的"文化基因"与"文化性格"对我国生物学课程文化的变迁进行了讨论。第三章首先对 2001 年以来我国生物学课程标准确定的课程理念进行了哲学的省察，在此基础上，对三维目标时代的生物学课程理念与核心素养时代的生物学课程理念进行了解读与分析。第四章首先明确了核心素养的内涵与由来，并对学科核心素养的内涵、结构与功能进行了分析与讨论。接下来，对生物学课程的 4 个学科核心素养——生命观念、科学探究（或探究实践）、科学思维、社会责任（或态度责任）进行了细致解读。第五章首先引导读者认识课程目标，力求阐明三维目标与核心素养的关系，并在实践层面上力求清晰阐释基于三维分类课程目标与教学目标的设计方法，以及基于学科核心素养的课程目标与教学目标的设计方法。第六章区分了生物学课程内容、教材内容与教学内容，探讨了如何选择生物学课程内容、如何组织生物学课程内容，引领读者研究与关注当前初中、高中生物学课程内容的体系与结构。第七章首先引导读者认识现行中学两学段课程方案，了解生物学课程标准的框架结构与行文特点，帮助读者理解教科书的含义与制度，并以人教版普通高中生物学教科书必修 1 为例，对该教科书的知识要素、逻辑结构、心理结构、文本结构及所体现的生物学科核心素养做出了分析与解读。第八章阐释了我国学业水平试卷编制所依据的经典测量理论、基于经典测量理论的生物学学业质量试卷的编制过程、生物学试卷考试分数的统计与分析、指向核心素养的学业质量测量与评价，把对生物学课程评价的理解引向课程实践。

曹道平教授审阅了本书的书稿，指出了具体的修改、补充意见，并给本书提供了许多宝贵的资料。徐继存教授为本书作序，其对本书的认可是我们在生物学课程研究方向继续前行的动力。高等教育出版社大力支持了本书的出版工作，责任编辑靳然为本书的编辑和出版做出了辛勤工作。在此，一并表示衷心的感谢！鉴于编者水平有限，错误和不当之处在所难免，恳请读者和同行专家们批评指正。

徐宜兰

2022 年 12 月

目　录

第一章　生物学课程的性质 ·· 1
　第一节　破解生物学课程的"性质"难题 ································ 1
　第二节　生物学课程的一般性质 ·· 8
　第三节　生物学课程的学科性质 ·· 11
　第四节　生物学课程作为科学课程的进一步讨论 ···················· 18

第二章　生物学课程的文化特征 ·· 28
　第一节　对生物学课程"两种文化倾向"的批判与应答 ·············· 28
　第二节　透过课程发展历程看我国生物学课程的"文化性格" ········ 33
　第三节　我国生物学课程的文化变迁 ···································· 39

第三章　生物学课程的基本理念 ·· 44
　第一节　生物学课程理念对"理性"的追求 ·························· 44
　第二节　三维目标时代的生物学课程理念 ······························ 48
　第三节　核心素养时代的生物学课程理念 ······························ 58

第四章　生物学课程的学科核心素养 ·· 66
　第一节　核心素养的内涵与由来 ·· 66
　第二节　什么是学科核心素养 ·· 70
　第三节　作为学科观念的生物学科核心素养 ···························· 77
　第四节　跨学科的生物学科核心素养 ···································· 86

第五章　生物学课程目标 ·· 98
　第一节　认识生物学课程目标 ·· 98
　第二节　基于三维分类的生物学课程目标 ······························ 109
　第三节　基于核心素养的生物学课程目标 ······························ 116

第六章　生物学课程内容·································· 124
　第一节　什么是生物学课程内容························· 124
　第二节　生物学课程内容的选择························· 132
　第三节　生物学课程内容的组织························· 140
　第四节　我国现行生物学课程内容······················ 153

第七章　生物学课程的主要文本························· 169
　第一节　现行中学两学段课程方案······················ 169
　第二节　生物学课程标准····························· 175
　第三节　生物学教科书······························· 183
　第四节　认识现行生物学教科书························· 185

第八章　生物学课程评价与课程测量···················· 195
　第一节　认识生物学课程评价························· 195
　第二节　认识生物学课程测量························· 201
　第三节　基于经典测量理论的生物学学业质量测量··········· 209
　第四节　指向核心素养的生物学学业质量测量与评价········· 217

后　记　呼唤生物学教师课程意识的觉醒与回归·············· 233

第 一 章

生物学课程的性质

在生物学课程研究中，对生物学课程性质的研究是一个不可回避的重要问题。生物学课程性质的研究是生物学课程研究的逻辑起点，是生物学课程设计与编制首先需要解答的问题，也是对生物学教师专业素养的基本要求。对于一线生物学教师来说，只有把握了生物学课程的性质，才能按照生物学课程的本来面目设计教学目标、教学内容和教学过程；只有真正把握了生物学课程的性质，才能选择更加适合的教学方法进行实践并优化教学过程。

第一节 ｜ 破解生物学课程的"性质"难题

我国生物学课程的研究中有一个"性质"的难题。生物学课程的性质问题，造成了人们对生物学课程认识的误解与偏差，如认为生物学课程是一门记诵之学，而非实验之学等。这些误解和偏差很大程度上导致了中学生物学课程地位的低下，也造成了部分教师对生物学课程与教学的无所适从。

一、生物科学、生物学课程、生物学科之辨

造成生物学课程性质难题的重要原因之一，是对"生物学课程是什么"和"生物学课程应该是什么"的问题缺乏合理的分析与盘查。如有人将生物科学的性质等同于生物学课程的性质，也有人将生物学科的性质等同于生物学课程的性质，即把生物科学、生物学科、生物学课程当作同一个问题来看待。3个术语的纠缠不清使得生物学课程性质模糊不清，也使得很多生物学课程问题的讨论缺乏了合理的学理基础。因此，破解生物学课程性质的难题，必须首先明确区分生物科学、生物学课程与生物学科3个术语。

（一）生物科学

生物科学，又称生命科学或是生物学，是研究生命现象和生命活动规律的一门科学，是农林、医药卫生、环境保护及其他有关应用科学的基础。生物科学经历了从现象到本质、从定性到定量的发展过程，并与工程技术相结合，对社会、

经济和人类生活产生越来越大的影响。生物科学有着与其他自然科学相同的性质。它不仅是一个结论丰富的知识体系，也包括了人类认识自然现象和规律的一些特有的思维方式和探究过程。

（二）生物学课程

我们中学所教授的生物学绝不是生物科学本身，它是重新概念化、重新体系化了的生物学课程。

"生物学"一词从 19 世纪初首次出现，至今生物科学知识已浩瀚如海洋，让中学生全部学习是根本不可能的事，必须要从中比较和鉴别才能形成学校教育的生物学课程。这并不是一件容易的事，只要从中做出选择就必须回答斯宾塞（H. Spencer）的千古之问——什么知识最具教育价值的问题。从历史上看，教育学家们从不同的角度给出了各种各样的标准和答案。总的来看，比较和判断某种知识教育价值大小的标准无非有 3 条：一是在多大程度上满足学生成长的需要；二是在多大程度上满足社会发展的需要；三是在多大程度上满足学科知识体系的需要。这 3 条标准形成了一种三维的、具有适度张力的知识价值结构。任何课程知识的选择都应该以这种三维的知识需要或价值出发，而不能只考虑其中的一个或两个维度。

可见，学校教育的生物学知识是从生物科学知识宝库中选择的、服务于学生发展的、经过特定方式处理的、与学生经验相关联的知识，而非生物科学知识体系中的原态知识。因为教育是将文化加以有目的的、有意识的传递与保存，并通过选择与重组而实现文化的改造。更进一步说，就是将经过选择的原态生物科学知识心理学化、结构化、社会化等。所以从静态上来看，生物学课程是以生物科学为背景，以适应学生身心发展和社会要求进行选择和排列生物科学内容，使其心理学化、结构化与社会化，以促进学生的人格形成与学力形成的学校教育的一种载体。照此可知，生物学课程不仅是系统的、对学生的成长和社会的发展有价值的、可物化且心理学化的生物科学知识，还是预期的学习结果、有计划的经验，更是生物科学的传承和再创造。另外，从动态上来看，生物学课程是对前面所提诸元素的设计过程，即对生物学学习的理念和目标、内容和资源、时间和进程、方式和方法等方面的系统设计。可见，生物学课程的含义是非常丰富的。

（三）生物学科

如果给学科下个定义，简单地说，它是指学校课程表里所列的教学科目（subject）及相应的活动。以学生学习后获得的经验主要是间接经验还是直接经验为划分标准，中学课程分为学科课程和活动课程。照此划分，目前我国中学课程表里所列的课程也分为两大类：一大类是以学生获得间接经验为主的学科课程，如化学、语文、生物学等，它们是有具体学科背景的国家课程；另一大类是以获得直接经验为主的综合实践活动课程。学校教育发展到今天，学科课程的构建一般都融入了活动课程中直接经验的有益内核，换句话说，如今的学科课程不会再依靠绝对的间接经验建构。虽然如此，学科课程仍以间接经验为主，课程实践过程中学生的行为直接表现为获取人类长期积累起来的科学文化知识，这种学习是建立在前人基础上的，无须事事直接经历，因而能大大缩短对客观世界的认识过程。我国现阶段的生物学课程就是融入了活动课程有益内核的学科课程。

值得注意的是，由于我国长期以来以学科为中心构建课程，各学科关注的是本学科内部的逻辑体系，在一定程度上割裂了不同学科之间的联系。我国第八次基础教育课程改革，虽然构建的生物学课程仍然是学科课程，但它已经融入了活动课程的有益元素，整合了其他自然科学、人文科学和社会科学，加强了和实际生活、社会的联系，所以它已经不是传统意义上的学科课程。因此，本书用生物学课程代替生物学科，不只是名称术语的转变，而是希望在"课程"的语境下引导读者逐渐摆脱"学科"的藩篱，凸显生物学课程与社会、生活及其他课程之间的统整关系。

厘清生物科学、生物学课程和生物学科三者之间的关系对认识和把握生物学课程的性质是极其重要的。在生物学课程性质研究的历史上就曾经因为三者的模糊不清导致了很多的偏差，如有一种说法非常流行，即生物学课程具有生命性、实验性、现代性、思想性，还有的著述上增添了历史性、人文性等。这些著述在描述生物学课程特征的同时，又描述了生物科学的特征，即并没有将生物学课程的特征与生物科学的特征相区别，或者说是将二者当成一回事来阐述。生物学课程和生物科学不是一回事情，如果把二者等同起来，在理论层面上定会造成生物学课程研究边界的模糊；在实践层面上造成生物学课程性质的误解、生物学课程目标的含混、生物学课程内容的失当等问题。此外，生物学课程与生物学科在我国现阶段的基础教育中虽为相近关系，但我国生物学课程因活动课程有益元素的引入，已不是传统意义上的学科课程。

二、生物学课程标准（或生物学教学大纲）对课程性质的认识

2001 年，《义务教育生物课程标准（实验稿）》第一次明确提出了"生物学课程的性质"，其中的一个意义就是宣告"生物学课程应该是什么"的问题已受到国家课程标准的重视，第二个意义就是引发人们对生物学课程性质的进一步探究与实践。之前的教学大纲虽未明确指出生物学课程的性质，但也有类似的表述。基于此，本书对1986年以来的4个生物学教学大纲、3个初中生物学课程标准、2个普通高中生物学课程标准进行了纵向比较。希望读者从生物学课程标准（或生物学教学大纲）的发展上找到解决生物学课程性质难题的突破口。

▶▶ 视频讲解 1-1　生物学课程是一门什么样的课程？

（一）1986 年中学生物学教学大纲对课程性质的阐述

1986 年颁布的《全日制中学生物学教学大纲》（以下简称"1986 年生物学教学大纲"）是初、高中一体的教学大纲。它分 2 个自然段阐述"生物学课程的性质"。其中一个自然段阐述了生物学及其价值，另一自然段阐述了"生物课"及其培养目标：

生物学与人类的生活，与工农业生产，与其他自然科学的发展，都有密切的关系。生物学在实现我国的社会主义现代化建设中，有着重要的作用。

生物课是中学必修的一门基础课。生物课要贯彻"教育要面向现代化，面向世界，面向未来"的精神，使学生掌握基本知识和基本技能，培养学习生物学的兴趣和能力，为他们进一步学习文化科学知识，参加社会主义现代化建设，打下必要的基础。

（二）1988 年初中生物学教学大纲对课程性质的阐述

1988 年颁布的《九年制义务教育全日制初级中学生物学教学大纲（初审稿）》（以下简称"1988 年生物学教学大纲"）仍然分 2 个自然段阐述"生物学课程的性质"。其中一个自然段仍然阐述了生物学及其价值，但比 1986 年生物学教学大纲更丰富。第二自然段仍然阐述的是"生物课"，虽然稍有不同，但更多的阐述也是"生物课"的培养目标：

生物学是研究生命活动规律的科学。它是农、林、牧、副、渔、医药及其他有关应用科学的基础，与其他自然科学和社会科学的发展，与人类的生活，都有着密切的关系。生物学在我国的社会主义现代化建设中，日益显示出重要作用。

生物课是初中阶段必修的一门基础课。通过生物课的学习，使学生获得生物学基础知识，形成基本的生物学观点，培养学习生物学的兴趣、方法和能力，为他们参加社会主义现代化建设，适应现代化生活和进一步学习文化科学知识，打下必要的基础。

（三）1992 年（2000 年）义务教育生物学教学大纲对课程性质的阐述

1992 年颁布的《九年义务教育全日制初级中学生物教学大纲（试用）》是义务教育课程改革的成果，2000 年进行了试用修订，颁布了《九年义务教育全日制初级中学生物教学大纲（试用修订版）》。这 2 个版本关于"生物学课程性质"的阐述没有变化，对"生物学课程性质"的阐述仍然分为 2 个自然段，第一段阐述生物学及其价值，比 1988 年生物学教学大纲又丰富了些，第二段仍然阐述"生物课"，虽然所涉及的内容较以前变化较大，但其阐述的也是"生物课"的培养目标：

生物学是研究生命现象和生命活动规律的科学。它是农、林、牧、副、渔、医药卫生、环境保护及其他有关应用科学的基础，与其他自然科学和社会科学的发展，与我国的新技术革命，与人类的生活，都有着密切的关系。生物学在我国社会主义的物质文明和精神文明建设中已经显示出重要作用。

生物课是义务教育初中阶段必修的一门基础课。通过生物课的学习，使学生获得生物学基础知识，形成基本的生物学观点，提高学习生命科学的兴趣和能力，初步具有科学态度、创新精神和一定的实践能力，掌握一般的科学方法，为他们以后参加社会主义现代化建设、适应社会和继续学习，打下必要的基础。

（四）2001 年义务教育生物学课程标准对课程性质的阐述

进入 2000 年以后，我国进行了第八次基础教育课程改革。2001 年颁布的《义务教育生物课程标准（实验稿）》（以下简称"2001 年生物课程标准"）就是这次生物学课程改革的一个重要成果。至此，我国将使用了 50 多年的生物（学）教学大纲更名为生物课程标准。2001 年生物课程标准对生物学课程性质的阐述依然是 2 段，第一段阐述了生物科学及其价值，不仅用"生物科学"代替了"生物学"，而且阐述内容较之前更加丰富，第二段明确用"生物课程"代替了以前的称谓"生物课"，叙述风格也与以往大有不同，没有提及生物学课程的培养目标，而是明确阐述义务教育阶段的生物学课程是国家课程、必修课程和科学课程：

生物科学是自然科学中的基础学科之一，是研究生物现象和生命活动规律的一门科学。它是农、林、牧、副、渔、医药卫生、环境保护及其他有关应用科学的基础。生物科学经历了从现象到本质、从定性到定量的发展过程，并与工程技术相结合，对社会、经济和人类生活产生越来越大的影响。

义务教育阶段的生物课程是国家统一规定的、以提高学生生物科学素养为主要目的的必修课程，是科学教育的重要领域之一。

（五）2003 年普通高中生物学课程标准对课程性质的阐述

2003 年《普通高中生物课程标准（实验稿）》中课程性质的阐述风格与 2001 年生物学课程标准相似，是义务教育阶段生物学课程的拓展与延续：

生物科学是自然科学中的一门基础学科，是研究生命现象和生命活动规律的科学。它是农业科学、医药科学、环境科学及其他有关科学和技术的基础。生物科学的研究经历了从现象到本质、从定性到定量的发展过程。当今，它在微观和宏观两个方面的发展都非常迅速，并且与信息技术和工程技术的结合日益紧密，正在对社会、经济和人类生活产生越来越大的影响。

高中生物课程是普通高中科学学习领域中的一个科目。高中生物课程将在义务教育基础上，进一步提高学生的生物科学素养。尤其是发展学生的科学探究能力，帮助学生理解生物科学、技术和社会的相互关系，增强学生对自然和社会的责任感，促进学生形成正确的世界观和价值观。

（六）2011 年义务教育生物学课程标准对课程性质的阐述

2011 年颁布的《义务教育生物学课程标准（2011 年版）》（以下简称"2011

年生物学课程标准")是 2001 年生物学课程标准的修订版,仍然是分 2 段阐述生物学课程的性质,所不同的是每一段都提供了更加丰富的信息。第一段不但提及生物科学的性质,还明确指出生物科学的性质是生物学课程性质的重要决定因素;第二段阐明义务教育阶段的生物学课程是一门科学课程、国家课程、必修课程;除此之外,还强调了它是一门学科课程:

生物科学是自然科学中的基础学科之一,是研究生命现象和生命活动规律的一门科学。它是农林、医药卫生、环境保护及其他有关应用科学的基础。生物科学经历了从现象到本质、从定性到定量的发展过程,并与工程技术相结合,对社会、经济和人类生活产生越来越大的影响。生物科学有着与其他自然科学相同的性质。它不仅是一个结论丰富的知识体系,也包括了人类认识自然现象和规律的一些特有的思维方式和探究过程。生物科学的发展需要许多人的共同努力和不断探索。这些是生物学课程性质的重要决定因素。

义务教育阶段的生物学课程是自然科学领域的学科课程,其精要是展示生物科学的基本内容,反映自然科学的本质。它既要让学生获得基础的生物学知识,又要让学生体悟生物学家在研究过程中所持有的观点以及解决问题的思路和方法。生物学课程期待学生主动地参与学习过程,在亲历提出问题、获取信息、寻找证据检验假设、发现规律等过程中习得生物学知识,养成理性思维的习惯,形成积极的科学态度,发展终身学习的能力。学习生物学课程是每个未来公民不可或缺的教育经历,其学习成果是公民素养的基本组成。义务教育阶段的生物学课程是国家统一规定的、以提高学生生物科学素养为主要目的学科课程,是科学教育的重要领域之一。

(七)2017 年普通高中生物学课程标准对课程性质的阐述

《普通高中生物学课程标准(2017 年版)》是我国基于核心素养课程改革的结果,它关于生物学课程性质的表述更为详尽,分为 3 段。第一段、第二段阐述了生物科学的性质,且在第二段中继续重申生物科学的性质是生物学课程性质的重要决定因素;在第三段中,再次强调生物学课程是学科课程、科学课程,在高中阶段也必须设置必修课程,因为它是每个公民不可或缺的教育经历,是公民素养的基本组成部分;当然,在必修课程的基础上,可以根据学生选科的需要设置选择性必修课程,还可以根据学生的兴趣设置不同形式的选修课程:

生物学是自然科学中的一门基础学科,是研究生命现象和生命活动规律的科学。它是农业科学、医药科学、环境科学及其他有关科学和技术的基础。生物学的研究经历了从现象到本质、从定性到定量的发展过程。当今,它在微观和宏观两个方向的发展都非常迅速,并且与信息技术和工程技术的结合日益紧密,正在对社会、经济和人类生活产生越来越大的影响。

生物学有着与其他自然科学相同的性质。它不仅是一个结论丰富的知识体系，也包括了人类认识自然现象和规律的一些特有的思维方式和探究过程。生物学的发展需要许多人的共同努力和不断探索。生物学的学科属性是生物学课程性质的重要决定因素。

高中生物学课程是科学领域的重要学科课程之一，是义务教育阶段相关课程的延续和拓展，其精要是展示生物学的基本内容，反映自然科学的本质。它既要让学生获得基础的生物学知识，又要让学生领悟生物学家在研究过程中所持有的观点以及解决问题的思路和方法。生物学课程要求学生主动地参与学习，在亲历提出问题、获取信息、寻找证据、检验假设、发现规律等过程中习得生物学知识，养成科学思维的习惯，形成积极的科学态度，发展终身学习及创新实践能力。学习生物学课程是每个公民不可或缺的教育经历，其学习成果是公民素养的基本组成。本课程是以提高学生生物学学科核心素养为宗旨的学科课程，是树立社会主义核心价值观、落实立德树人根本任务的重要载体。

（八）2022 年义务教育生物学课程标准对课程性质的阐述

相比较《义务教育生物课程标准（实验稿)》《普通高中生物课程标准（实验稿)》《义务教育生物学课程标准（2011 年版)》，《普通高中生物学课程标准（2017 年版)》和《义务教育生物学课程标准（2022 年版)》对"课程性质"更加重视，前 3 版课程标准都把课程性质的部分安排在前言部分表述，而后 2 版课程标准则把课程性质的表述放在了正文之中，成为课程标准一个重要的有机组成部分。《义务教育生物学课程标准（2022 年版)》对课程性质的阐述仍然分为两个部分。第一段强调了生物科学的性质、研究方法、生物科学的发展现状和学科价值，这是生物学课程性质、教学方法、课程地位的重要决定因素；第二段仍然强调生物学课程是科学课程，教学方法应反映生物学是一门自然科学的本质，生物学课程的学习可以提高学生的生物学科核心素养。

生物学是自然科学中的一门基础学科，是研究生命现象和生命活动规律的科学，其研究对象是具有高度复杂性、多样性和统一性的生物界。生物学是农业科学、医药科学、环境科学及其他有关科学和技术的基础。生物学的研究经历了从现象到本质、从定性到定量的发展过程，形成了结论丰富的知识体系，以及人类认识自然现象和规律的一些特有的思维方式和探究方法。当今，生物学在微观和宏观两个方向的发展都非常迅速，并且与信息技术和工程技术的结合日益紧密，在人类健康与疾病防治、粮食和食品安全、生态环境保护等方面产生越来越大的影响。

义务教育生物学课程注重探究和实践，以丰富的生物学知识为载体，通过多种教学活动展现人们认识自然现象和规律的思维方式及探究过程，反映自然科学的本质。学习生物学课程有利于养成科学思维的习惯，形成积极的科学态度。学会学习，提升科学素养，对学生的健康生活、终身发展具有重要意义。

总结上述生物学课程标准（或生物学教学大纲）对生物学课程性质的阐释，可以发现：第一，每个版本的生物学课程标准（教学大纲）首先都表述了生物学的科学本质，然后表述生物学的课程性质，这表明科学本质是影响课程性质的重要决定因素，要把握生物学课程的性质，首先需要把握其科学本质；第二，生物科学与生物学课程是两个不同的概念，在中学所教授的生物学绝非生物科学本身，它是重新概念化、重新体系化了的生物学课程；第三，生物学教学大纲对生物学课程性质的表达是比较模糊的，对生物学课程性质的阐述更多的是生物科学的性质和培养目标；第四，2001 年以来的生物（学）课程标准逐渐明晰了生物学课程的性质——义务教育阶段的生物学课程是学科课程、科学课程、国家课程、必修课程，普通高中阶段的生物学课程是学科课程、科学课程、国家课程，且必须存在必修课程。

第二节 | 生物学课程的一般性质

通过生物学课程标准（或教学大纲）的纵向比较，我们可发现生物学课程标准（或教学大纲）对生物学课程性质的阐述在不断发生变化。这种变化体现了课程标准（或教学大纲）对生物学课程性质研究的不断深入。另外，横向比较生物学、物理、化学 3 门课程的课程标准，不难发现三者有相似的课程性质，它们一起组成了科学课程群，并一道承担着相似的学力诉求。它们共有的课程性质，可以称为生物学课程的一般性质。

一、生物学课程是学科课程

生物学课程是有具体学科（生物学科）做支撑的学科课程，和活动课程相区别。学科课程一直影响着世界各国课程的发展，虽曾一度备受质疑，但目前仍然是基础教育课程中最基本的组织形态，而且还出现了诸如布鲁纳（J. S. Bruner）的"学科结构"等学科课程理论和学科课程形态，使得学科课程更加科学化。学科课程的编排要求有一定的逻辑体系，教学组织形式以班级授课为主，主要学习间接经验，有助于学生更加经济有效地学习生物学课程。

认清生物学课程是学科课程，不是活动课程或其他课程形式，对生物学课程的编制和实践具有重要意义。在我们目前的基础教育课程改革过程中，出现了一些对学科课程不正确认识的现象，须引起注意。学科课程在实践中确实出现了较多问题，现阶段我们必须通过对学科课程的改造和提升，以逐步修正、深化和丰富生物学课程，如生物学课程的进一步心理学化、结构化，进一步增进生物科学、技术和社会的联系，融入活动课程的有益元素等，以使生物学课程的设计更加科学和先进。

二、生物学课程是科学课程

生物科学的性质是影响生物学课程性质的决定性因素。生物科学是一门有关"生命认知"的科学，是研究生命现象和生命活动规律的科学。它通常采用自然科学的研究方法，如数学方法、观察实验方法、逻辑推理方法等，与人文科学有着本质的区别。厘清生物科学是一门自然科学对生物学课程具有至关重要的意义，意味着生物学课程主要体现为科学的本质和特征。科学不仅是一个内容丰富的知识体系，也是人类认识自然世界的一些特殊途径和方法。由于有了这些对生命世界准确提出问题及获取较为可靠答案的方法，如观察、做出假设、定量化、求证和思考等，人类对自身和生命环境的认识日益深入、全面，也更加可靠。这些方法反映出自然科学与其他领域的认识模式的不同，也体现了科学本质和特征最基本的部分。生物学课程作为科学课程，不仅要传播科学的事实和概念，还要体现它的科学方法和科学途径。因此，教师在教授生物学课程时就会很自然地选择实验法、观察法、数学法、调查法、探究法等教学方法，就会很自然地进行理性的思考与分析，就会很自然地使用 STS（science，technology，society；即科学、技术、社会）、RLS（real life science，即真实生活中的科学）等教学策略。那种"念一念、划一划、背一背"的教学方法严重违背了生物学课程的基本性质，也会把生物学课程教成非理非文的"四不像"课程，这是生物学教师尤其要注意的。生物学课程作为一门科学课程理应为公民的基本科学素养的培养做出贡献。

三、生物学课程具有技术课程的性质

技术不同于科学，同时它们又密切相关。技术是一种依靠科学改造自然的活动。技术在很多方面表现为生产力，它增强了人们改变世界的能力。一个具有良好技术素养的人，能更高效地生活在现代社会中。因此，生物学课程在培养学生科学素养的同时，也需培养学生的技术素养（刘恩山，2020）。

美国颁布的《国家科学教育标准》（*National Science Education Standards*）认为开发学生技术设计的能力与开发学生对科学与技术的理解力同样重要，提高学生的技术素养，有助于培养学生解决社会和生活中实际问题的能力。

在生物学课程中培养学生科学素养、技术素养的同时，我们不得不关切科学技术"两面性"的问题。有德之人利用科技造福社会，而无德之人会利用科技危害社会。生物学课程作为科学课程、技术课程，要求学生像科学家那样了解科学进程和思考问题的目的不是让所有的学生都成为科学家，而是应该有助于学生解决社会上一些有意义的问题。生物学课程要让学生懂得，科学要为社会服务，了解怎样利用生物科学技术去改善人类的生活。在这方面，STS 课程、STEM （science，technology，engineering，mathematics；即科学、技术、工程、数学）课程等走在了前列，我们可提取 STS 课程、STEM 课程的合理内核改造现阶段的生物学课程，更好地将科学、技术、工程、数学和社会融合在一起。

四、必修课程是中学生物学课程基本的课程形式

生物学课程的主要目的是提高全体公民的生物科学素养，在中学阶段必须设置生物学必修课程并面向全体学生开设。生物科学素养是公民科学素养构成中重要的组成部分。在科学技术正日益深刻影响我们生活的今天，一个人所具备的科学素养将影响到其未来生活质量。国家所出台的与科学技术有关的政策也都要在公众理解的基础上才能实现决策的民主化和公开化。而且，今后需要凭借科学技术知识才能够解决的公共政策问题将会越来越多，科学技术决策的民主化进程与公众科学素养水平提高的进度具有密切的相关性。从这一意义上说，公众的科学素养关乎国家的综合国力。因此，中学生物学课程也必然是面向全体学生的必修课程，即"科学为大众"，而不是面向少数人的精英教育。教育家布拉梅尔德（T. Brameld）在《教育的力量》（*Education as Power*）一书中论述道：精英教育的作用或者说教育的力量是很有限的。而教育如果能让大多数人决定世界的面貌，而不是少数人决定的话，这种教育应该是最有力量的（Brameld，1965）。

我们教授生物学课程并不希望每个学生都成为科学家，而是希望提高全体学生的生物科学素养。中学生物学课程是为大众开设的，生物科学就在我们现实的生活之中，就在现实的社会之中，离每个人都不遥远。这样看来，必修的生物学课程就不是纯学术型的科学课程，必然要渗透健康教育、生存教育、生态教育、青春期教育、生物哲学观教育、人生规划教育、生命教育、生物伦理教育等诸多方面。生物学课程的教学也应采取与现实生活相联系的教学策略，让学生感受到生物科学存在于我们日常生活的每一个角落，学了生物科学会让每位学生终身受益，而不完全是为升学和就业做准备。当然，在必修课程的基础上，国家、地方或学校还可以再开设相关的选修课程以满足不同学生的需要。

五、生物学课程是国家课程

我国现行三级课程管理模式，即国家课程、地方课程、校本课程。生物学课程是国家课程。国家课程是国家规定的课程，集中体现国家的意志，专门为培养未来的公民而设计，是依据未来公民接受教育之后所要达到的基本素养而开发的课程。国家课程根据不同教育阶段的性质与培养目标制定各个领域或学科的课程标准或教学大纲，编写相应教科书。国家课程是国家基础教育课程计划框架中的主体部分，也是衡量国家基础教育质量的重要标志（许洁英，2005）。

生物学课程作为一门国家课程，其一，它所体现的是国家的意志，是培养未

来公民素养不可或缺的学校课程，它的作用是任何其他学科所不能替代的。其二，生物学课程作为一门国家课程，是面向全国的，必须确保所有学生学习的权利，因此具有统一规定性和强制性，任何地方和学校不得任意减少生物学课程的课时数。其三，生物学课程作为一门国家课程，必然有国家制定的生物学课程标准以明确规定学生学习生物学课程应达到的质量标准，为了实现国家预设的课程标准，还须有国家相关部门审核通过的相应教科书作为支持。其四，生物学课程作为一门国家课程，必然面向全体学生，因此，其质量标准应保证绝大多数学生通过努力后都能达到，从而避免因标准过高而将那些处境不利的学生排除在外；另外，还应在此基础上，为学生提供发展的机会，并实施多样化的评价，在全面发展的基础上实现学生有个性的发展。

六、中学生物学课程现阶段应是学科水平的综合课程

时至今日，人们对生物学课程的综合化趋势和意义已鲜有反对，但究竟怎样实现生物学课程的综合，或在多大程度上进行综合，则有颇多分歧。综合课程有多种形式，如学科水平的综合课程、相关学科水平的综合课程、领域水平的综合课程。在这 3 种水平层次的综合课程中，学科水平的综合课程综合化程度最低。相比较领域水平和相关学科水平的综合课程，它又像是分科课程。我国现阶段的生物学课程即属于学科水平的综合课程。它虽然综合化程度较低，但强调学科内部知识的重组与改造，在维系学科课程重逻辑与学术特点的同时，能打破分科知识的壁垒，积极引领学生走向真实的生活世界，走向丰富多彩的社会实践。学科水平的生物学综合课程在现阶段理应长期存在，就学生的认识结构而言，包括分科与综合两种方式才是合理的，而学科水平的生物学综合课程恰是这样一种分科与综合相结合的课程。

综上所述，生物学课程是一门学科课程、科学课程、技术课程、必修课程、国家课程等。这些性质与物理学、化学课程相近，它们所呈现的是生物学课程的一般性质。正因为如此，这 3 门课程组成了具有共同学力诉求的科学课程群。因此，加强科学课程之间的横向联系，特别是物理学、化学与生物学课程之间的横向联系，有利于学生理解科学的本质，建立科学的自然观，也只有不断地消弭学科之间的界限，让彼此支持和融合，才能更好地实现共同的学力诉求。

第三节 | 生物学课程的学科性质

生物学课程与物理学、化学课程同为科学领域的课程，一道承担着培养学生科学素养的重任，它们有相似的课程性质。同时，由于生物科学本身的特殊性，它所体现的生命观念、人的独特地位及丰富的人文色彩，决定了生物学课程与其

他科学课程的不同。

一、生物学课程是蕴含生命观念的科学课程

生物科学是有关"生命认知"的科学，"生命"是生物学课程研究的核心内容，认识与理解生命世界也成为生物学课程的核心目标。课程中所展现的"生命观念"是生物学课程所独有的学科核心素养，生物学教师对生命观念的理解与把握是实现生物学核心素养的重要环节。

（一）什么是"生命"？

毫无疑问，把握了"生命"的含义，对生命观念的理解才能更加全面和深刻，可许多研究者在探讨"生命"的含义时遇到了很大的麻烦。通常，人们可以不太费劲地区分出什么东西是有生命的、什么东西是没有生命的，可是真正让我们用语言或文字来表达什么是生命时，事情就变得不再那么简单了。历史上，生物学家、哲学家、物理学家、化学家都给生命下过定义，但都没解决好这个问题。

1. 生物学家的"生命观"

生物学家给出了现代常用的"生命"的定义，即生命是生物体所表现的自身繁殖、生长发育、新陈代谢、遗传变异，以及对刺激的反应等的复合现象。但这些复合现象中任何单一现象都不是生物所特有的。从"物质和能量交换"（即新陈代谢）来说，非生命的火焰不断把燃料变成其他物质，进行着剧烈的物质和能量交换，但人们并不认为它有生命；相反在适当条件下保存着的种子（如古莲子）在一个很长的时间内可以没有物质和能量交换，但仍然具有生命，环境适宜它就会萌发。"生长"也是一样，无机的晶体在形成的时候，就有一个生长的过程；相反，有些生命体并不总在生长，有的一旦形成，大小就不变了。"繁殖"也不是生命体独具的特征，凡是有自催化过程的反应系统都有"繁殖"现象，如一些核反应；而有些生命体并不能"繁殖"，如骡子。至于说到外界刺激会引起反应这一点，只要手里有一部智能手机，就不会认为这是生命所特有的性质了。

2. 哲学家的"生命观"

对于"生命"的含义，哲学家们也非常关心这个问题。亚里士多德（Aristotle）、康德（I. Kant）、恩格斯（F. Engels）等都曾提出过自己的看法。最著名的就是恩格斯（1955）对生命的定义："生命是蛋白质的存在方式，这个存在方式的基本因素在于和它周围的外部自然界不断新陈代谢，而且这种新陈代谢一旦停止，生命就随之停止，结果便是蛋白质的分解。"恩格斯关于生命的定义在一定程度上揭示了生命的物质基础，即具有新陈代谢功能的蛋白质。但是，这个定义也可能存在着缺陷：如有一种类病毒（viroid）就是无蛋白质外壳保护的游离的共价闭合环状单链 RNA 分子；再比如，许多植物的种子能保存相当长的时间，它们在很长时间内并不出现新陈代谢的生命特征，但其生命并没有停止。

3. 化学家的"生命观"

以色列化学家普罗斯（A. Pross）用化学的语言描述了生命系统。他在《生命是什么：40 亿年生命史诗的开端》（*What is Life：How Chemistry Becomes Biology*）一书中提出"生物即化学"。他认为生命是通过无生命物质的化学反应起源的，简单生命向复杂生命进化过程中所发生的自然选择、适应、生物信息传递等都有其化学的根源，生命是通过复制反应得到的一个能够保持动力学稳定的动态化学反应系统，死亡则是一个系统从动态的复制世界逆向回到"常规"的化学世界。

4. **物理学家的"生命观"**

物理学的生命观认为生命体实际上是从环境中取得以食物形式存在的低熵状态的物质和能量，之后把它们转化为高熵状态并将废物排出体外，从而保持自身的熵处于比环境更低的水平，也就是维持着自身的有序状态。20 世纪 40 年代，奥地利物理学家薛定谔（E. Schrödinger），在《生命是什么》（*What is Life*）一书中提出了"负熵"的概念。他认为生命的特征就在于生命体可以不断地从周围环境中取得"负熵"以对抗生命活动中不可避免的熵的增长，即把生命看作是一个与它的环境交换物质和能量的开放系统。开放系统能够"吃进"负熵，使系统从无序创造出秩序，利用这些负熵保持和重建它自己的组织。

通过以上的讨论可以看出，生物学家并没有给出一个让人完全信服的"生命"的定义，哲学家也没有，化学家利用还原论方法对生命本质的研究目前还有很大的争议，物理学家薛定谔关于"生命"的定义，虽没人提出反例，但由于其本身的晦涩难懂，直到现在还很难在大众中普及。

（二）3 种生命状态

要给"生命"下一个科学而又通俗的定义是极其困难的，人们一直都没能解决好这个问题。本书试着用 3 种生命状态描述"生命"："静态"的生命、"动态"的生命和"系统"的生命。"静态"的生命表现为生命的物质基础；"动态"的生命表现为生命的运动。另外，生物学家贝塔朗菲（L. V. Bertalanffy）告诉我们，生命系统是比物理系统、化学系统更为复杂的系统，有其独特的规律。因此，生命还表现在它的系统性，即"系统"的生命。

1. **"静态"的生命**

"静态"的生命表现为生命的物质基础。生命的物质基础在非生物界中一样存在。分析组成原生质的化学成分，人们发现生物体的组成元素是自然界所共有的，没有生物所特有的。生命的物质基础虽然与非生物一样，但其元素的构成、结合方式和非生物是不一样的。生物有一个有条不紊的构造，生物的种种生命活动，如新陈代谢、生长发育、繁殖、遗传和变异等都是通过生命的各种特殊的物质构造来实现的。

2."动态"的生命

"动态"的生命表现为生命的运动。宇宙万物无不处于不停的运动之中，生命是各种运动形式中的一种特殊运动形式。例如，植物根的向地性和茎的背地性、绿色植物的光合作用与呼吸作用、细胞的有丝分裂与无丝分裂、精子与卵子的结合、基因的自由组合与连锁交换、DNA 的复制与 RNA 的转录、熊的冬眠与鸟的迁徙、细菌与病毒的传播、生物间的斗争与利他、雌雄个体的交配与育幼，如此等等，数不胜数。这种运动形式是生命所特有的，从而区别于一般的物理运动形式和化学运动形式。

3."系统"的生命

按照贝塔朗菲生物系统论的观点，细胞是基本的生命系统。贝塔朗菲认为，任何系统都是一个有机的整体，它不是各个部分的机械组合或简单相加，系统的整体功能是各要素在孤立状态下所没有的新性质。贝塔朗菲用亚里士多德的"整体大于部分之和"的名言来说明系统的整体性，反对那种认为要素性能好，整体性能就一定好，以局部说明整体的机械论的观点，同时认为系统中各要素不是孤立地存在着，每个要素在系统中都处于一定的位置上，起着特定的作用，要素之间相互关联，构成了一个不可分割的整体。

（三）3 种生命状态折射的生命观念

"生命观念"是指对观察到的生命现象及相互关系或特性进行解释后的抽象，是经实证后的想法或观点，是能理解或解释相关事件和现象的品格和能力。正由于生物学的研究对象是"生命"，不同状态的生命都在不同层面上折射出不同的生命观念。

1."静态"生命折射的生命观念

在"静态"的生命状态中，我们看到生命的物质基础在非生物界中一样存在，没有任何生物所特有的元素，这从生物学的角度印证了世界是物质性的观点；生物体从亲代继承的 DNA 储存着遗传信息，这种特殊的信息不需要外界指令就能自动按既定程序传递、表达和调控，从而控制生物体的生长、发育、代谢、生殖等各种生命活动，这是生命的信息观；生物的种种生命运动都是通过生命的各种特殊的物质结构来实现的，结构不同，所行使的功能也就不一样，从而印证了结构与功能相统一的辩证唯物主义观点。另外，生物与环境的相互依存及相互作用、部分与整体相协调等生命观念都能帮助学生形成科学的自然观和世界观，指导学生探究生命规律，并解决实际生活中的生物学问题。

2."动态"生命折射的生命观念

有的动物依靠游泳运动，有的爬行，有的行走，有的跳跃，还有的飞行。不同的运动方式适应不同的生活环境，不同的运动方式需要相应的身体结构与之相适应，而相应的身体结构又是动物长期进化的结果，这是"动态"生命折射出的进化与适应观；光合作用、呼吸作用等生命活动不仅需要物质基础，更需要能量的驱动，而能量的供应和利用都离不开物质的变化，物质是能量的载体，能量是物质变化的动力，这是"动态"生命折射出的物质与能量观；因为生命机体需要维持稳态，生命系统内部进行着各种生命活动的调节，以保持血糖平衡、水盐平衡、体热平衡等，这是"动态"生命折射出的稳态与平衡观。另外，动物的利他行为、合作行为、育雏行为，植物的开花、传粉、种子传播等生命活动无不体现出生物的生命智慧，从某种意义上来说，生物学也是一门生命的哲学。

3. "系统"生命折射的生命观念

系统的生命也是如此，它所蕴含的系统思想同样具有哲学的教育意义，如整体性的生命观念。贝塔朗菲作过一个形象的比喻：人手在人体中是劳动的器官，但一旦将手从人体中砍下来，它就不再是劳动的器官了。所以，生命体是一个不可分割的整体，所有细胞相互作用，所有器官相互作用，所有系统共同作用，共同构成生物体，不能简单地被看成是由细胞之间简单联系构成的。

随着系统理论的研究和发展，植物群落学家坦斯利（A. Tansley）将系统理论引入生态学研究之中，首先提出生态系统的概念。如今，生态的观念和思想已经深入人心，构建"人与自然生命共同体"已成为全球共同的理想。另外，系统的普遍联系性、层次性、统一性、自组织性、开放性、稳态与平衡等，这些系统的生命观念也都正在影响和改变着人们的生活方式和思维方式，并已经渗入生活的每一个层面。

3种生命状态折射出的生命观念往往内隐于生物学概念与生物学事实之中。若想实现生命观念的可教与可学，首先，必须在课程的编制过程中实现生命观念课程形式的实践转化。其次，生物学教师需要把内隐于生物学概念与生物学事实中的生命观念提炼出来，并利用所提炼的生命观念指导学生解决实际生活中的生物学问题，从而提高学生对"生命"的理解力，帮助学生形成科学的自然观、世界观和人生观。其实在生物学教学中，对于生物学的大部分具体事实，学生在结束学业后可能会随着时间的推移而遗忘。但生物学核心观点一旦形成，就会给知识插上智慧的翅膀，这种知识也就更富有能量，将会影响学生的一生，影响其做人和做事。因此，生命观念的教育是十分重要的学习成果，它必定是生物学课程的核心课程目标。

二、生物学课程是研究"人"的科学课程

生物科学的研究对象包罗万象，各种生命的层次无不在研究范围之内。人类是众多生命中的一种，因此生物学和其他自然科学还有一个显著的不同点，即研究对象还包括了人类自身。人不仅是研究的主体，还是研究的客体。毫无疑问，生物学课程可提升学生的生命质量，学好生物学可以让学生受益终生，这是其他

学科不能企及的。

（一）健康教育

中学生对自身生命活动的结构基础、生理机制、生命的延续、发育的烦恼等方面都有着强烈的求知欲，这些方面的知识对他们的健康成长、人生规划都具有现实的指导意义：如知道生活方式与健康的关系，促进自己建立文明、健康的生活方式；知道平衡膳食、合理营养的意义，养成科学、营养的饮食习惯；清楚充足睡眠对青少年生长发育的重要意义；知道预防食物中毒的基本知识；清楚常见传染病的预防知识，增强卫生防疫能力；知道青春期心理变化特点，学会保持愉快情绪和增进心理健康；知道青春期发育的基本知识、青春期卫生保健知识和青春期常见生理问题的预防和处理方法；知道什么是性侵害，掌握预防方法和技能；知道简单的用药安全常识；学会自救互救的基本技能，提高应对突发事件的能力……生物学课程与教学若能在这些方面激发学生学习生物学的兴趣、满足学生的求知需求，会让所有的学生终身受益。这样的生物学课程与教学就不是完全为升学做准备的，而是"科学为大众"。

（二）生命伦理的教育

生物科学与人类自身及社会的联系比其他任何自然学科都更加紧密，它关系到每个人的命运，所以引发的争论也最为激烈，这其中就包含生命伦理问题。早在 1932 年，赫胥黎（A. Huxley）在《奇妙的新世界》（*Brave New Word*）一书中就耐人寻味地预言了人类非自然生殖过程及其社会后果[1]。无独有偶，罗维克（D. M. Rorvik）也写过一本《人的复制》（*In His Image——The Cloning of a Man*）[2]。尽管罗维克把"克隆"过程描述得非常逼真，但当时大多数人认为这个故事只是一个科学幻想而已。当 1997 年《自然》（*Nature*）杂志宣布科学家成功地用无性繁殖的方法克隆出名叫"多莉"的小羊时，很多人恐慌了。人们担心克隆技术会滥用于人的复制，如果那样，无异于打开了"潘多拉的匣子"，其后果不堪设想。2018 年，贺建奎宣布名为露露和娜娜的 2 个基因编辑婴儿在中国诞生。由于她们的 1 个基因经过了修改，出生后即能抵抗导致艾滋病的病毒 HIV。由于他的实验给人类带来巨大的潜在危险，因此这一消息迅速激起了全世界的轩然大波。另外，生殖技术也带来了一系列的家庭关系、婚姻道德、孩子的社会承认等一系列的生命伦理问题，不仅使人类面临许多道德的困惑，甚至可能会危害人类的生存。生物学课程应引导学生关注生命伦理问题，并借此培养学生的社会责任意

---

[1] 赫胥黎在该科幻小说里设想人类的生殖完全在试管器皿中进行，由人对精子和卵子进行操纵，按照社会的需要生产出不同类型的人。

[2] 罗维克在该书中介绍一位百万富翁想以无性繁殖的方法获得一个与他一模一样的复制品作为他的后代。在科学家的帮助下，利用"克隆技术"终于实现了他的愿望。

识、社会责任情感与社会责任能力。

（三）生态问题的教育

生物学研究人体的构造和生理机制，还研究人和整个生物圈的关系。自然界内存在一张紧密相连的网。在这张网中，每一种生物的生存与发展，都以其他种类生物的生存发展为前提，一种或几种生物的消亡，可能给其他生物带来灾难性的后果。人类是生命之网的一分子，但人类的不正当活动正在破坏这张生命之网。1984年，美国科学家耗资2亿美元在美国亚利桑那州沙漠地区展开了"生物圈2号"实验计划。该计划把人类居住的地球看作"生物圈1号"，因此为其取名为"生物圈2号"。它是世界上最大的、用人工建筑与陆地表面连接起来的一个封闭的生态系统，其主要任务是模拟地球的生态过程。1993年1月，这个系统在8名科学家的管理下开始运行，1995年9月正式宣告失败。1996年，哥伦比亚大学接管了"生物圈2号"。同年9月，科学家们对"生物圈2号"实验做出了重要结论："生物圈2号"代替地球生物圈是不可能实现的。"生物圈2号"的失败，有力地证明了我们只有一个地球，我们所能做的就是爱护地球，关爱其他生物，保持人与自然的和谐发展。这关乎人类的生存，理应成为中学生物学课程基本的课程目标。

（四）生命教育

"生命教育"在基础教育研究中是一个"热词"。品德课程中研究生命教育，语文课程中也研究生命教育，但这些学科所研究的"生命"更多的是社会生命与精神生命。社会生命与精神生命都是以自然生命为基础的，因此"生命教育"的成功开展，必然触及自然生命的生物学机制。照此看来，生物学课程在"生命教育"中有更多的学科优势。生命体有一个至高无上的生命原则——生存。例如，当我们的血管破裂时，结缔组织纤维就会从断端突出，血小板则会群集救援、防堵漏洞，同时身体还会释放出一种激素使血管产生反射收缩的动作抑制出血，心脏也会跟着加速跳动，使仅存的血液充分循环、利用，必要时周边组织也得暂时忍耐缺血之苦，把血液留给片刻不可缺血的脑和心脏。在严重受伤时，即使个人思想上放弃了生存的努力，人身体的很多部位还不放弃，直到最后一刻。再如生命的由来，被子植物的繁殖通常要经过开花、传粉、双受精的过程，然后再逐步发育成果实，产生种子来繁殖后代。在这个过程中假如花蕾受到伤害，或没有传粉，果实将不能正常发育也就不能形成种子。鸟类的繁殖，要经过选择巢区、选材筑巢、交配产卵、亲鸟孵卵与育雏的过程，无论哪个环节失误，其后代都难以成活。人类自己的成长过程更是如此，从十月怀胎到咿呀学语，从蹒跚学步到独立生活，这其中有多少父母的艰辛与关爱。总之，生命是来之不易的，是最为宝贵的东西。无论是植物、动物，还是人，生命都应该得到珍惜，这些都是生物学课程特有的生命教育。

三、生物学课程是富有人文色彩的科学课程

从文化的视角看，生物学课程自然主要带有科学文化的特征。但与其他自然科学课程相比，生物学课程具有更强的人文色彩。

生物学课程的人文色彩主要表现在以下4个方面：第一，生物科学思维的主导方式虽是理性思维，但相比于其他自然科学还有许多的经验特征；第二，生物科学研究的是活生生的生物（包括人），以及生物与环境的关系，本身就具有人文的色彩；第三，生物学有很强的哲学意义，生物科学的发展已在无形中改造了社会、人们的价值观念、思维方式和生活方式，如生态学的观点、自然选择的观点、进化的观点、系统的观点等；第四，生命世界与生命现象历来是和社会、人文领域联系在一起的，社会学家省察生命世界，文人墨客描绘生命世界。

正因为生物学课程是富有人文色彩的课程，在生物学课程内必然产生"科学文化"与"人文文化"相融合的需求。"两种文化"在生物学课程中融合的理论依据与融合途径将在本书第二章"生物学课程的文化特征"中有具体的阐述，这里不再赘述。

总之，相比于其他自然科学，生物科学包罗大量的特殊问题，从而使其有别于其他自然科学的研究工作和概念体系。基于生物科学原态知识而生成的中学生物学课程亦是如此。生物学课程所独有的生命观念与人文色彩，以及"人"在课程体系中的独特地位，也决定了生物学课程与教学有别于物理学、化学等其他自然科学课程与教学，它们所呈现的是生物学课程的学科性质。

第四节 | 生物学课程作为科学课程的进一步讨论

本章第一节考察了1986年以来的生物学课程标准（或教学大纲），结果发现在对生物学课程性质的阐述中，它们都首先表述了生物科学的科学本质，然后再表述生物学课程的性质，这表明生物科学的科学本质是影响生物学课程性质最重要的决定性因素。

一、生物学课程的科学本质

在生物学课程中，科学的本质是一个至关重要的问题。生物学课程是一门科学课程，必须反映和体现科学的本质。因此，不论是生物学课程的设计与编制，还是生物学课程的实施与评价，都应该符合那些被广泛接受的科学准则。只有这样，才能正确地解释和呈现生物科学规律，引导和帮助学生正确地认识生物学的科学价值，真正实现学生个体生物科学素养的发展。

（一）什么是"科学"

要准确地阐明科学的本质，有必要对人类认识科学的过程加以考察。"科学"一词对应英文中的"science"，该词来源于拉丁文 *Scientia*，意为"知识""学问"。20 世纪以前，我国一般将科学定义为系统化、逻辑化的实证知识，如 1999 年版《辞海》认为"科学是运用范畴、定理、定律等思维形式反映现实世界各种现象的本质及规律的知识体系"。随着社会的进步和科技的发展，人们对于科学本质的认识也日趋深入。仅仅把科学定义为知识体系是远远不够的，应该用动态的观点来解释科学。一方面，科学作为一种认知活动，是人们积极探索周围世界、获取知识、探求规律的过程，它包括探索、解释和检验 3 个基础性要素。另一方面，科学也是人们探索和认识自然世界的活动结果，它不仅表现为系统化的知识体系，而且还包含有独特的科学方法和科学精神。科学活动的过程和科学活动的结果是紧密结合在一起的，科学结果是科学活动的目标，科学过程是获得科学结果的途径。只有将科学结果与科学过程有机地结合起来，才能真正地把握科学的本质。

（二）生物学课程的研究范式

生物学课程的最初形态是博物学（natural history）。赫胥黎 1876 年以"论生物学的学习"为题的演讲中阐释了博物学的学科性质——博物指在物理学、化学等分出去后，那些剩下的学科，既不能用数学方法也不能用实验方法来研究的现象，即属于现在一般称之为自然地理、地质学、矿物学、植物学和动物学等学科的自然现象。可见，它的自然科学地位在当时并未得到肯定，其科学教育的价值自然受限。

由于博物学的研究包含着十分不同的内容，如地质学与矿物学在许多方面与植物学、动物学大不相同。博物学家拉马克（J. Lamarck）在 1801 年出版的一本著作里使用"生物学"（biologie）表达对生命研究的一般构想；博物学家德里维拉尼（G. Trevivanus）于 1802 年出版了名为"生物学"的著作。"生物学"一词也由之而来。

赫胥黎在其"论生物学的学习"的演讲中进一步指出，博物学关注"既不能用数学方法也不能用实验方法来研究的现象"，而生物学"如同数学一样是演绎和精确的"。博物学和生物学不仅研究范围不同，研究范式也不同：生物学代表数理范式，而博物学则代表经验论范式。他指出，生物学的研究方法与物理学、化学并无不同。换句话说，生物学课程与物理学、化学一样，都属于自然科学课程。也正是因为如此，自 19 世纪 60 年代起，赫胥黎明确主张以生物学代替博物学，并积极推行生物学的教育和普及。

其实，早在 1854 年，赫胥黎就批判过那种认为生物学与物理学、化学、数学相比"不精确"的观点。他认为生物学是一门实验学科，如不通过实验，哈维

（W. Harvey）不能证明血液循环的机能；不通过实验，贝尔（C. Bell）也不能证实脊髓神经的功能。因此，生物学课程的学习不能仅仅通过观察来学习，即不能仅仅利用博物学的研究范式进行学习。

总之，赫胥黎认为，生物科学与物理学、化学一样具有相同的研究范式，如三者都需要"对事实的观察，包括谓之实验的人为观察；都需要把相同的事实归纳起来，这个过程称为比较和分类；从一般前提回到个别事实，这个过程称作演绎；根据事实来确定结论是否正确的过程，即证明"。以上研究范式也都表明生物科学既是一种过程，同时也是一种结果。因此，只有将科学结果与科学过程有机地结合起来，才能真正把握生物学课程的科学本质。

二、生物学课程与其他科学课程的协同发展

生物学、物理学、化学3门课程在研究方法、基本原理、研究内容等方面都有着密切的联系，并组成了科学课程群，共同培养学生的科学素养。生物学课程的学习不是孤军作战，而是与其他课程，特别是物理、化学、数学等课程一起协同工作。

（一）对物质运动形式的研究

从研究内容上看，物理学主要研究自然界物质的基本结构与相互作用，以及机械运动、电磁运动和原子运动等基本的运动形式；化学主要是在原子、分子水平上研究物质的组成、结构、性质，以及物质的分解与化合等较高级的运动形式；生物科学则研究生命现象及物质的最高级运动形式——生命运动。这3种运动形式是物质的主要运动形式。将这3种运动形式联系起来，有利于各种"运动"的分化和泛化，并在学生头脑之中建立科学的自然观，形成正确的世界观。因为都涉及研究物质的运动，某些概念和原理在3门课程间相通并相互应用。在物理、化学与生物学课程中，系统与反馈、物质与能量、空间与时间、结构与功能、动态与平衡等大概念可以相互应用。以物质与能量这个概念而言，无论是原子、分子、细胞、生物体，还是整个生态系统，都是自然界存在的不同的物质运动形式，物质的机械运动、电磁运动和原子运动分别以机械能、电能和核能为动力，物质的分解运动和化合反应以其化学能的转换为动力，生命物质的代谢活动则以 ATP 提供的能量为动力，而且都遵循能量守恒定律。

（二）借助物理学、化学概念解释某些生命现象

许多生命现象可以用物理学概念进行解释，如物理学家薛定谔用熵和负熵的概念解释了什么是生命。再以人体生理学为例，如用流体力学的压强来解释血压的生成及影响因素；用热的传导、对流和辐射解释皮肤调节体温的散热方式；用渗透和弥散解释水和胆固醇等的吸收；用扩散解释肺换气和组织换气；用凸透镜的成像原理解释眼的折光成像；用动作电位解释神经传导等。同样，细胞内发生

一系列高度有序的化学反应是用化学概念解释的。例如，用糖类、蛋白质和脂质等化学概念阐释糖代谢、蛋白质代谢和脂肪代谢；用酶学的概念阐述细胞代谢的催化特征；用核酸化学阐明遗传信息的编制、传递和表达；用 ATP 与 ADP 相互转化的反应机制解释生命活动的能源供应，等等。

（三）物理学、化学对生物学研究提供的技术支持

生物科学研究不但依赖物理学、化学知识，也依靠它们提供的技术和仪器，如光学显微镜和电子显微镜等各类显微成像技术、各类电泳技术、恒温培养技术、PCR 技术、离心技术、流式细胞术、细胞反应器、分光光度技术、生物芯片扫描仪等等，举不胜举，它们为生物科学的发展做出了巨大的贡献。学科间的交叉渗透成就了许多前景无限的新兴学科。

三、基于科学本质的生物学课程实施策略

生物科学是一门自然科学，意味着生物学教学的基本方法与物理、化学课程一样，体现科学本质的教学方法理应成为生物学教学的常态。生物学课程作为一门科学课程，与物理、化学课程一样，不仅要传播科学的事实和概念，还要体现科学方法和科学途径。

（一）科学探究是体现科学本质的重要途径

科学探究是科学教育的核心。科学探究不仅是科学家获得新知的主要途径，而且事实证明，学生通过模仿可以习得科学家科学探究的技能和思维习惯，并将会终身受益。探究技能的习得理应遵循技能习得的一般规律，即观察模仿—尝试操作—独立操作—创造操作。可见，模仿是科学探究技能习得的第一步。学生通过模仿科学家获得科学知识的途径和方法而学会探究。科学探究有两种方式，一种通过实验进行探究，一种通过推理进行探究。两种探究方式都需要提出问题、做出假设、验证假设、得出结论、表达和交流。所不同的是，实验探究需要设计实验方案，通过实验验证假设；而推理探究需要提供各种证据，通过推理验证假设。实验探究论证其合乎实践；推理探究论证其合乎逻辑。

（二）实验教学是体现科学课程的重要标志

生物科学、化学、物理学都是以实验为基础的自然学科，在某种意义上来说，没有实验，就没有自然学科。在 3 门课程的教学过程中，自然离不开实验教学法。自然科学课程的基本教学方法就是实验教学法，那种读、背、考的教学方式无法体现自然科学的课程性质。我国中学科学课程（特别是生物学课程）的实验数量偏少，而且在有限的实验中，绝大部分是验证性实验。丰富实验教学的数量和种类，是科学课程教学的必然要求。因此，观察性实验、模拟实验、定量实验、定性分析实验、验证性实验、探究性实验、学生实验和演示实验都应走进科学课程与课堂。

（三）数学是科学研究的重要工具和方法

在生物学领域，哈维的《心血管循环论》（*On the Motion of the Heart and Blood in Animals*）首创了把实验与定量结合起来的研究方法。孟德尔（G. Mendel）用数理统计的方法对豌豆杂交实验的数据进行分析，是第一位将概率原理用于预测遗传杂交实验结果的科学家。破解 DNA 双螺旋结构的三维空间构象，用的就是建立模型的数学思维方式和方法。高中生物学课程中"从基因水平上解释生物进化"需要利用数学计算的方法得到遗传平衡。学生进行的探究如"模拟一次传染病在种群中大流行的后果"或"模拟一种有毒污染物对生态系统的影响"等，都要求进行精确的数学分析和定量预测。

（四）理性思维是科学课程的重要学习成果

《中国学生发展核心素养》将理性思维作为学生重要的核心素养。它指出，理性思维指崇尚真知，能理解和掌握基本的科学原理和方法；尊重事实和证据，有实证意识和严谨的求知态度；逻辑清晰，能用科学的思维方式认识事物、解决问题、指导行为等。科学的思维习惯不仅是科学家所特有的，每个具有生物科学素养的人都应在一定程度上具备这样的能力。这种能力可以使人在不同的工作岗位上更有效地工作。良好的思维习惯能让学生终身受益。

（五）"建模"也是生物学教学的基本方法

生物学教学的基本方法除了实验、推理等基本方法外，还可以利用系统概念、系统思想和系统方法理解生物科学，如"建模"。生物科学中的"建模"可以分为数学模型构建和物理模型构建，这两类模型的特点、应用及其构建方式在生物学新课程中均受到重视。数学模型是一种抽象模型，分为确定性模型和随机模型。确定性模型是用数学的方法描述和研究必然现象，如细胞分裂过程中 DNA 数量的变化曲线、种群数量的变化曲线等；随机模型是用概率论和统计方法描述和研究随机现象，如自然界种群的增长模型（J 型增长和 S 型增长）。中学生物学课程中所说的模型，一般指物理模型。按呈现形式的不同，物理模型可以分为两类：物质模型和思想模型。物质模型又有实物模型和模拟模型之分，组织切片、分类学上的模式标本等都是实物模型，细胞模型、肾单位模型等都是模拟模型。思想模型是事物在人们思想中的理想化反应，是物质模型在思维中的引申。根据建构模型的思想方法，思想模型又可以分为两大类：一类是具象模型，一类是抽象模型。具象模型具有一定的形态结构特征，如生物膜流动镶嵌模型、DNA 分子双螺旋结构模型；抽象模型是以理想化方法构建的模型，是人们抽象出生物原型某些方面的本质属性而构思出来的，如光合作用、呼吸作用过程图解等过程思想模型，食物链、食物网图解等系统思想模型。

（六）科学史可以帮助学生理解科学的本质

要深刻理解科学的本质，必须了解科学发展的历史，从科学发展的历史中，学生可以领悟到科学的本质。

科学的发现或科学模型的建立并非是突然出现或一次到位的，因为人们对科学的理解总是随着时间的推移而不断地发展，每一次新发现都要经历问题的提出、做出假设、验证假设、得出结论、表达和交流。然后可能在此基础上，还会有新问题提出，需要进一步科学探究。生物学课程与教学不仅要求学生理解生物学现存的样子，而且还要学习生物学是如何变成这个样子的。生物科学史的教育可以帮助学生领悟科学的本质。

📖 **案例**

维生素 B1 的发现

● **教学目标**

科学思维：领会科学家发现问题、解决问题的基本思路与思维习惯

科学探究：模仿科学家科学探究的基本过程，领悟科学的本质

社会责任：体会科学家为了治病救人而开展维生素研究的社会责任感

● **教学过程**

有一种引起下肢浮肿、痉挛的疾病，俗称"脚气病"。现在我们已经知道，它的病因是缺乏某种维生素。但是当时为了找出其病因，经历了漫长的研究过程。现在，假如你是一位医生或科学家，在探讨脚气病的病因时，应该怎样做呢？

[**观察、收集资料**]

首先，调查脚气病患者都是些什么人。医生埃伊克曼（C. Eijkman）偶然发现，给鸡喂食医院的剩饭，它们大都变得走路不稳，最后死去。当时，日本海军患此病者也甚多。

[**分析资料、大胆提出假设**]

分析资料，找出共同点（归纳法）。埃伊克曼发现，医院的剩饭是精米饭，日本海军吃的也是精米饭。埃伊克曼设想，也许精米饭里含有导致脚气病的因素。这只是一种假设，是否正确必须进一步用实验验证。

[**通过实验证实假说**]

埃伊克曼设计了实验：给患脚气病的鸡喂食粗米后，其病状消失；给鸡喂食精粗各半的混合米，也有疗效；给鸡继续喂食精米，鸡死去（对照

实验）。

[初步得出结论]

埃伊克曼通过实验初步证明，精米是导致脚气病的因素。但是，问题这样就算解决了吗？

[新问题和新假设的提出]

为什么精米会导致脚气病呢？为什么粗米能使脚气病消失呢？埃伊克曼推测精米里可能含有导致脚气病的病原菌。

[进一步调查和实验]

埃伊克曼调查了 100 所监狱：吃粗米的 27 所，有脚气病患者的只有 1 所；吃精米的 73 所，36 所有脚气病患者。于是埃伊克曼把米分成 3 种情况：①保留全部或 75% 的糠；②把糠全部去掉或去掉 75%；③把①和②的米掺在一起。他统计患病率后发现：食用①后患病率为 27%、②为 70.6%、③为 46.1%。埃伊克曼据此推断，脚气病的发病率与吃精米的多少有关，换言之，与糠的多少有关。

[进一步提出假说]

埃伊克曼推测糠里可能有某种物质，能中和精米里的毒素。

[进一步验证]

埃伊克曼开始研究糠里的有效成分。1906 年，埃伊克曼证实这种物质是能溶于水和乙醇、分子量低、非胶体状的物质。科学家铃木梅太郎换了一种思维方式，他认为精米里含有的营养成分可能不全，而不是因为精米里含有毒素。他于 1910 年从糠的酒浸液中提取出医治脚气病的有效物质，命名为"米糠素"，但没有得到日本医学界的关注。同时，生物化学家芬克（C. Funk）认为，医治脚气病的有效成分是一种胺，并将其命名为"维它命"（vitamine）。1926 年，詹森（B. Jansen）等成功地得到这种有效成分的晶体，即硫胺素，也叫维生素 B1，其化学结构也逐渐被阐明。詹森运用此法，还分离出了大量的其他维生素（演绎法）。

（七）科学新成就可以帮助学生理解科学课程的价值

科学课程的内容选择应具有相对的稳定性和历史继承性，以保证课程内容的基础性。另外，课程内容的选择还要具有现代性，把科学的新成就、新信息引入到科学课程与教学中来。科学的新进展如雨后春笋，层出不穷，中学科学课程不可能全面反映。但是，让学生对一些重大进展，特别是一些关系到人类生存和发展的重大进展有所了解，使其毕业后能够大致看懂大众传媒上的有关报道，还是十分必要的。对生物学课程来说，这样做既能让学生减少与生物科学前沿间的隔阅，又能让学生认识到生物科学课程的价值，激发他们学习与研究生物科学的兴趣和志趣。

（八）STS 与 RLS 教学策略是科学课程有效的教学策略

STS（科学、技术和社会）与 RLS（真实生活中的科学）这两种教学策略都是联合国教科文组织积极倡导的科学教学策略。STS 教学策略要求突出科学、技术与社会三者之间的关系；RLS 教学策略要求将真实生活中的科学引入科学课程与教学中来。二者都强调解决真实社会生活中的科学问题，并与学生未来所要担负的社会责任联系起来。

四、综合理科课程与生物学分科课程的利与弊

综合理科课程即把生物、物理、化学、地理与环境等学科融合为一门学科，有的称为"自然"，有的称为"科学"，也有的称为"理科"。

（一）我国综合理科课程的实验

上海市于 1986 年成立综合理科研究小组并编写试验教材《理科》1～6 册，从 1988 年秋开始在上海市部分中学进行试验；东北师范大学附属中学也编写了四年制初中《自然科学基础》教材，共 12 册，并于 1987 年在东北师范大学附属中学和其他几所学校进行了试验。1988 年，国家教育委员会确定上海市和浙江省率先设置综合课程。上海市 7～9 年级的科学教育分科与合科并存，分科即生物学、物理、化学等学科分别开设，合科制开设综合"理科"，1991 年秋在部分学校试点。浙江省的"自然科学"也在 1991 年秋试点。所不同的是，上海市在试点中分科与合科并存，浙江省 1993 年在全省范围内大规模推进了初中综合理科试验。

（二）综合理科课程的优势

目前，大部分国家在初中学段就开始设置综合理科，只有中国、俄罗斯、朝鲜、越南等少数国家在初中分科设置。为什么世界上那么多国家在初中设置综合理科？普遍认为优势在于以下几点。

1. 有利于学生从整体去认识事物

生物学、物理、化学、地理各学科，从不同领域、不同角度、不同侧面，用不同方法和手段研究自然。科学可以是分门别类的，而人类面临的各种困扰和问题却总是综合的，毕竟自然、社会和人都是作为整体存在和发展的。环境问题、人口问题、能源问题、战争问题等，几乎没有哪一个是能凭借一类知识就能解决的，解决这些问题，需要多种学科的联合、协作，需要超越于各门学科的视野和思路。因此人们认为，将分科极端化、固定化，会造成人们解决这些问题的阻力和障碍。这样的一些思想反映在教育上，即要求受教育者接受综合课程的教育，以便他们能够学会从综合的角度对这些问题加以思考和解决。

2. 避免、减少课程门类和教学内容的重复和脱节

生物学、物理、化学、地理各学科分科设置，往往过多地着眼于自身学科体系的完整，很少考虑学科之间的内容重复和学科交叉内容的缺漏，如环境教育，各门学科都从自己的学科考虑环境问题，都有自己的思路和方法，每门学科都要讲一遍，造成课程内容的重复，而真正解决环境问题，需要的是从整体上综合考虑，重视学科之间的内容交叉。

3. 有利于培养学生能力

目前，人们普遍认为，过分的、绝对的分科课程会对学生产生很强的消极作用。例如，对于现代社会成员来说，应当具有适应多样职业转换的能力，因为技术的进步和社会的发展已经使得终身从事一种职业的可能性日益减少。这就要求我们培养的学生，仅仅具有分科的系统知识是不够的，除了了解各门学科，还应当能在各门学科之间建立联系，能将所学知识建立在比较广阔的知识背景上，而不是一旦离开了具体的学科背景就失去了驾驭甚至理解它们的能力。而综合学科着眼于从整体上认识事物，便于引导学生系统观察，全面地解决问题，提高学生对现代生活的适应能力。

（三）辩证看待综合课程与分科课程

综合课程虽相比于分科课程具有很多优势，但现阶段是不是可以把分科课程一笔抹掉，完全设置综合课程呢？对这个问题的回答，须用辩证的观点来看待。

首先，分科是综合的基础，只有在深入分化的基础上，才能有较高水平的综合。古代的科学是综合的，因缺少分科的基础，其综合只能是低水平的综合。生物学在中学的开设起初也是综合的，即博物课程。随着生物科学的发展，生物学课程才逐渐地独立出来。在当时，这是科学教育的一大进步。

再者，分科与综合又是紧密相连的。例如，对动植物基因转换的研究显然是综合研究，没有植物学、动物学、细胞生物学、化学、物理学等学科的联系、协作，根本无法获得如此成就，使得我们把不同形态的生命认识在更高水平上统一起来。但是另一方面，这种进步又是在各门学科进步和分化的基础上获得的，没有植物学、动物学、细胞生物学、化学、物理学等学科本身的进步，这样的成就同样是不可能达成的。

分科课程和综合课程都有其存在的价值和存在的依据，不可走向极端。过分的分化，会导致学生思想方法和倾向上的狭隘性。跳不出植物、动物的分科，就不会有现代生物科学，一些重要的交叉学科也不可能产生。同时，不论综合能够达到怎样的高度和形式，都不可能也不应当完全彻底的取消分科。分化与综合是人类认识事物的两种基本形式，缺少其中的任何一种都会导致发展上的不平衡。

分科的彻底取消与分科的唯一化同样有害，缺乏综合与不加限制的综合同样不适当。学生对科学知识的学习如此，对思维方法的训练也是如此。就学生的认识结构而言，包括分化与综合两种方式才是合理的，同样，对于课程结构而言，包括了分科与综合两个方面才是全面的。正因为如此，2001年我国教育部颁布的《基础教育课程改革纲要（试行）》强调多种课程形式同时并存，明确指出了小学阶段以综合课程为主，初中阶段分科与综合相结合，高中以分科课程为主。

总之，生物学课程与物理、化学等课程一样，都是自然科学课程，它们的设计与编制、实施与评价都应体现科学的本质特征。正因为如此，这3门课程组成了有许多共性的科学课程群，统一进行综合设计与编制。在生物学课程编制与教学过程中，加强科学课程之间的横向联系，特别是物理、化学与生物学课程之间的横向联系，有利于学生理解科学的本质，建立科学的自然观。也只有不断地消弭学科之间的界限，使其彼此支持、相互融合，才能更好地实现共同的学力诉求，提高学生的科学素养。

更多数字资源 @

📚 参考文献　　💻 教学课件　　📝 课后自测

第二章

生物学课程的文化特征

文化在中国历史上最早是指"以文教化"和"以文化成",从字面意思上理解,文化应是一个动词,无论是"化成"还是"教化"都体现了一个行为过程。"课程"自产生以来,在不同的国家和地区生成了众多特点不一的物化产品,也形成了众多不同的课程政策、课程开发与实施的行为规范,更是形成了不同的课程观和处理课程问题的不同思维方式。可见,课程是文化传承的工具,是文化的载体,也是文化的形式。生物学课程改革本质上是生物学课程文化继承与创新的过程。因此,生物学课程文化作为生物学课程改革的深层因素和重要目标,也是生物学课程研究的学术热点之一。

第一节 │ 对生物学课程"两种文化倾向"的批判与应答

"两种文化"指的是科学文化与人文文化。有关科学文化与人文文化相互割裂的现象,早在文艺复兴的时期就已初现端倪,并由物理学家、文学家斯诺(C. P. Snow)首次明确提出,所以这种现象又被称为"斯诺命题"。社会生活中两种文化的"鸿沟"现象随处可见,如20世纪初发生在我国的"科玄论战"和20世纪末发生在美国的"科学战争"。

一、对生物学课程"科学主义倾向"与"人文主义倾向"的批判

一个世纪以来,科学技术迅猛发展,而人类精神领域的发展却相对滞后,在科学课程中出现了"科学主义"的倾向。科学主义教育思潮的兴起,在某种程度上造成了科学课程中科学文化与人文文化的割裂。在对"科学主义"倾向的应答与批判中,又出现了科学课程"人文主义"的倾向。而有这两种倾向的生物学课程都是十分有害的。

(一)对生物学课程"科学主义倾向"的批判

20世纪50年代以来,生命科学领域连续取得重大突破,尤其是20世纪末21世纪初,在世界科技史上发生的几件大事当中,生命科学几乎占了半数以上。

生命科学在为人类带来美好前景的同时，也带来了许多社会问题和潜在的危险，如伦理问题、生态问题、工具主义倾向问题等。这些问题由科学所引发，而科学方法却不能解决它，或者不能用单一的科学方法完全解决它。

1. 通过生命伦理问题看科学技术的局限性

如第一章所述，赫胥黎在《奇妙的新世界》一书中设想了一个幻想的社会：人类的生殖完全在试管器皿中进行，由人对卵子和精子进行操纵，按照社会的需要生产出不同类型的人。在这样的社会里，由于禁止自然生殖，完全以非自然生殖代替自然生殖，因而生儿育女、抚养教育等一系列职能完全由社会承担，由此家庭就不复存在，父母子女关系也随之消失。近100年过去了，赫胥黎的科学预言几乎成为现实。现在，人们不仅能以避孕、人工流产等手段有效地阻止一个不想要的孩子出生，而且还能根据需要在实验室里通过人工授精、试管婴儿等技术手段培育出婴儿。换言之，人类已经能够把生育这种本来带有自发性和偶然性的事件，变成可以随心所欲地加以控制的过程。虽然现在的试管婴儿还不是名副其实的"试管"婴儿，因为受精卵还需要移植到母亲的子宫中继续发育。但有人估计，胎儿整个发育时期都在试管中进行的试管婴儿或许在不久的将来就将诞生。到那时如果生殖技术不加限制，就会如赫胥黎所预言的那样：婴儿能从婴儿制造厂按流水作业的方式成批地产生出来。如果是那样，究竟是奇妙的新世界，还是人类的悲哀呢？

总之，面对克隆技术、试管婴儿技术、优生技术、器官移植技术、基因编辑技术、人类基因组工程、合成生物学技术等现代生物技术，人们似乎进入了两难选择的境地。例如多莉羊的诞生，人们一方面欢呼生物科学取得的这一重大成就，同时又引起了许多人的恐慌。许多国家的元首纷纷发表电视讲话，做出不克隆人的承诺。因为人和羊同属于哺乳动物，在羊身上取得的突破，用于人身上并非难事。再比如 DNA 技术，人们担心大量重组体 DNA 分子到处扩散，以至像核扩散一样破坏自然界的生态平衡。还有人工授精、体外受精等生殖技术带来的婚姻道德问题、家庭人伦关系问题、如何确定父亲身份的问题、代理母亲问题、精子买卖问题等一系列的伦理问题。这些问题不仅使人类面临许多道德的困惑，更有可能会危害人类的生存。这些困惑深刻地反映了人类对自我认识、自我生存的反思。科学无力解答这些问题，而这些问题又是人类生存无法回避的问题。从这个意义上来说，生物学课程就不能仅限定在单一的科学主义倾向上。

2. 通过生态问题看科学技术的局限性

"两个黄鹂鸣翠柳，一行白鹭上青天"，在唐代诗人杜甫的笔下，啁啾的鸟鸣使大自然充满生机。而一千多年后，美国科普作家卡森（R. Carson）在做了关于杀虫剂 DDT 破坏生态的大量调查后，于 1962 年出版了《寂静的春天》（*Silent Spring*）一书。书中描述了人类可能将面临一个没有鸟、蜜蜂和蝴蝶的寂静世界。这本不寻常的书在世界范围内引起人们对野生动物的关注，唤起了人们的环境保护意识。习近平总书记提出的"绿水青山就是金山银山"发展理念，深刻揭示了经济发展和生态环境保护的关系。人们已经意识到，自然界内有一张紧密相连的网。这张网包括了地球上生存的所有生物，人是这张网的重要组成部分。人类要生存下去并得到持续发展，必须爱护地球、关爱其他生命、保持人与自然的和谐发展。

所有这一切，除了需要技术的支持，还需要人文的关怀。实际上，今天所出现的众多的生态问题大都是由非技术因素导致的。如对于生物多样性的锐减，来自社会人文方面的原因居于特别突出的位置，历史上一些社会公害的产生也大多数是由于操作者缺乏责任心和良知造成的。因此，解决生态危机的问题如果撇开人类自身，单纯依靠科学技术的力量是很难实现的。从这个意义上来说，生物学课程与教学也不能仅限定在单一的科学主义价值取向上。

3. 通过工具主义弊端看科学技术的局限性

"工具主义"包含着一个命题，即技术是人的工具。严重的工具主义倾向对人类的危害是极大的，将使天地万物都沦为技术改造的对象，人类在征服自然的过程中，自己也沦为了技术的奴隶。例如，有的科学家为了索取科学证据而做危害人体健康与生命、甚至是危害人类社会的实验；有人为了眼前的经济利益而危害人类健康、破坏生态环境。虽然极端的例子一般很少见，但像"大学生伤熊事件"①确是不少，在现实生活中很容易出现，这也反映了科学教育中人文价值的缺失。

工具主义的科学课程在一定程度上割裂了人与自然、人与社会的关系，忽视了学生主体性的发展，也将造成公民生态意识的普遍淡薄。从这个意义上来说，生物学课程与教学必须要重视生物科学中的精神价值、人文教育因素。

总之，生物技术促进了社会的进步，也带来了一系列的生态问题、生命伦理问题、社会安全问题等社会问题。当人们看到生物科学在一个很长的时间内获得如此使人不安的力量时，科学与社会的关系这一古老的话题，又再次受到人们的重视。20世纪上半叶在物理学领域出现核能和原子弹时，就曾使科学经历了一场道德危机，那么触及生命深层根源的现代生物技术，是否也将引发科学危机呢？在教育领域内，20世纪70年代中后期开始，世界各国相继推出了各种课程改革方案，形成了一次世界性的科学教育改革高潮，比较典型的如英国的《科学课大纲》、美国的"2061计划"。这次课程改革的焦点不仅关注科学研究的过程、科学实验能力与探究能力的培养，还特别强调了情感、态度与价值观的培养，赋

---

① 2002年，清华大学机电系学生刘海洋在北京动物园先后用硫酸严重泼伤了5只熊，在当时引发了极大的社会讨论。

予知识以德性，如教育学生热爱生命、保护环境，树立人与自然和谐统一、可持续发展的观念，正确看待生物学的发展和生物技术对人类社会的作用与影响，体验生命世界的多姿多彩等。我国在 2000 年以后的课程改革中，已逐渐将态度、责任、情感作为基本的课程目标要求，有力遏制了"科学主义"在中学生物学课程中的滋生与蔓延。

（二）对生物学课程"人文主义倾向"的批判

生态问题、生命伦理问题、严重的工具主义倾向等问题似乎使人们更多地看到了科学技术的局限性，看到了科学技术像一柄高悬在人类头顶的"达摩克利斯利剑"时刻都会给人类造成伤害。这种恐惧与生态主义、后现代主义等错综复杂地结合在一起，形成了一股强大的反科学思潮。在这种情况下，有人提出了生物学课程的人文价值取向，无疑这有它合理的一面和进步的一面，但人文价值取向的提升不能以削弱其科学价值为前提，不能以牺牲其科学价值为代价，而抛却科学价值取向单提人文价值取向也是错误的。

众所周知，现代生物技术给人类带来了众多美好的福祉和前景。我们绝不能只看到事物的一个方面，而忽视了另一方面。一部分激进的后现代主义者只看到了科学的负面影响，极度地批判科学与解构科学，但他们却给不出一个解决问题的好办法，正如美国科学家索卡尔（A. Sokal）所言，后现代主义只是"一个建筑在沙滩上的家园"。人类的行为破坏了生命之网，人类就有责任恢复它并使之持续发展，而不是像某些激进者所倡导的"回归自然"，采取了这种方式也就相应地等于逃避了责任。人类以科学为工具为自己创造了一个前所未有的适于生存和发展的环境，实践证明，对环境的治理、生物多样性的保护等方面也需要依靠科学技术，特别是生物技术才能够有效地加以解决，绝不能只停留在人文层面上。更何况生物学课程作为一门科学课程，丰富的精神资源可以培养学生的科学精神与理性思维。

二、我国生物学课程对"两种文化倾向"的应答——有机融合

我国的生物学课程与教学必须在科学与人文两个方面进行同步建设——缺少了科学精神的生物学课程也就失去了其作为自然科学的根本，是不完整的科学教育；缺少了人文精神的生物学课程也就失去了它应有的灵魂，也是不完整的科学教育（徐宜兰，2007）。我们在积极谋求二者的有机融合。只有"两种文化"有机融合才能真正达到生物学课程的趋利避害，即人文文化所蕴含的价值理性为科技理性提供方向，科技理性促进价值理性的实现。另外，近年来知识论与认识论的研究也表明，通过课程所传授的科学知识与学生的经验知识长期共存并相互影响、相互建构。生物学课程教学不能忽视学生的这些经验另起炉灶，而应以其现有的知识经验作为生长点，引导学生从原有的知识经验中"生长"出新的知识经

验。也就是说，将科学知识与人文知识紧密结合，学生的学习效果才能更好。

"两种文化"在生物学课程中的融合，必须是"有机"的融合，而不是"割裂"的融合；是"系统"的融合，而不是"机械"的融合。因而"两种文化"的融合只能是以科学文化为主体的相互渗透，绝不能机械地给科学与人文划出各自的"领地"。

📖 **拓展阅读 2-1** 生物学课程"两种文化"有机融合的理论依据

（一）选择"两种文化"有机融合的生物学课程内容

课程内容是生物学课程的核心，要使"两种文化"的有机融合在生物学课程中真正奏效，首先必须对生物学课程内容做出精心的选择，对"两种文化"有机融合的课程目标做出有力的支撑。针对"两种文化"在生物学课程中的融合，我国 2000 年颁布的《九年义务教育全日制初级中学生物教学大纲》中，虽然明确提出了"热爱大自然，热爱生命，形成保护生物多样性、保护环境的意识，增强爱国主义情感"等人文目标，但在课程内容方面却体现得过少，其人文方面的课程目标明显缺乏必要的课程内容作为支撑。在第八次基础教育课程改革中，我国生物学课程则明显地向前迈出了一步。初中生物学课程以"人与生物圈"为主线，突出了"人与生物圈"的和谐发展，并把课程目标规定的知识、能力、情感态度与价值观的要求，在生物学课程内容中进行了"两种文化"的初步融合。当前的中学生物学课程，则以生命观念、科学思维、科学探究（或探究实践）、社会责任（或态度责任）作为基本的课程目标，在学科核心素养的层面上将生物学课程内容进行了"两种文化"更深度的融合。

（二）构建"两种文化"有机融合的课堂教学目标体系

课堂教学是将"两种文化"有机融合的主渠道，将这种课程目标与课程内容落实到教学实践中来，必须构建"两种文化"有机融合的教学目标体系。这种教学目标必须进行价值本位的转移，由以知识为本位转向以发展为本位，即以学生的发展为中心，兼顾学科和社会的发展，在教学中真正体现知识、能力、情感态度价值观的有机整合，形成持久的学科核心素养，从而既能维持学生对生物科学技术的兴趣，又能帮助学生认识到科学中人性的追求。也就是说，只有将三维目标有机整合起来，才能真正符合素质教育的要求。为此，课堂教学必须强调结论与过程的统一、认知与情意的统一，在教学过程中强调互动的师生关系，并力争改变学生单纯接受式的学习方式，建立和形成旨在充分调动、发挥学生主体性的学习方式，培养学生乐于探究、乐于动手、勤于实践的意识和习惯，切实提高学生的动手能力和实践能力。

在第八次基础教育课程改革中，我国生物学课程一度构建了三维的目标体系。三维目标体系虽然有知识、能力、情感态度与价值观的要求，也在课程内容上初步展示了三者融合的意图，但在一些课堂教学实践中却出现了三维目标"割裂"的现象，主要表现在两个方面：一是教学实践中只关注一维或两维，如知识的维度，其他维度被弱化、虚化或形式化，特别是情感的维度；另一个表现是三维目标各行其是，停留在 3 个点上，不能彼此照应。基于核心素养的课程目标力争将三维目标有机整合，我国一线教师目前已做出了很多有益的尝试。

（三）全面提高生物学教师的素质

生物学教师不仅是生物学课程的实施者，还是生物学课程改革成效的关键性因素。因为只有一线生物学教师认同并亲身实践生物学课程改革的"新"理念、"新"目标、"新"内容、"新"方法，才能谈得上真正进行了生物学课程的改革。否则，没有教师对生物学课程改革的主动理解与真正内化，尽管拿着"新教材"去上课，那也只能是"穿新鞋走老路"罢了，谋求生物学课程与教学中"两种文化"的有机融合也势必成为一句空话。在生物学教学中将"两种文化"有机融合给新时代生物学教师提出了更高的要求，也给新时代教师培养提出了更高的要求。

第二节 | 透过课程发展历程看我国生物学课程的"文化性格"

历史并不只是记录过去的事实，而是察看过去、启发现实。本节将通过追溯我国生物学课程发展史来揭示不同时期生物学课程的"文化性格"。

一、我国生物学课程的发展简史

我国生物学课程从清末产生至今，经历了逐步的变革过程。随着不同历史时期政治、经济、人文等形势与环境的不同，以及生物科学自身发展水平的变化，我国中学生物学课程的目标、内容、形式、实施、评价等也有所不同，110 多年的中学生物学课程形成了丰富的课程发展史。

（一）我国中学生物学课程的发端

我国中学生物学课程与教学发端于何时，人们观点不一。直到 1902 年，清朝政府建立了新式学堂，开设了博物学课程，至此，没有人再对中国生物学课程的发端提出异议。若以此为发端，1902 年《钦定中学堂章程》的颁布，自然也就成为我国现代生物学课程与教学体系的起点。1904 年，清朝政府又颁布了《奏定中学堂章程》，并作为清末新学制的主要依据在全国全面推行。清末博物课程的宗旨在于"功用"，体现了当时"中学为体，西学为用"的教育方针，课程内容基本上以生物形态、构造、分类为主，这是由于这一时期的生物学还处于描述科学阶段，教学方法也很少使用实验法。

（二）我国中学生物学课程的早期发展

中华民国建立后，在蔡元培的主持下，按照民主共和的原则，改革了清末教育的封建因素，制定了民初学制。1912 年颁布的《中学校令》与《中学校令施行规则》规定了博物课程"要旨在习得天然物之知识，领悟其中相互关系及对于人生之关系"、课程内容为"重要植物、动物、矿物、人身生理卫生之要"，并明确提出了"兼课实验"。这是我国第一次把生物学实验写进国家的教育文献之中，对生物学课程来说，是一个重大的突破。1913 年颁布的《中学校课程标准》规定了各学科开设的年级、课程内容与授课时数，博物学课程内容进一步细化——植物课程包括"普通植物之形态、分类、解剖、生理、生态、分布、应用等之大要"；动物课程包括"普通动物之形态、分类、解剖、生理、习性、分布、应用等之大要"；生理及卫生课程包括"人身之构造、个人卫生、公众卫生"等。这是我国首次颁布"课程标准"。

1922 年，"新学制"颁布，将中学学制改为 6 年，分初中和高中两个学段，每学段 3 年。中学阶段既延长了年限，又首次进行初中、高中分段，增加了灵活性，兼顾了基础性与预备性的需要。1923 年，全国教育联合会刊布了《新学制课程标准纲要》，其中包括《初级中学自然课程纲要》与《高级中学第二组必修的生物学课程纲要》。《初级中学自然课程纲要》分别从课程目的、课程内容与方法、毕业最低限度标准对初中自然课程进行了规定；《高级中学第二组必修的生物学课程纲要》对普通植物学、普通动物学的授课时间、学分、教材、实验等进行了具体的规定。初中学段的博物学课程更名为自然课程，合科设置；高中学段则为生物学课程，分科设置。两纲要虽仅由全国教育联合会刊布，并未经当时政府正式颁布，但由于该组织的权威性与代表性，全国各地都据此执行。1932 年，《初级中学植物学课程标准》《初级中学动物学课程标准》《初级中学卫生课程标准》《高级中学生物学课程标准》《高级中学卫生课程标准》等中学各科课程标准正式颁布。此时，初中分为植物学、动物学和人体生理卫生，高中为生物学的分科课程设置体系。

📖 **拓展阅读 2-2** 我国早期的中学生物学教材

（三）中华人民共和国成立后的中学生物学课程

中华人民共和国成立后的生物学课程发展历程可分为 3 个阶段，分别为缓慢发展阶段（1949—1985 年）、跨越式发展阶段（1986—2000 年）和深入改革阶段（2001 年至今）。

20 世纪 50—80 年代，我国生物学课程与教学的发展十分缓慢。20 世纪 50 年代末，由于沃森（J. D. Watson）和克里克（F. H. C. Crick）对 DNA 双螺旋分子结构的重大发现，生物科学迅速进入了分子生物学阶段，全世界范围内展开了一场生物学教育的革命。这次改革的焦点已经突出表现在科学实验能力和探究能力的培养上。例如 20 世纪 60 年代初的高中生物学 BSCS（Biological Science Curriculum Study）教材。共有 3 个主要的版本，即蓝皮本、黄皮本和绿皮本，对全球高中生物学课程与教学影响非常大。这套教材实验数量多达 72 个，加上教学参考资料中的补充实验，共计约 150 个，生物学教师可以根据实际情况灵活选择，且必须保证实验课时数达到总课时数的 50% 以上。BSCS 教材不仅实验数量多，而且实验类型多种多样，有观察性实验、模拟实验、定量实验、定性分析实验、验证性实验、探究性实验，也有探究性的讨论活动，在实验过程中要求突出科学方法的介绍和训练。但在这一时期，我国中学生物学课程没有跟上时代的发展和生物科学的进步，同国外生物学课程的差距已十分明显。在北京大学吴相钰教授的主持下，我国引进翻译了以生态和进化为中心的绿皮本 BSCS 教材，1999 年开始在北京部分学校试用。

20 世纪 80 年代中期后，我国的教育决策者、生物学教育研究者和工作者有了更多的机会去了解国际上生物学教育发展的动态、趋势和研究成果，使得我们更容易发现自己的特点和不足。在此之后，我国中学生物学课程走向跨越式发展阶段。1986 年，《中华人民共和国义务教育法》颁布，几乎与此同时，素质教育的讨论与研究也陆续展开，我国中小学各科课程的质量呈跨越式发展，我国基础教育渐渐地从"有学上"走向"上好学"的阶段。在这一时期，生物学课程经历了从"一纲一本"到"一纲多本"的转变，经历了从单一课程形式到多种课程类型共存的转变，还经历了从"读"科学到"做"科学的转变。

2001 年，《基础教育课程改革纲要（试行）》印发，我国基础教育课程从此进入了深化改革阶段。生物学课程深化改革的标志性事件是生物学课程标准的出台，由此，我国中学生物学课程改革由"教学大纲"走进"课程标准"时代。生物学课程改革全面深化的标志性事件是基于核心素养的《普通高中生物学课程标准（2017 年版）》的颁布，它标志着我国生物学课程目标从"三维"走向了"核心素养"。与前一阶段相比，这一阶段既延续着原有的课程研究主题与改革实践，又展示了前所未有的巨大变化，如教育行政力量、学术力量、学校（教师）力量的全面介入、课程改革由少数学校的先锋探索试验变为几乎每一所学校的普遍实践等。总之，这一时期是我国基础教育课程改革由理论到实践全面展开的时期，也是一线教师课程意识增强并转化为自主课程行动的时期。

📖 **拓展阅读 2-3** 从顾巧英的专业成长过程看我国生物学课程的发展史

二、我国不同时期生物学课程的"文化性格"

"性格"源于心理学，原指一个人对现实的稳定态度，以及与这种态度相应的、习惯化了的行为方式中表现出来的人格特征。与人的性格特征相似，生物学课程文化也表现出外在的"性格特征"，即为生物学课程的"文化性格"。我国生物学课程从产生至今在不同历史阶段展现出了不同的文化性格。

（一）人文色彩浓厚的博物学课程（1902—1922 年）

我国生物学课程的发端阶段，其名称为"博物学"，而非"生物学"。直到1923 年，博物学课程才由自然课程与生物学课程替代。博物学（natural history），有人也翻译为"自然史"，是指对大自然的宏观观察和分类，包括当今意义上的天文、地质、地理、生物学、气象学、人类学等学科的部分内容。

我国于 20 世纪初引入西方博物学，课程的主要内容为生物的形态、结构、分类、比较解剖学、比较生理学、比较胚胎学等描述性的知识，所用到的实验方法和数学方法很少。当时的博物学课程中关于科学思维、科学方法等展示科学本质的内容虽很少，但其教育价值与数理实验科学所提供的教育价值大不相同，很多属于人文价值的层面。正如赫胥黎所说，"博物学作为从自然美获得快乐的最大源泉，影响着学生细微的感情"。因为博物学在人文价值层面的重要作用，这一时期的生物学课程属于人文色彩浓厚的博物学课程。

（二）科学性质开始确立的自然科学课程（1923—1951 年）

生物学和博物学不仅研究范围不同，研究范式也不同，生物学代表数理范式，而博物学则代表经验论范式。生物学与物理、化学一样，都属于自然科学课程。

1923 年，我国初中"博物学"课程更名为"自然"，且内容范围除前面谈到的自然地理、地质学、矿物学、植物学和动物学等学科外，还包括物理与化学两学科。1923 年的《新学制课程标准纲要·初级中学自然课程纲要》明确提出，"在自然科学之中，生物与理化较其他各科为重"，这是我国第一次将生物学与物理、化学的自然科学地位等同。此纲要还明确提出了毕业最低限度标准即"能为简易之实验，以解释日常生活之科学原则""对于天然界事物，须有较正确之观察能力"，并第一次将生物学课程的实验操作纳入考试内容。

1929 年开始，我国初中生物学课程逐步从"自然"课程中分离出来分科设置，包括植物学、动物学、人体生理卫生。至此，我国又将实验列入"作业要项"中。例如，初中植物要求"实地观察、实地实验、采集、实验室观察、记载"，初中动物要求"实地观察、实验、采集、初步的记录、物外的推想"。1932年，《高级中学生物课程标准》第一次专门安排了实验课时，还明确提出了时间支配的方案："于高中第一学年教完，每周讲演 3 小时，实验 2 小时。此外，每期可举行数次郊外采集"。这一时期，我国不同中学的课程资源有很大不同，一些著名的中学已经具备了一定的生物学实验条件，有的学校还有专门的实验指导，但大多数学校无法开设实验。尽管如此，我们已经看到在国家课程文献层面，生物学课程的自然科学地位已经得到了巩固。

（三）强调工具价值的自然科学课程（1952—1978 年）

中华人民共和国成立以后，生物学在我国基础教育中作为一门自然科学的学科地位进一步得到了强化。教育部分别于 1956 年、1963 年颁布的《初级中学实验园地实习教学大纲》《全日制中学生物教学大纲（草案）》都对各科的实验目的、教学要求、实验场地、注意事项等进行了详细的规定。

1952 年后，我国生物学课程的自然科学地位在得到强化的同时，也开始了工具价值的取向：生物学的学习是社会发展的需要、征服自然的需要、改造自然的需要。例如，1952 年《中学生物教学大纲（草案）》指出，"植物学是研究植物界和指出如何支配植物界的科学"，并引用园艺学家米丘林（I. V. Michurin）的格言："我们不能等待自然的恩赐，我们的任务是向自然索取"。但严重的工具主义倾向对人类的危害是极大的。哲学家马尔库塞（H. Marcuse）曾谴责：人的"工具理性"日渐膨胀，"价值理性"日渐萎缩。人在物质和技术的压制下，只求物质，不求精神，只顾现实，不讲未来。这给人类带来了主体性的迷失、道德的失范和心灵的危机，如有人为了眼前的经济利益而危害环境，生态问题的出现更多的也是人为因素造成的。工具主义的科学课程在一定程度上割裂了人与自然、人与社会的关系，忽视了学生主体性的发展，也会造成公民生态意识的普遍淡薄。

（四）工具价值与应试导向并行的自然科学课程（1979—1999 年）

1978 年，在"科教兴国"精神的指导下，教育部颁布了《全日制十年制学校中学生物教学大纲（试行草案）》，增加了遗传的物质基础、DNA 的双螺旋结构与半保留复制、遗传学三大定律、基因突变等现代生物学知识。我国生物学课程、教材与教学开始走向正轨，且得到了跨越式的发展。与此同时，在生物学课程文化的演进过程中，生物学教师的实践探索也迎来了空前创新的时代，如上海中学顾巧英老师主持的"在生物教学中发挥教师主导作用与学生主体作用的实验"、朱正威老师在山东等地进行的 STS 教改实验等。

尽管如此，"知识就是力量"在长时间内广泛影响了我国生物学课程的建设。科学技术能带来巨大的物质利益，这让生物学课程的"工具"价值维度长期占据主导地位。从 20 世纪 80 年代到 2000 年《九年义务教育全日制初级中学生物教学大纲（试用修订版）》《全日制普通高级中学生物教学大纲（试验修订版）》，生物学课程内容的确定原则基本上从"社会主义现代化建设的需要""理论联系实际的需要""现代生物科学发展的需要"等出发，但很少考虑把"学生的需要"作为选取课程内容的基本原则，特别在依据学生的心理发展水平和认知发展水平确定课程内容方面更是显得不足。与此同时，我国应试教育盛行，生物学课程不仅是一种提高生产力的工具，还与其他课程一样沦为了应试的工具。生物学课程的教育价值虽然丰富，但它在中考与高考的地位几乎等同于它在学科中的课程地位。这样，工具价值与应试导向的并行，致使生物学课程中的工具主义更加盛行，以至于遮蔽了生物学课程的其他价值维度，特别是精神的价值维度。

（五）科学本质初步张扬且融入人文色彩的自然科学课程（2000年至今）

科学工具主义倾向的生物学课程，其消极影响是多方面的，它不仅在我国长期存在，也是世界各国普遍存在的教育问题。科学教育的先驱斯宾塞认为科学课程的价值应有两个维度，一个是工具价值维度，一个是精神价值维度。人们往往追求科学工具价值，而精神价值维度被长期遮蔽。经过长时间的反思，人们认为科学工具主义的泛滥是由于缺乏"价值理性"的引领，解决这一问题的最好办法是谋求"两种文化"有机融合，即利用科学文化与人文文化的融合疗愈"工具主义"造成的伤害。让人文文化所蕴含的价值理性为工具理性提供方向，让工具理性促进人类理想的实现。我国于2000年开始有意识地谋求"两种文化"在生物学课程中的融合。2000年《九年义务教育初级中学教学大纲（试用修订版）》提出"热爱大自然、热爱生命、形成保护生物多样性、保护环境的意识"等人文课程目标；2001年《义务教育生物课程标准（实验稿）》以"人与生物圈"为主题构建，从一级主题到二级主题直至三级主题层层点出，将科学文化与人文文化融为一体。

正如本书第一章"生物学课程的性质"所述，厘清生物学是一门自然科学对生物学课程具有至关重要的意义，意味着生物学课程主要体现科学的本质和特征。1996年《全日制普通高级中学生物教学大纲（供实验用）》首次提出了"探究"的要求，希望将过去的读科学、背科学、考科学的生物学课程引导到做科学上来。第八次基础教育课程改革中，生物学课程将科学探究作为一个基本的课程理念加以倡导；在核心素养导向的生物学课程中，更是将科学思维、科学探究作为生物学科的核心素养，成为生物学课程基本的课程目标。2001年《义务教育生物课程标准（实验稿）》中"影响鼠妇分布的环境因素"的科学探究，课程标准明确要求活动结束后要将"鼠妇放回大自然中"，这不仅突出了人与自然的和谐发展，还使得生物学课程的科学本质得到了张扬。

若以我国生物学课程体系的演进过程作为基本坐标，以生物学课程的文化性格作为纵坐标，我们就可以给每个时期的生物学课程建立历史定位（图2-1）。这也是史学研究的常用方法，以审视历史与启发现实。

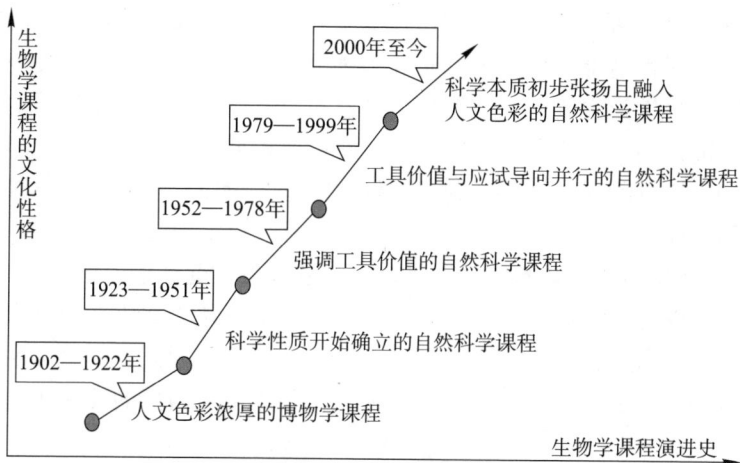

图 2-1 我国生物学课程的历史定位

第三节 | 我国生物学课程的文化变迁

人的性格是在遗传基因的基础上，于社会生活实践中逐渐形成的，它在一个人的生活中一经形成便比较稳定，但个人成长与生活环境等的重大变化会带来性格特征的显著变化。继续考察生物学课程文化演进的过程，我们不难发现生物学课程的文化性格与人的性格特征相似：在一定的发展阶段相对稳定；同时，社会实践环境变化或内部进展又可引发显著的外在变化。若继续追问生物学课程文化性格稳定或变化的原因及生物学课程文化演进的方向，有必要进行进一步的讨论。

一、生物学课程的文化基因

生物学课程文化性格形成的根本原因在于生物学课程的文化基因。"文化基因"由生物遗传学中"基因"一词移植而来。道金斯（R. Dawkins）在《自私的基因》（*The Selfish Gene*）中提到文化进化与遗传进化的相似性，他认为基因主导的生物进化与"meme"主导的文化进化一起推动人类的进步。其创造的"meme"一词用来表达文化传播单位或模仿单位的概念，有人将之译为"觅母"，有人把它译为"拟子"，更多的人把它译为"文化基因"。

（一）生物学课程的文化基因决定了课程文化的相对稳定性

生物学课程在本质上是自然科学课程，具有自然科学的文化基因，因此生物学课程自其科学性质开始定位后，自然科学课程的文化性格便得以稳定地传递。另外，如前所述，生物学课程自诞生起就带有许多人文色彩。可见，生物学课程首先是自然科学课程，这种文化基因决定了生物学课程应张扬科学的本质特征；其次，生物学课程是带有人文色彩的自然科学课程，这种文化基因决定了生物学课程应该是以科学为主体的、与人文相融合的自然科学课程。在我国生物学课程文化演进的链条中，生物学课程文化的发展目前正处于第五个阶段，即"科学本质初步得到张扬且融入人文色彩的自然科学课程"阶段。这是生物学课程的文化基因决定的，而且按照文化基因理论，它会长时间稳定地传递下去。

（二）生物学课程文化基因的选择性影响课程文化变迁的方向

基因具有遗传、变异和自然选择的特征。道金斯认为文化基因要构成一种复制因子也必须具备遗传、变异和选择3个特征。文化基因通过书面文字或口述语言传播的过程就是文化基因遗传的过程；文化基因由于内部的发展变化或外部环境的改变而发生传播过程中的删减、增添和修饰等，都是文化基因的变异过程；一些文化基因易于被传递，一些文化基因难以传递，文化基因的传递要经过自然和社会的双重选择，这是文化基因的选择过程。文化基因的遗传性反映了文化的继承关系，保障了文化的稳定性；文化基因的变异性反映了文化的变迁，促进了文化的发展；文化基因的选择性反映了传播过程中文化的取舍，影响了文化变迁的方向。

生物学课程文化来源于生物科学文化，但如第一章"生物学课程的性质"所述，中学所教授的生物学并不是生物科学本身，而是重新概念化、重新体系化了的、经过选择的生物学课程。生物学课程文化的选择必须经历3个过程：生物学课程内容的选择、生物学教材内容的选择、生物学教学内容的选择。生物学课程的内容选择有3个公认的标准，即满足学生发展的需要、满足学科自身发展的需要、满足社会发展的需要。其中，前两者属于自然的选择，后者属于社会的选择。生物学课程内容反映的是应该向学生传递什么样的生物学课程文化；生物学教材内容反映的是教材编写者组织了怎样的生物学课程文化传递给学生；生物学教学内容反映的是在实际的课堂中教师向学生传递了什么样的生物学课程文化。由此，新的生物学课程文化不断生成，为了保障课程文化传递的稳定性，世界各国一般利用课程标准或教学大纲加以规范，保障以上各个环节的课程文化在规定的框架内生成。这样，在课程内容选择之后，再经过教材内容的选择、课堂教学过程的选择，以及学生自主的选择，最后生物学课程文化才最终得以传递。可见，生物学课程的文化基因不管是内部发展产生的变异，还是外部"基因修饰"产生的变异，都要接受"自然选择"和"社会选择"的检验，"选择"影响了生物学课程文化的方向。

二、我国生物学课程文化变迁的方式

与人的性格特点相似，生物学课程文化的性格也会在社会生活环境、自身成长等变化时发生外在的变化，从而引发生物学课程文化的变迁。

（一）外部环境变化引发生物学课程文化的变迁

纵观生物学课程文化的演进过程，我们可以看到生物学课程文化的变迁有时由外部引起。在某种意义上，我国生物学课程如其他学科课程一样，被镶嵌在社会发展和教育改革的脉络中，社会发展的关键事件和教育改革的主要节点都会影响生物学课程文化的变迁。生物学课程文化的传播途径，特别是课堂教学过程的变化，也能引发课程文化的变迁，如叶澜先生强调"让课堂焕发出生命的活力"，这样的课堂与传统的课堂相比较，生物学课程文化的传播方式、排列与组织方式是不一样的。因此，课堂文化的变迁也会影响生物学课程文化的变迁。

（二）内部自身发展引发生物学课程文化的变迁

生物学课程文化的变迁有时由内部自发引起，如生物科学自身的发展。在博物学阶段，由于其自身的发展水平还处在描述科学阶段，当时课程的主要内容是描述性的知识，所用到的科学方法很少，因此尚未显现出科学课程的本质特征；20 世纪初期，孟德尔（G. J. Mendel）遗传学说的重要价值终于得到认可，生物科学研究中的实验方法被重视且取得了一系列新进展。生物学课程被定位于自然科学课程，后又独立设科改为分科课程；20 世纪 50 年代末，DNA 双螺旋结构的发现使生物学进入了一个新时代。由于生物科学自身的重大发展，世界范围内展开了一场生物学教育的革命。在此期间，一些国家的生物学课程迅速进入了以科学进程为核心的课程文化阶段。

当然，生物学课程文化的变迁更多的时候由内部发展与外部环境共同促发，正如当前核心素养导向的生物学课程改革。由此，我们看到生物科学自身发展与社会文化变化共同促进了生物学课程中科学与人文的融合。

三、我国生物学课程文化进一步变迁的方向

我国生物学课程文化经历了 5 个发展时期。它的每一次变迁或由于内部自身发展引发，或由于外部环境变化引发，或由于二者同时作用而引发。当前，在知识经济、信息技术、创新思维的大背景下，加之生物科学本身的迅猛发展，生物学课程文化的进一步变迁成为必然。

（一）生物学课程科学文化必然会进一步张扬

如前所述，生物学课程文化通过生物学课程内容、生物学教材内容、生物学教学内容不断得到新的生成。生物学课程在本质上是一门科学课程，为了保障生物学课程这种文化基因传递的稳定性，我国生物学课程标准已在课程性质、课程理念、课程目标、课程内容、课程实施、课程评价等方面加以规范，以保障生物学课程科学本质的传播过程在规定的框架内生成。认清了生物学课程是一门科学课程，生物学教材的编制就会很自然地在生物学课程标准的规范下体现生物学课

程的科学本质。一方面，科学作为一种认知活动，是人们积极探索周围世界、获取知识、探求规律的过程，生物学教材内容必须包括科学的探索、解释和检验等要素；另一方面，科学也是人们探索和认识自然世界的活动结果，因此生物学教材不仅会有系统化的知识体系，还包含有独特的科学方法和科学精神。认清了生物学课程是一门科学课程，生物学教师在课堂上对生物学课程文化的传播也定然不会再"画一画""念一念""背一背"了，而是会选择能体现出科学本质的教学策略与方法进行。总之，生物学课程科学文化将会进一步张扬，这也是由生物学课程的文化基因所决定的。

（二）生物学课程"两种文化"将进一步融合

生物学课程主要带有科学文化的特征。同时，生物学课程相比较其他自然科学课程更具有人文性。另外，人类基因组研究及应用前景、转基因技术、克隆技术、试管婴儿、器官移植等，已经对人类社会现有伦理道德体系产生了冲击，也产生了对生物学课程加强人文精神教育更为迫切的需求，并同时提供了更为丰富的素材。生物学课程这种天然的文化基因与当前的社会生活环境，都决定了生物学课程中"两种文化"的融合。正因为如此，在科学人道主义思潮、有机哲学思想、社会改造主义哲学、建构主义学习理论等理论的支持下，世界范围内的生物学课程文化当前正处在向"科学为主体的、两种文化融合的科学课程"转化过程之中。但我国在生物学课程科学本质的传播上还处于起步阶段。因此，我国生物学课程在张扬生物学的科学本质方面与"两种文化"的融合方面都还需要进行基本的建设。由于我国生物学课程这种文化性格的特殊性，若实现生物学课程文化的良性变迁，显然需要在生物学课程建设方面做更多的工作。

（三）生物学课程应试文化将逐步淡化

我国生物学课程长期以来呈现出的"应试"文化，已不能满足现代社会对终生学习、创新人才等的要求。换句话说，基于"应试文化"的生物学课程已不能通过"自然"与"社会"的双重选择，已严重制约了我国生物学课程文化的发展。同时，我们应该看到，应试文化从发生到盛行在我国已逾 1 400 年，它不仅仅是由于我国目前的考试体制决定的，也和我国的历史文化、教育资源的不均衡发展等有很大关系。从某种意义上来说，生物学课程中应试文化的存在是历史的必经阶段。因此，生物学课程"应试文化"的良性变迁，正如《深化新时代教育评价改革总方案》（2000 年国务院印发）所指出的，必须克服历史习惯的"顽瘴痼疾"，必须破除评价体制机制的障碍，必须加大教育资源的投入，必须引导教师潜心育人，必须研发基于核心素养考试命题的科学方略。2022 年，怀进鹏部长在深化新时代教育评价改革工作推进会上进一步强调"教育评价改革是一项系统工程"。但不管怎样，应试文化的变迁虽然繁杂艰难，但已成必然。

另外，在"中国学生发展核心素养体系"的框架下，生物学课程文化还会有不同方向的变迁，如更加注重"立德树人"文化、"实践"文化、"创新"文化、"大概念"文化等。

　　总之，我国生物学课程的改革与文化的变迁已进入全面深化的阶段。但需要提高警惕的是，与生物基因的变异相似，生物学课程文化的变迁也并不是每一次都是有利的。追溯历史，启发现实，立足于生物学课程的文化基因，自觉接受"自然的选择"和"社会的选择"，实现生物学课程文化的良性变迁，是当前生物学课程改革与教学改革的重要责任，也是新时代生物学教师的重要使命。

更多数字资源

参考文献　　教学课件　　课后自测

第三章

生物学课程的基本理念

2001 年 7 月，教育部颁布了《义务教育生物课程标准（实验稿）》，包括之后颁布的《义务教育生物学课程标准（2011 年版）》《普通高中生物课程标准（实验稿）》《普通高中生物学课程标准（2017 年版）》《义务教育生物学课程标准（2022 年版）》中都设置了"生物学课程理念"。与之前所有的生物（学）教学大纲相比，这是生物学课程标准编写结构与内容设置的一大突破。生物学课程理念不仅是生物学课程标准的重要组成部分，更是中学生物学教育实践者必须落实到实际教育中的教育信念。

第一节 | 生物学课程理念对"理性"的追求

"理念"是近些年来各种著述、论文的热词，不仅被频繁使用于教育政策、教育管理、教育研究、教育实践之中，也在社会各领域广泛使用。"理念"的泛化现象，给生物学教师理解生物学课程理念带来了一定的困难。

一、什么是生物学课程理念

"理念"一词最先起源于数学，苏格拉底（Socrates）将其扩展为关于共相（普遍性、同一性概念）的一般理论。柏拉图（Plato）承袭其师，完整提出了"理念论"，认为"理念世界"是一个"可知世界""理性世界"。在此基础上，康德（I. Kant）认为"理念"是一个"纯粹理性"的概念；黑格尔（G. W. F. Hegel）则称"理念"为一种客观的理性或精神。可见，"理念"是指人们对于某一事物或现象的理性认识及其所形成的观念体系。照此说，课程理念反映的应是课程的理性世界。

"理性"世界与"感性"世界相对，指人们按照事物发展的规律和自然进化原则考虑与处理问题，即不冲动、不凭感觉做事情。"理性"的目的不仅仅在于获得"认识"，而且有助于人们反思自己的行为，从而避免"过分"与"不及"，达到"善"的境地。

根据对"理念"与"理性"的意义分析，生物学课程理念是人们对生物学课程的理性认识和在此基础上所形成的观念体系，反映了生物学课程对理性的追求。它要求生物学课程目标的设计、课程内容的选择、课程的实施过程、课程资源的利用、课程的评价等环节都要合乎理性的规范，进行过充分的合理性辩护，而不是建立在社会权威基础或个人感性基础上的"非理性"认识或行为。它是编制生物学课程和实施生物学课程的指导思想。生物学课程标准中"课程理念"栏目的设置，意在提升生物学课程的理性程度，重在为生物学课程实践提供一种理性规范，提高生物学课程的实施水平。

二、生物学课程理念的"理性"追求

哲学家们从不同的角度、根据不同的标准对"理性"进行了分类。康德将"理性"分为"纯粹理性"与"实践理性"；黑格尔将"理性"分为"消极理性"与"积极理性"；韦伯（M. Weber）将"理性"划分为"工具理性"与"价值理性"；哈贝马斯（J. Habermas）在对"工具理性"批判的基础上，又提出了"交往理性"等。这些分类方法不仅加深了生物学课程对"理性"的认识，也促进了生物学课程对理性的实践。

（一）生物学课程理念对"工具理性"的追求

工具理性行为，又称目的合理性行为。在这种行为中，目标和手段都是通过理性选择的，并在多种可能的手段中选择一种（或几种）最有效、最合理的达到目的的方法。工具是理性借以实现价值目标的有效手段，是价值主导理性到达现实性的中介。《义务教育生物课程标准（实验稿）》《义务教育生物学课程标准（2011年版）》《普通高中生物课程标准（实验稿）》所提出的"探究性学习"与"注重与现实生活的联系"、《普通高中生物学课程标准（2017年版）》《义务教育生物学课程标准（2022年版）》所提出的"内容聚焦大概念"与"教学过程重实践"、《义务教育生物学课程标准（2022年版）》所提出的"课程设计重衔接"与"学习主题为框架"等生物学课程理念都是为了达成生物学课程目标，人们经过理性选择的最有效、最合理的方法，都反映了生物学课程对工具理性的追求。

（二）生物学课程理念对"价值理性"的追求

价值理性行为，又称价值合理性行为。这种行为取决于对真善美或正义之类较高等级的价值，强调理性的价值目标和价值评判标准。价值理性具有两个基本特征。其一是非功利性，价值理性讲求伦理意义、价值取向和理想目标，而不以功利效益为取舍标准；其二是抽象性，价值理性表现出对价值的绝对普遍的要求，往往以抽象的形式出现。《义务教育生物课程标准（实验稿）》《义务教育生物学课程标准（2011年版）》《普通高中生物课程标准（实验稿）》所提出的"提高生物科学素养"、《普通高中生物学课程标准（2017年版）》《义务教育生物学课程标准（2022 年版）》所提出的"核心素养为宗旨"，2 个课程理念都追求生物学课程的育人价值，一个指向"生物科学素养"，一个指向生物学科"核心素养"，二者都讲求生物学课程的价值取向与理想目标，也都反映了生物学课程对价值理性的追求。

《普通高中生物学课程标准（2017 年版）》《义务教育生物学课程标准（2022年版）》还提出了"学业评价促发展"的课程理念。该理念强调理性的价值目标和价值评判，符合非功利性和抽象性的特点，是典型的价值理性在生物学课程中的体现。多年来，受"应试"功利主义的影响，我国生物学测量与评价大多发挥的是它的甄别与选拔功能。两课标对"学业评价促发展"的提出，反映了我国生物学课程评价从"工具理性"走向"价值理性"的可能性。同时，我们也该理性地看到由于"工具理性"求真求实的精神和操作的具体性，生物学测量与评价的甄别与选拔功能还会长期存在，生物学课程评价要想真正从"工具理性"走向"价值理性"恐怕还会有很长的一段路要走。

（三）生物学课程理念对"交往理性"的追求

哈贝马斯在对"工具理性"批判的基础上提出了"交往理性"。他指出，"工具理性"和"个人主义"的横行导致人与人的交往陷入了物质和技术浸染的"沼泽之地"。同样，在课堂教学中，由于工具理性的泛滥，教师将教学简单地归结为目标达成的过程，在教学中极易"灌输"，忽视了人在教学中的主体地位。这种见物不见人的课堂也使得师生交往关系日趋工具化、技术化和利益化。

哲学界对交往的关注，尤其是马克思（K. H. Marx）、哈贝马斯的交往理论，给教育的研究带来了全新的视野。基于此，我国著名教育家叶澜提出了"教育即特殊的交往"的教育本质论。从交往的观点看，教育发生在主体与主体之间，交往对于教育而言并不仅仅是达成教育目的的手段，而是具有更深层面的本体论意义。因此，《义务教育生物课程标准（实验稿）》《义务教育生物学课程标准（2011 年版）》《普通高中生物课程标准（实验稿）》提出了"面向全体学生"的课程理念，要求教师在实施生物学课程的过程中营造多主体、平等、民主、公正、公平的师生交往及生生交往的关系，这反映了生物学课程对"交往理性"的追求。

（四）生物学课程理念对"实践理性"的追求

实践理性为"应当做什么""应该如何做"等问题求解，是人类理性观念掌握世界的最高方式。根据马克思的实践哲学观，只有将理论理性与实践理性结合起来，才能形成完整的理性。因此，生物学课程的研究与规划就不能仅停留在"理论理性"层面，不能只解答"是什么""该如何"，而逃避"应当做什么""应当怎么做"的问题，即应将实践理性作为对认识活动和实践活动的联结点，生物学课程才能真正地达到"理性"的境地。2000 年以来，教育部颁布的所有生物学课程标准共提出了 10 个生物学课程理念（表 3–1）。在这些课程理念中，有的追求价值理性、有的追求工具理性、有的追求交往理性，它们同属于理论理性的范畴。由于表述的抽象性，我们从生物学课程理念中仅仅看到了生物学课程"应是什么"、生物学课程"应如何"，而对于"应当做什么""应该如何做"的问题，即实践理性的问题，还有待于求解。

表 3–1　生物学课程理念在生物学课程标准中的分布

课程理念	课程标准
提高生物科学素养	2001 年《义务教育生物课程标准（实验稿）》、2011 年《义务教育生物学课程标准（修订版）》、2003 年《普通高中生物课程标准》
面向全体学生	2001 年《义务教育生物课程标准（实验稿）》、2011 年《义务教育生物学课程标准（修订版）》、2003 年《普通高中生物课程标准》
倡导探究性学习	2001 年《义务教育生物课程标准（实验稿）》、2011 年《义务教育生物学课程标准（修订版）》、2003 年《普通高中生物课程标准》
注重与现实生活的联系	2003 年《普通高中生物课程标准》
核心素养为宗旨	《普通高中生物学课程标准（2017 年版）》《义务教育生物学课程标准（2022 年版）》
内容聚焦大概念	《普通高中生物学课程标准（2017 年版）》《义务教育生物学课程标准（2022 年版）》
教学过程重实践	《普通高中生物学课程标准（2017 年版）》《义务教育生物学课程标准（2022 年版）》
学业评价促发展	《普通高中生物学课程标准（2017 年版）》《义务教育生物学课程标准（2022 年版）》
课程设计重衔接	《义务教育生物学课程标准（2022 年版）》
学习主题为框架	《义务教育生物学课程标准（2022 年版）》

接下来，生物学课程标准在课程目标、课程内容、课程评价、课程实施等项目中展开了对实践理性的追求，逐渐解答了"应当做什么""应该如何做"的问题（图 3–1）。关于"价值理性"范畴的"提高生物科学素养"理念，生物学课程标准通过三维课程目标将生物学课程的价值理性引入实践理性；对于"核心素养为宗旨"的理念，普通高中生物学课程标准与义务教育生物学课程标准则通过基于学科核心素养的课程目标将生物学课程的价值理性引入实践，从而将生物学课程的理论理性与实践理性结合起来。

总之，生物学课程理念是生物学课程对理性的追求。生物学课程理性化的过程，即生物学课程合理化的过程。在这个过程中，不仅包括生物学课程工具、手

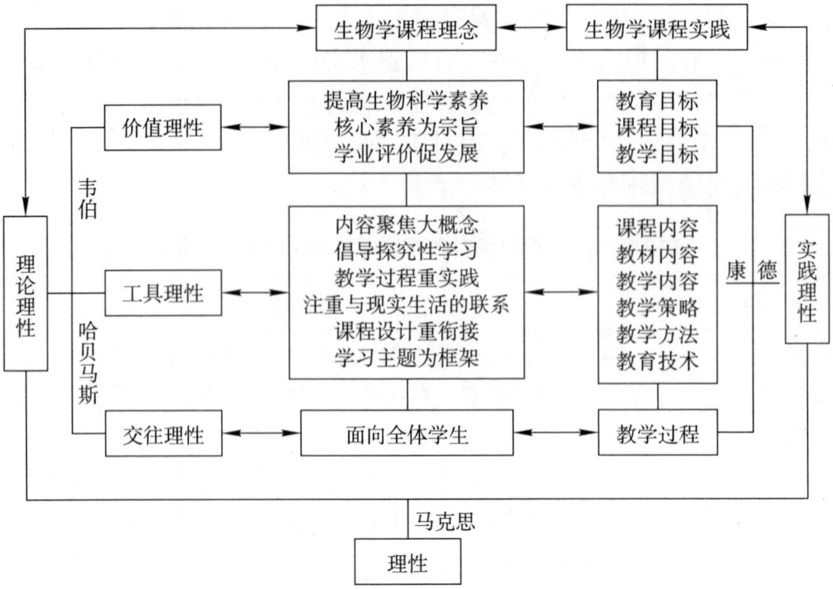

图 3-1 生物学课程对理性的追求

段的合理化，而且包括了生物学课程目标或价值的合理化；不仅包括了教学交往的合理化，而且包括了教学伦理的合理化；不仅包括生物学课程理论的合理化，而且包括生物学课程实践的合理化。生物学课程的理性化需要经过"理性"的思想过程与实践过程，如课程理论的悬置、课程理论的理解、课程理论的质疑、课程理论的批判、课程实践的反思、课程理论的重构等过程。

生物学课程要注重基于理性指引的生物学课程实践，理性的深度影响着实践的合理性，深刻的理性力量将推动生物学课程实践更为合理、有效。同时，在充斥着观念和理论的教育领域中，忽视"实践决定意识"的客观规律，也会产生出某些教育问题，这就要求我们树立科学的理念观和实践精神：理念关注实践、引导实践；实践检验理念、孕育理念。

第二节 | 三维目标时代的生物学课程理念

2000 年以后的生物学课程改革分为两个阶段，第一阶段指向三维目标，第二阶段指向核心素养。第一阶段的义务教育生物学课程理念为"面向全体学生""提高生物科学素养"和"倡导探究性学习"。普通高中生物学课程在义务教育生物学课程理念的基础上增加了"注重与现实生活的联系"。第一阶段的生物学课程理念为第二阶段核心素养课程理念的提出与落地提供了广泛的理论基础与丰富的实践经验。

一、关于"面向全体学生"的课程理念

"面向全体学生"的课程理念是生物学课程对"交往理性"的追求，也反映了生物学课程与教学和以往不同的学生观。

（一）生物学课程的学生观

教育是在人与人之间进行的精神交流与对话。因此，对"人"的认识与理解是生物学课程建设的头等大事；生物学课程与人的关系也是生物学课程建设与实施中最根本的关系。

在师生关系方面，长期以来我们奉行的是成人与儿童的关系，教师和学生自然地成为不平等的存在。但我们的教育对象不仅是一个儿童，而且还是一个人。儿童的活动不仅是儿童的活动，而且还是人的活动。看不到儿童与成人之间差别的教育是"非理性化""非科学化"的教育；看不到儿童与成人之间作为"人"而存在的共同性也是需要检讨的，因为教育的对象首先是人。因此，对于教师而言，只了解儿童特点还是不够的，还必须了解人；不能只知道儿童有着特殊的心理活动和发展需要，却不知道儿童作为"人"而存在。生物学课程视域下的学生是处于一定儿童发展阶段的"人"。理解学生既要认识其"儿童"的存在特征，又要认识其"人"的存在特征。

📖 **拓展阅读 3-1** 认识学生"人"的存在特征
📖 **拓展阅读 3-2** 认识学生"儿童"的存在特征

（二）"面向全体学生"的实施原则

"面向全体学生"理念的提出，不仅反映了生物学课程对"交往理性"的追求，同时也确立了生物学课程的学生观。生物学课程面向的学生具有作为"人"的存在特征，还具有作为"儿童"的存在特征。根据学生的存在特征，"面向全体学生"的课程理念可以从以下几个层面来理解与实施。

1. 不让一个学生掉队

"幼态持续"是人类在进化过程中特殊的生存策略，人类的儿童具有巨大的学习潜力（徐宜兰和刘合平，2020）。因此，我们应该对每位学生的学习能力充满信心，相信所有的中学生都需要学习生物学课程，也可以学好生物学课程。生物学课程中的必修课程必然面向全体学生开设。其质量标准应保证绝大多数学生通过努力后都能达到，从而避免因标准过高而出现学生"掉队"的情况。基于此，两学段生物学课程标准制定了基本标准的课程目标。这些课程目标符合两学段中学生的认知水平和心理发展水平，处于维果斯基（L. Vygotsky）所提出的"最近发展区"，是两学段中学生经过努力后基本上都可以达到的。不让一个学生掉队，确保两学段生物学课程标准的落实，确保生物学课程与教学的基本

质量，以使学生达到相应年龄阶段的普通公民应具有的生物科学素养水平。在此基础上，有条件的地区和学校，可以根据实际情况，有针对性地提高课程目标与要求。

2. 尊重每一位学生

"面向全体学生"意味着保障学生的人格与意向、尊重学生的独特性与独立性，理解不同学生的家庭文化背景，给每位学生提供同等的学习机会，使所有学生通过生物学课程的学习都能在原有的水平上得到提高、获得发展。

请你思考

- **在用显微镜观察细胞结构时，现行生物学课程为什么不再强调"用左眼观察"?**

2000 年以前的生物学教科书在教授运用显微镜观察细胞结构时，大都强调"用右手握住镜臂，用左手托住显微镜的底部""用左眼观察，右手画图"等显微镜使用的基本要求。这是对显微镜操作技能规范化的要求。

《普通高中课程标准实验教科书 生物（第9版）》（江苏教育出版社，2014）在相关技能要求的阐述上则有所不同。在"普通光学显微镜的使用要求"中，教科书提出"搬动显微镜的时候，一只手应托在显微镜的底部，另一只手握住镜臂"。

学生来自不同的家庭，所处的文化背景不同、学习起点不同、思维方式不同、行为习惯不同、认知水平与心理水平发展不一。这些决定了他们对生物学问题的认识方式、理解深度、思维方向、语言表达等方面会有所不同。有的学生会理解得快一些，有的学生可能会理解得慢一些；有的学生思维可能发散，有的学生思维可能保守；有的学生勇于表达，有的学生羞于表达……我们必须在充分尊重每一个学生发展权利的基础上，承认他们在发展方向、发展速率和最终发展程度上存在差别。在生物学课程的实施过程中，教师应注意保护好每一位学生学习的积极性和主动性，应该把学习机会平等地提供给每一个人，而不仅仅是学习程度好的学生，要让每个学生在学习实践中都有机会获得成功。同时，我们也要为有能力超出标准要求、能够进行更深一步学习的学生提供更广泛的学习空间。力争做到让所有的学生经过生物学课程的学习，通过多种学习途径都有机会达到生物学课程标准所规定的目标水平，保证每一位学生都能在自我原有的水平上得到提高、获得发展。

3. 课程内容满足不同层次学生的需求

两学段生物学课程标准中明确规定了生物学课程目标和内容标准。生物学课程目标反映了生物学课程的价值取向，生物学课程内容是实现生物学课程价值的基本工具之一。为此，生物学课程标准规定了生物学课程的具体内容（即内容标准），以保证生物学课程基本的价值取向。为了生物学课程内容满足不同层次学生的需求，生物学课程内容标准除了基本的内容要求外并没有做出硬性的规定，而是给出了活动的建议。从而给生物学教材内容的选择、生物学教学内容的选择预留了更大的空间。生物学教材可以"一纲多本"，体现不同地区的差异性；生物学课堂上的教学内容教师也可以在保证生物学课程内容标准的基础上，根据不同学生的需求、个性差异、行为习惯及兴趣爱好等的不同，呈现出多样化的教学内容，以满足不同层次学生的需求，实现课程内容的不断生成。

4. 教学过程"因材施教"

《论语·先进篇》记载了孔子因材施教的一个典型案例。案例中，孔子的学生子路和冉有同样问"闻斯行诸？"（凡事一听到就行动吗？）孔子根据俩学生的不同性格给出了不同的回答。由于"人"作为一种存在的独特性，学生个体之间存在着相当大的差异性。这种差异性既表现为智商、性格、身体素质和心理等先天素质，又表现为兴趣、爱好、思维方式、学习品质等后天素质。在生物学课程的实施过程中，教师应在保证全体学生共同发展的基础上，注意发展每个学生的个性和特长，从而把群体学生的培养目标与个体学生的发展目标统一起来，帮助全体学生都能得到全面的发展。生物学教学的深度和广度要适合学生的知识水平和接受能力。教师要依照不同学生的具体情况，充分考虑，采取不同的教学方法，探究和掌握学生心理的个别差异，从学生实际出发，个性化对待，通过分层备课、分层要求、分层练习、分层指导、分层达标、分层作业、分层评价、分层矫正等手段，帮助不同类型的学生都能学有所得、各得其所，促进每位学生健康地发展。

5. 课程资源平等分配

"人"不同于动物，动物社会更多的是弱肉强食，而处于人类社会的"人"则具有平等性。教育公平是社会公平的重要内容，又是推动社会公平的重要动力。中国自古以来就有"有教无类"的教育理想，这一理想在 2010 年教育部颁布的《关于贯彻落实科学发展观，进一步推进义务教育均衡发展的意见》与《国家中长期教育改革和发展规划纲要（2010—2020 年）》得到了特别的强调。当有限的教育资源不可能保证所有的人都能接受高质量教育，国家出台了一系列倾斜政策，如：教育资源向农村倾斜，缩小城乡教育差距；教育资源向中西部倾斜，缩小区域教育差距；教育资源向薄弱学校倾斜，缩小校际教育差距，等等。除了倾斜政策外，国家还出台了一系列资助政策，如贫困生资助政策、精准帮扶政策等，在制度上努力实现"幼有所育、学有所教"，带动我国贫困地区教育事业和发达地区一样取得长足的进步。《义务教育生物课程标准（实验稿）》《义务教育生物学课程标准（2011年版）》《普通高中生物课程标准（实验稿）》都强调"面向全体学生"，在资源的分配方面也必须确保学生人人均等的原则，不能人为拉开地位优越的学生与地位不很优越的学生在获得学习资源方面存在的差别。

6. 学业评价公平公正

学业评价是生物学课程与教学不可缺少的环节。在学业评价过程中，教师应保证所有的学生都有足够的机会展示他们生物学课程的学习成果。教师进行学业评价的目的，是为了帮助学生更好地了解他们在现阶段多大程度上达到了课程标准所确定的目标要求，也为了让教师更好地了解自己所实施的教学过程多大程度上实现了教学目标，从而更好地帮助学生改善自己的学习方法和状况，也从而更好地完善了教师的教学过程。公平公正的学业评价，要求教师不能对学生带有任何偏见，学业评价的方式和内容应该多样化，以便让不同程度的学生、具有不同兴趣的学生都有机会展示自己不同方面的学习成果。

二、关于"提高生物科学素养"的课程理念

"提高生物科学素养"是生物学课程对"价值理性"的追求，也是中学生物学课程基本的课程目标与价值取向。20世纪70年代初期，一些教育发达国家的中学自然科学课程提出了科学素养（scientific literacy）的理念，并把培养学生的科学素养作为科学课程的基本任务。20世纪80年代后，这一课程理念已成为科学教育者的共同理念。

（一）生物学课程标准对"生物科学素养"的阐释与要求

自2001年《义务教育生物课程标准（实验稿）》开始，我国生物学课程将"提高生物科学素养"作为基本的课程理念，《义务教育生物学课程标准（2011年版）》《普通高中生物课程标准（实验稿）》发展了这一理念，希望所有的学生经过生物学课程的学习都有机会成为具有良好生物科学素养的人。

以上3版课程标准均认为，"生物科学素养是指参加社会生活、经济活动、生产实践和个人决策所需的生物科学概念和科学探究能力，包括理解科学、技术与社会的相互关系，理解科学的本质，以及形成科学的态度和价值观。"这一概念的表述涵盖了对"生物科学素养"的内容要求：科学的态度与科学的价值观、科学的过程与方法、科学·技术·社会（STS）及生物科学知识。生物学课程标准期望学生通过生物学课程的学习能够在上述4个领域得到发展。生物学课程的基本任务是培养学生必备的、可持续发展的生物科学素养。

📖 拓展阅读3-3 生物科学素养的4个领域

（二）生物科学素养的不同习得水平

培养学生的生物科学素养是我国生物学课程的基本目标。这一目标指明了生物学教师和学生努力的方向。教师的任务就是帮助每一个学生在这个指定的方向上有尽可能大的进步，从而获得更高的生物科学素养水平。

学生开始学习某门课程的时候一般不是零起点；而当他们结束这门课程的学习时，大多数也不会100%达到课程目标，即每个人都在原有的起点上有所前进（图3-2）。BSCS也认为生物科学素养的高低是一个连续变化的过程，每个学生都处于这种连续变化的不同位置上。不同的位置，反映了学生对生物科学不同的理解程度。从学习的起点位置到毕业时的科学素养位置，生物科学素养可分为4个水平，从低到高依次为肤浅的生物科学素养水平、功能化的生物科学素养水平、结构化的生物科学素养水平和多维的生物科学素养水平（刘恩山，2020）。

课程目标：生物学科学素养

图3-2 学生的生物科学素养水平在学习起点与毕业时的位置（改自刘恩山，2020）

1. 肤浅的生物科学素养水平

学生从小学步入中学，在生物学课程学习的起始阶段，不同的学生常常处于不同的起点位置。尽管学生的起点位置不同，但一般情况下，他们都不是"一张白纸"，他们对生物学课程大都有属于自己的前概念。总体来说，学生在日常生活中能够认出哪些是生物学的术语和概念，并能够将这些术语与自然界中的现象相对应。但他们的前概念（pre-conception）经常不准确或者说具有"迷失"现象，即常常有错误的概念（mis-conception）出现。这样的生物科学素养水平称为肤浅的生物科学素养水平。

2. 功能化的生物科学素养水平

随着生物学课程的继续学习，学生能够使用正确的生物科学词汇，对生物科学术语的定义表述也很准确。但如果学生对生物学课程的学习仅仅基于记忆的学习方式，不能建立概念与概念之间的联系，在结束生物学课程的学习后，这部分学生的生物科学素养可能就会停留在这一水平。他们能表述一些概念，但是很少表现出对概念的理解。这样的生物科学素养水平称为功能化的生物科学素养水平。

3. 结构化的生物科学素养水平

1959年，教育心理学家布鲁纳（J. S. Bruner）提出了"结构主义课程"的设想，并在后来引领了结构主义课程改革。布鲁纳强调"学科结构"的意义，强调整体性的研究，强调从系统、功能、关系中把握事物。他认为结构化的知识学习能够缩小"初级知识"与"高级知识"的差距,"结构"的理解能帮助学生提高直觉处理问题的能力,不仅容易理解与记忆,也便于"迁移"。

结构化的生物科学素养主要表现为以下几个方面。其一,学生能够理解生物学的概念体系,理解科学探究过程的知识和技能,能够用他们自己的话来解释概念;其二,学生能将所学的知识与他们个人生活实际相联系,对于生物学的学习充满兴趣,能从学习或实践的经历中构建概念的意义和对概念的理解;其三,学生能长期保持对生物学学习的兴趣,愿意自己努力学习更多的生物学知识;其四,在面对一个与生物学相关的问题时,能够制定一个行动计划,去解决问题或寻找答案(刘恩山,2020)。按照结构主义课程的观点,这些结构化的生物科学素养,是决定学生的生物科学素养能否进入高阶水平的关键环节。

4. 多维的生物科学素养水平

结构主义课程观认为,当学生达到了结构化的生物科学素养水平后,接下来能较容易地进入多维的生物科学素养水平。这时,学生能理解生物科学素养在诸多自然科学中的地位,能知道生物科学的发展史和生物科学的本质、特点,理解生物科学与社会之间的相互作用;能够意识到自己在知识或技能方面的不足,从而主动去获取更多的知识和技能;能够将学科知识应用于解决问题或寻找答案的行动之中(刘恩山,2020)。结构主义课程是当前学科课程的先进形态,我们在生物学课程开发与实施中,应努力使其结构化,以帮助学生达到多维的生物科学素养水平。

三、关于"倡导探究性学习"的课程理念

综观中学科学课程领域,几乎没有哪个词汇能像"科学探究""探究性教学""探究性学习"这样备受全世界的关注。"以科学探究为核心"已经成为世界范围内科学教育的共识。我国"倡导探究性学习"理念的提出,是对我国生物学课程在课程内容与课程实施中工具理性的追求。其目的在于通过真实情境的探究过程生成科学知识,认识科学的本质,提高学生的生物科学素养水平。

📖 拓展阅读 3-4 "探究性学习"的提出

(一)区分"探究性学习"与"发现式学习"

布鲁纳提出的"发现式学习"也是以发展探究性思维为目标,也将实验、考察、讨论、自学等方法进行综合,基本过程为"提出问题、拟定课题—做出假设、设计方案—验证假设、探索发现—得出原理或概念、检验核实",这与探究性学习的基本过程"提出问题—做出假设—设计方案—实施方案—得出结论—表达交流"初看起来很是相似。那么,为什么各国的基础教育科学课程都极力推崇"探究性学习"呢?要想区分"探究性学习"与"发现式学习",还得从提出者的

学术背景、二者的根本目的及哲学依据谈起。

1. "发现式学习"：以"发现"的方法掌握学科的结构

布鲁纳以结构主义作为构建课程的哲学依据，以学科的结构作为课程的基本理念，强调以发现的方法掌握学科的基本概念与基本原理。也就是说，发现式学习并不是单独提出的科学学习理论，而是作为一种手段而提出的，目的是以"发现"掌握学科的基本结构。简言之，布鲁纳的结构主义课程观表现为：结构性知识是科学学习的目的，"发现式学习"是达成这一目的的重要手段。因此，有学者将布鲁纳的发现式学习称为"概念发现学习"（张建伟和陈琦，2001）。布鲁纳有一句著名的假设："任何学科……都能够有效地教给任何发展阶段的任何儿童"，但由于"发现法"局限在概念的"再发现"里，儿童"发现"的概念和原理是静态的、结论式的。虽然布鲁纳认为学生的科学学习与科学家的科学研究本质是相同的，因而强调学生应以科学家做科学的方式来学习科学，但由于"发现"已经设定了结果，也在一定程度上限制了学生"像科学家一样思考与做科学"。由此，我们看到"发现式学习"承载了结构主义课程的工具价值，却忽视了学生理解科学的本质及科学过程本身的内在价值。

2. "探究性学习"：在探究中经历科学的过程、领悟科学的本质

施瓦布是美国芝加哥大学遗传学教授。如果说"发现式学习"更多地体现了布鲁纳作为一名心理学家的学术背景，那么，"探究性学习"则展现了施瓦布作为一名自然科学家所具有的自然科学素养水平和深刻的洞察力。在施瓦布那里，科学必须与探究联系起来，即作为探究的科学（science as enquiry）。为了区别当时教育学家与心理学家所说的普遍意义上的"探究"，他将当时普遍使用的"inquiry"一词坚持用"enquiry"代替。

处于结构主义课程改革的大背景下，施瓦布同布鲁纳一样，也强调科学的概念结构，但施瓦布具有作为科学家的学术背景，他把科学的概念结构视为科学研究的暂时定论，它不是静态的，也不是封闭的和固定不变的。他认为："科学是一种保持概念革新的模式，通过不确定性和失败取得进步；作为结果的科学知识也是可以受到质疑的"。可见，"科学概念是不断变化的"，这是施瓦布"探究性学习"理论的前提。通过探究性学习，学生一方面对科学基本概念和原理的形成过程有了深刻的认识，更重要的是，学生不仅掌握了科学的基本概念，还以探究为学习媒介，得以体会科学的本质、亲历科学的过程。

20世纪中期以来，波普尔（K. Popper）、库恩（T. Kuhn）等也提出了与施瓦布相似的科学教育观：科学知识是暂时的、假说性的，必须将科学作为一种过程来看待，强调科学的动态性和发展性。施瓦布所提出的"探究性学习"不仅具有结构主义哲学和心理学的支持，还与当代科学哲学的研究成果不谋而合，因此，可以看到在布鲁纳"发现式学习"基础上的"探究性学习"的理论成果在当前更

具有合理性和实践价值。

（二）课程标准中的探究性学习

《义务教育生物学课程标准（2011年版）》中的科学探究包括两个方面，一是作为课程内容的科学探究，一是作为学习方式的科学探究。义务教育生物学课程内容选择了10个一级主题，其中第一个主题即作为课程内容的探究。作为课程内容的探究将探究作为课程内容，它强调科学即探究。反映在内容标准中，它包括理解科学探究与发展科学探究能力两个方面。作为学习方式的探究要求生物学教师认识探究是学生理解科学本质的重要途径与方法。尽管课程标准中明确指出，探究性学习不是生物学课程全部的教学活动，但从把"科学探究"单列为一个独立的一级主题来看，"探究"显然在生物学课程中占有至关重要的地位。

1. 生物学课程与教学应体现科学是一个探究的过程

《义务教育生物学课程标准（2011年版）》指出，"生物科学不仅是众多事实和理论的汇总，也是一个不断探究的过程"。科学是一个探究的过程，生物科学课程的学习方式也应该体现自然科学的这一特点。这就要求每一个学生必须经历探究的过程，在探究过程中领悟科学的本质。因此，系列化的、多层次的、多侧面的针对问题的探究活动理应是生物学课程内容、教材内容与教学内容的重要部分。在探究性学习活动中，学生由过去从学科的概念、规律开始学习的方式变为学生通过各种事实来发现概念和规律的学习方式。这种学习方式的中心是针对问题的探究活动，当学生面临各种让他们困惑的问题时，就要想办法寻找问题的答案，在解决问题的时候，就要对问题进行推理、分析，找出问题解决的方向，然后通过观察、实验来收集事实，也可以通过其他方式得到第二手的资料，通过对获得的资料进行归纳、比较、统计分析，形成对问题的解释。可见，探究活动既可以进行实验探究也可以进行推理探究（图3-3）。最后通过讨论和交流，进一步澄清事实、发现新的问题，对问题进行更深入的研究。

2. 学生的探究性学习与科学家的工作相似

科学探究既是科学家工作的基本方式，也是科学课程中重要的学习内容和有效的教学方式。20世纪90年代，神经系统学家利用功能性磁共振成像技术发现了镜像神经元，从而给"模仿"学习提供了强有力的生物学证据。人体有一个遍及所有感知系统

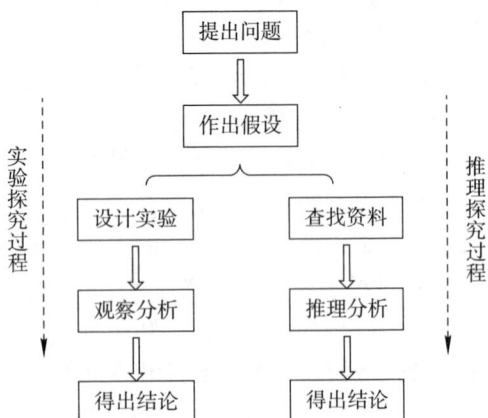

图3-3 生物科学探究的一般过程

的极为复杂的镜像神经元系统，可以使人们模仿他人的行为，也可感知他人的情感和心意。学生学习科学也如同科学家一样需要读书、与同学交流、不断提出问题，学习解决问题的方法。学生要参加各种各样的活动，要做实验、解决困惑，与同学进行讨论。学生还必须使用测量设备，这样可以使实验的结果更加准确。模仿科学家的工作方式是学生探究技能习得的有效方式。值得注意的是，学生的探究性学习与科学家的工作虽然相似，但探究性学习作为一种学习方式，又不同于科学家的探究活动。探究性学习必须满足学生在短时期内学到学科的基本知识和学科的结构，所以这个过程在许多情况下经常被简化。当然，探究性学习中也要给学生提供完整科学探究活动的机会，这样的活动虽然要用更多的时间，但对学生体验科学家的探究过程是非常必要的。

3. 教师在探究性学习中是一个帮助者的角色

生物学课程倡导探究性学习，并借此力图改变学生的学习方式，帮助学生领悟科学的本质。如《基础教育课程改革纲要（试行）》要求的那样，希望通过探究性学习能"改变课程实施过于强调接受式学习、死记硬背、机械训练的现状，倡导学生主动参与、乐于探究、勤于动手，逐步培养学生收集和处理科学信息的能力、获取新知识的能力、分析和解决问题的能力，以及交流与合作的能力"。每一位生物学教师都要为"探究性学习"的开展做好准备。在探究性学习中，学生将从"教师讲什么就听什么""教师让做什么就做什么"的被动的学习者，变为主动参与的学习者，教师也将从教学活动的主导者变成帮助者。因此，教师应积极提供机会让学生亲自尝试和实践，将科学探究的课程内容尽可能渗透到各主题内容的教学活动中。在探究性活动中，教师应努力为探究性学习创设有利的情境；鼓励学生自己观察、思考、提问，并在提出假设的基础上进行探究活动方案的设计和实施；教师应打破课堂内外的约束，有计划地安排好需要较长时间才能完成的活动，包括必要的调查、访问、参观等，充分利用多种教学资源，保证活动时间的落实。

总之，对于探究性学习，我们应该认识到，探究性学习的习惯是逐步养成的，科学探究的能力也是逐步发展的，不可能一蹴而就。科学探究的方法不是教会的，而是学会的；科学探究的态度和科学精神也非一朝一夕可以确立的。教师对此应有足够的思想准备，并通过不断的教学反思与总结，真正地落实课程标准所倡导的探究性学习理念。

四、关于"注重与现实生活的联系"的课程理念

联合国教科文组织于 20 世纪 90 年代大力推广"现实生活中的科学"，希望在科学教育中注重与现实生活的联系，使学生认识到科学在促进技术进步、经济发展、社会发展及提高生活质量等方面的作用，能够将所学的科学知识应用于生

活，发展和提升利用科学知识服务社会的能力。

（一）"注重与现实生活的联系"课程理念的提出

我国中学生物学课程曾在较长的一段时间内，将课程内容选择与组织的重点放在基本理论上，强调学科体系的完整性与系统性；教师的教学中也局限于对生物学事实和概念的记忆上。这样的生物学课程和教学距离大多数学生的生活遥远，学生很难将所学生物学知识运用于生活实际，难以应对现实生活中的生物学问题。针对上述问题，《普通高中生物课程标准（实验稿）》明确提出了"注重与现实生活的联系"课程理念，引导教科书的编制与教师的教学均要在现实生活的背景中进行，倡导学生在解决实际问题的过程中深入理解生物学概念，并能运用生物学原理和方法参与公众事务的讨论或做出相关的个人决策，并注意帮助学生了解相关的职业和学习方向，为他们进一步学习和步入社会做准备。义务教育生物学课程标准虽未明确提出该课程理念，但在课程标准中强调"应用所学生物学知识分析和解决某些生活、生产或社会实际问题"。可见，义务教育生物学课程与教学同样需要"注重与现实生活的联系"。

（二）"注重与现实生活的联系"的教学途径

联系生活实际，不仅是教材编写者的任务，更是生物学教师教学中的基本工作。生活中到处都是与生物学相关的问题、现象和事件，如热点新闻、医疗健康、个人生活、当地生物资源、环境保护等。在教学过程中，教师如果能够有效利用这些与生物学相关的问题、现象和事件，以及学生的生活经历和相关的问题情境，帮助学生把理论知识和现实生活紧密联系在一起，不但会有效增强学生学习生物学课程的兴趣，还会开阔学生的视野，加深他们对相关生物学知识的理解，并能够认识到许多社会问题的多面性。教师教学过程中还可以联系现代生物技术在当今社会的应用实例，以及一些生物学原理和概念等理论知识的建立过程等相关科学史，帮助学生了解一些生物学科相关的职业和学习方向，以及生物学最新的研究进展，为学生今后步入社会或进一步深造学习做准备。

第三节 │ 核心素养时代的生物学课程理念

《普通高中生物课程标准（实验稿）》（以下简称"2003标准"）与《普通高中生物学课程标准（2017年版）》（以下简称"2017标准"）所提出的课程理念不同（表3-2）。2017标准中的课程理念指向核心素养，这也标志着我国的生物学课程体系进入核心素养时代。

《义务教育生物学课程标准（2022年版）》（以下简称"2022标准"）在2017标准4个课程理念的基础上，增加了"课程设计重衔接""学习主题为框架"。至此，我国中学生物学课程与教学全面走向核心素养时代。核心素养时代的生物学

表 3-2 两版标准的课程理念及追求的理性

版本	课程理念	理性
2003 标准	面向全体学生	交往理性
	提高生物科学素养	价值理性
	倡导探究性学习	工具理性、实践理性
	注重与现实生活的联系	工具理性、实践理性
2017 标准	核心素养为宗旨	价值理性
	内容聚焦大概念	工具理性、实践理性
	教学过程重实践	工具理性、实践理性、交往理性
	学业评价促发展	工具理性、价值理性

课程理念与三维目标时代的生物学课程理念在语境上显著不同，通过对 2003 标准与 2017 标准两版标准的比较，可以更有效地理解生物学课程理念的变化。

一、两版标准课程理念的高频词汇统计

本书对两版课程标准关于课程理念部分的关键词进行了词频的统计，以期通过两版课程理念高频词汇的变化观察生物学课程的转向。两版标准课程理念高频词汇统计情况见表 3-3。

表 3-3 两版标准的课程理念高频词汇统计表

高频词汇	课程理念全文词频		课程理念标题词频	
	2003 标准	2017 标准	2003 标准	2017 标准
素养	6	4		
生物科学素养	6	0	√	
核心素养	0	4		√
学科核心素养	0	3		
发展	3	6		√
探究	6	2	√	
创新	1	1		
实践	2	2		√
生活	3	3	√	
社会	2	2		

高频词汇	课程理念全文词频		课程理念标题词频	
	2003 标准	2017 标准	2003 标准	2017 标准
课程	2	7		
概念	1	4		
大概念	0	2		√
教学（学习）过程	3	3		√
（学业）评价	0	5		√
（课程）内容	1	3		√
（全体）学生	7	10	√	
个体（个性、个人或自我）	2	4		
主动	1	2		
全面或多方面	1	1		
工程学	0	1		

二、两版标准课程理念高频词汇的词频变化分析

通过对两版标准中课程理念高频词汇的统计与比较，我们看到了词频的变化，其中有词频的突变，也有词频的渐变，当然，也有的词频两版未有变化。词频突变指两个版本课程理念关键词的频次出现显著变化；词频渐变指两个版本课程理念关键词的频次有变化但不显著。

（一）词频突变的分析

词频突变包括从无到有或者从有到无，也包括频次的显著增加或下降。本书认为，词频增加或下降 5 次或以上的词频变化属于词频的突变。因此，通过表 3-3 的两版本课程理念高频词汇统计表，我们看到发生词频突变的词汇主要有"生物科学素养""核心素养""学科核心素养""课程""大概念""学业评价""工程学"等。其中从无到有的词汇为"核心素养""学科核心素养""大概念""学业评价""工程学"；从有到无的词汇为"生物科学素养"；词频增加或下降 5 次或以上的词汇为"课程"。

1."核心素养"与"学科核心素养"发生了从无到有的词频突变

"核心素养""学科核心素养"出现在 2017 标准"核心素养为宗旨"的课程理念中，相较于 2003 标准发生了从无到有的词频突变。核心素养的提出，反映了生物学课程将与其他课程一道指向中学教育"培养什么人"的问题，即生物

学课程的育人价值问题。在"核心素养为宗旨"课程理念的表述中，"核心素养"基本上与"学科"结合，即"学科核心素养"。显然，生物学课程中"核心素养为宗旨"的理念需要通过"学科核心素养"来实现。如果说"核心素养为宗旨"反映了生物学课程对价值理性的追求，"学科核心素养"则是"核心素养"在生物学课程中走向实践理性的关键环节。

2. "生物科学素养"从有到无的词频突变实质上并不存在

如前文所述，"生物科学素养"包含科学态度与科学的价值观、科学的过程与方法、科学·技术·社会及生物科学知识等 4 个领域。在 2017 标准的研制过程中，生物学课程在"生物科学素养"的基础上，基于"核心素养"的框架，凝练出 4 个"学科核心素养"，即"生命观念""科学思维""科学探究"与"社会责任"。根据前文对"科学素养"与"生物科学素养"的认识，显然"学科核心素养"已将"生物科学素养"渗透与整合其中。可见，2017 标准关于课程理念的表述中没有提及"生物科学素养"，是因"生物科学素养"已经被"学科核心素养"所包含，实际上并不存在"生物科学素养"从有到无的词频突变。

3. "大概念"发生了从无到有的词频突变

"大概念"一词明确出现在 2017 标准课程理念的标题之中，意即从必修和选择性必修课程内容的选择与组织，到生物学教材内容的选择与组织，再到生物学教学内容的选择与组织都要基于"大概念"，精简容量、突出重点，形成学科的基本结构，建立概念之间的联系与连接。"大概念"不仅促进了我国生物学课程的结构化进程，更是生物学科核心素养形成的关键，已成为当前生物学课程改革的热点话题。

4. "学业评价"发生了从无到有的词频突变

"学业评价"首次出现在生物学课程理念中，反映了 2017 标准对学业评价的重视程度。2003 标准虽未在课程理念中提及"学业评价"，但在实施建议中给出了评价的建议。通过对 2003 标准评价建议的分析，我们不难看到，2003 标准是把评价作为一种工具使用的，而 2017 标准明确在标题中提出"学业评价促发展"，直接指向人的培养，评价不仅是一种手段，还要实现育人价值。

5. "工程学"从无到有的词频突变

"工程学"一词也首次出现在生物学课程理念中。理念中强调"教学过程重实践"，其中的实践是指学生学习过程中的实践经历，可以是探究性学习活动，也可以是"工程学的任务"。当代的人类科技活动已经形成一个由科学、技术、工程 3 个层次组成的系统，三者的紧密相关往往使人们将三者作为一个整体而论。STEM（科学、技术、工程、数学）与 STEAM（科学、技术、工程、艺术、数学）也是当今科学教育的热点话题。

6. "课程"一词的词频突变

比较两版标准，"课程"是 2017 标准课程理念中唯一增加 5 次或以上的词汇，显示了我国课程研究与课程意识的进一步加强。中华人民共和国成立后，我国整个教育领域均以教学研究代替课程研究，如教学计划、教学大纲、教科书等。新世纪的课程改革让人们意识到，课程的改革是教育改革的核心内容和关键。从这个意义上来说，"课程"一词词频的加强也反映了我国教育研究者包括一线教育者的课程意识普遍得到了加强，因此，课程研究的语言自然趋向于专业化。

（二）词频未变与渐变的分析

词频未变的词汇为"创新""实践""生活""社会""教学（学习）过程""全面或多方面"；词频渐变增多的词汇为"发展""概念""（课程）内容""（全体）学生""个体（个性、个人或自我）""主动"；词频渐变下降的词汇为"探究"。

1. 2017 标准已将"面向全体学生"渗透其中

2003 标准提出"面向全体学生"的课程理念，这一理念关注全体学生的全面发展、个性发展、终身发展、主动发展、公平发展，这是生物学课程至关重要的认识和理性的追求。从这一理念涉及的关键词来看，有的关键词的词频如"全面或多方面"未变，有的关键词的词频如"（全体）学生""个体（个性、个人或自我）""主动""发展"等词汇不仅没有降低，反而增多了。可见，2017 标准虽未继续提出"面向全体学生"的课程理念，但已经将这一理念渗透其中。

2. 2017 标准已将"注重与现实生活的联系"渗透其中

2003 标准提出的"注重与现实生活的联系"也如"面向全体学生"一样，涉及的关键词"现实生活"，两版标准未有变化。另外，"社会责任"是"学科核心素养"的重要组成部分，它要求关注社会生活、健康生活，结合本地课程资源开展科学实践，尝试解决现实生活中与生物科学有关的问题，提高本人、家庭及社区的生活质量。可见，这一理念也已渗透到 2017 标准之中。

3. "倡导探究性学习"依然是 2017 标准关注的重点

在课程理念的表述过程中，2003 标准中出现了 6 次"探究"，2017 标准出现了 2 次"探究"。从表面看来，"探究"似乎在新版标准中被"弱化"了，其实不然。首先，"勇于探究"是中国学生发展核心素养的 18 个要点之一，它是学生具备科学精神的重要行为表现；其次，"科学探究"在生物学课程中是被凝练的"学科核心素养"之一，是生物课程重要的价值追求；第三，2017 标准还提出"教学过程重实践"的课程理念，而"科学探究"是教学实践的重要部分。可见，生物学课程不仅把"科学探究"视为重要的育人载体，还积极引领教学过程将"科学探究"的育人价值走向"实践"。因此，"探究"虽在 2017 标准课程理念中仅出现 2 次，却依然是生物学课程关注的重点。

三、从两版标准课程理念高频词汇的变化看生物学课程的走向

通过两版标准课程理念高频词汇的变化，我们可以清晰地看到 2017 标准的课程理念是在 2003 标准课程理念基础上的继承与更新。它既是 2003 标准课程理念的渗透与提炼，又是世界先进科学教育理念的借鉴与融合，同时也标志着我国立德树人背景下生物学课程理论与实践的转向。

（一）价值取向由"生物科学素养"向"核心素养"转变

两版标准课程理念同样表现出对价值理性的追求。2003 标准提出了"提高学生生物科学素养"的课程理念；2017 标准提出了"核心素养为宗旨"的课程理念。

核心素养的提出旨在勾勒我国新时代新型人才的形象，规约着生物学课程的方向、内容与方法。如果说"提高学生的生物科学素养"是 2003 标准所"隐含"的育人价值，"核心素养"的课程意义则更明确、更广泛且更切中要害，直接体现了生物学课程"培养什么样的人""怎样培养人""为谁培养人"的课程功能。从这个意义上来说，"核心素养为宗旨"的课程理念，标志着 2017 标准正在进行着一次华丽的转身。生物学课程所追求的价值理性发生了转变，作为进一步实现其价值取向的生物学课程目标、课程内容、课程实施、课程评价也会发生相应的转变。正因为如此，我们经常称 2017 标准为基于核心素养的课程标准，称 2017 标准的课程目标为基于核心素养的课程目标，称 2017 标准的课程评价为基于核心素养的课程评价，如此等等。鉴于"生物学科核心素养"的重要意义与作用，本书将于第四章进一步阐述。

（二）"大概念"促进了我国生物学课程的结构化进程

大概念的研究起源于布鲁纳对教育过程的研究。布鲁纳强调，不管教授什么学科，一定要让学生掌握该学科的基本结构。学习这种基本结构就是学习事物是怎样相互关联起来的。教师对学科基本概念架构的掌握，有助于学生对学科知识的记忆保留，并促进学习的迁移。

2009 年，世界科学院联合组织正式提出"大概念"一词。大概念之所以在人类学习过程中占据中心位置，因为它具有连通性。它向上能连通学科观念，向下又具有连通与活化"重要概念""次位概念""科学事实"的功能。正如 E. Clark 在《设计与实施综合课程：以学生为中心的途径》（*Designing and Implementing an Integrated Curriculum：A Student-Centered Approach*）一书中做过的一个有趣比喻："大概念就如同一个文件夹，提供了归档无限小概念的有序结构或合理的框架"。可见，大概念是基于学科基本结构的，是学科核心素养固定在学科结构中的锚点，基于"大概念"的课程设计促进了我国生物学课程的结构

化进程。

（三）教学过程由"结果"导向转为"实践"导向

生物学课程关注和倡导实践，缘起于教学过程中曾片面地关注理论知识的传递，而使得教学过程表面化和机械化，进而桎梏学生个性的发展和创造性潜能的发挥，影响了学生的全面发展。基于"核心素养"的生物学课程不能仅仅满足于生物科学知识的习得，而是应该重视教学（学习）过程中形成的"素养"与"学力"。因此，生物学课程强调通过科学探究、STEM、PBL（project-based learning）等教学实践重新建立学习价值的标准，即从"结果"导向转为过程中的"实践"导向以把握学习的真正价值。

"实践"导向的教学秉持当代知识观，认为知识是动态的、历史的、偶然的，不存在具有"永恒真理性"的知识；知识是内在的、个体的，它的生成和运用离不开个体的体验和建构，不存在置身于人之外的纯客观知识。因此，教学过程应从教师单向授受的过程转变为师生交往与生生交往的过程，重视通过实践让学生参与、体验知识的获得，并完成自主的建构与自主的发展。这样，教学就从传统的"唯理论化"中解放，通过"做中学"让学生成为具有操作经验、实践智慧、丰富情感、完满个性的个体，从而真正实现学生的"全面发展"。所以"实践"导向的教学过程与"结果"导向的教学过程相比，不仅体现为教学形式的不同，实质上也隐含着二者教学价值追求的不同。

（四）学业评价由"应试工具"指向学生的发展

"核心素养"与"学科核心素养"的联结标志着促进学生全面发展、终身发展、个性发展、主动发展并使之与时代发展相结合的育人理想已成为我国深化教育改革的重要战略性目标，"发展"成为我国全面深化基础教育课程改革的价值旨归。

学业评价是促进学生发展的重要引擎和保障，是课程改进、变革和创新的依据、方向与动力。长期以来，由于知识授受与应试教育的绝对地位，学业评价往往更多关注知识的掌握程度和分数的获得。知识的掌握程度和分数的获得又主要依靠纸笔考试作为工具进行测量，进而出现了重甄别、重选拔、倡分数的现象。本来学业评价所承载的主要使命在于判断通过课程的施教把学生培养成什么样的人，其本质在于探寻课程与人之间的交互关系，其目的在于促进学生的发展。但是，以甄别、选拔等应试工具为主要目的的评价导致了学业评价的异化，不仅窄化了学业评价的内涵与范畴，也弱化了学业评价的功能与作用。

2017 标准提出了"学业评价促发展"，将学业评价的根本方向指向学生的发展，着力于人的核心素养培育，使得生物学课程的评价从对"工具理性"的追求转向对"价值理性"的追求。虽然 2001 年我国《基础教育课程改革纲要（试行）》已经提出了发展性评价的要求，但作为一种课程理念在课程标准中明确提出，无疑是对以往学业评价的超越，在我国生物学课程史上具有重要的意义。

另外，2022标准提出的"课程设计重衔接""学习主题为框架"与"内容聚焦大概念"在本质上是一样的，都是课程内容选择与组织的指导思想。课程内容的选择追求"少而精""纲举目张"，淡化对"细枝末节"的要求。课程内容的学科逻辑组织力求展现生物学课程的基本结构，在课程内容的呈现顺序上力求做到前后衔接、循序渐进、连贯一致，引导学生逐步认识生物学课程的科学本质与生命观念。

更多数字资源

　　参考文献　　　教学课件　　　课后自测

第四章

生物学课程的学科核心素养

核心素养驱动下的教育体制改革、课程改革、课堂教学改革、考试评价制度改革等一系列的教育改革正在我国基础教育中陆续展开。在这种形势下，普通高中各学科首先展开了中国学生发展核心素养与学科课程及教学的对接研究。生物学课程也基于学生核心素养，结合生物学课程的特点，凝练出 4 个学科核心素养，这标志着生物学课程标准实验阶段即将结束，我国生物学课程进入了基于核心素养的课程改革阶段。

第一节 | 核心素养的内涵与由来

核心素养的内涵及概念的界定是基于核心素养课程改革的逻辑基础。因此，在基于核心素养课程改革的前期及改革过程中，我国教育界广泛展开了针对核心素养的讨论。

一、从"素质"走向"素养"

随着核心素养课程改革的开展，我国教育研究、教育实践的话语体系正在发生着改变，特别是使用了 30 多年的关键热词"素质"正逐步被"素养"所替代。"素养"为什么能够替代"素质"呢？这还要从什么是"素质"谈起。

"素质"有两种含义，一是指事物本来的性质，二是指人的神经系统和感觉器官的先天特点，分别对应英文中的"nature"与"faculty"。因此，"素质"包括先天的、非教育的因素，它是人与生俱来的、相对稳定的、综合性的品质。

20 世纪 80 年代，作为"应试教育"的"批判武器"，"素质教育"的概念应时而生。素质教育经历了 30 多年艰辛的探索，虽在创新精神和实践能力的培养上有了很大进展，但在与"应试教育"的抗争中，素质教育的理论内涵与实践外延经常处于双重的尴尬境地。这主要表现在两个方面：一是"素质"本来的含义与素质教育中的"素质"相差甚远，最多称得上教育的基础或条件，算不得教育的内容与结果；二是素质教育的概念或提法很难传递给使用英语的国家，我们一般把它翻译为"quality-oriented education"，可这样的翻译在进行国际交流时经常遇到困难，因为人们不能理解这种教育究竟基于什么样的"quality"。

在上述情形下，"素养"一词的提出，则解除了"素质"这一概念的困扰。首先，作为一个合成词组，"素质"加"养成"就不仅仅指人的先天禀质，而是在先天禀赋的基础上，始终不间断地受到家庭、学校及周围环境的教养和熏陶而形成的后天素养，是一个人在体质、道德、知识和能力等诸多方面先天的条件和后天学习与锻炼的"合金"。它凸显了人的先天素质与后天教养的化合。可见，素质更多强调人的"质"，是人性之本、能力之源；素养更多强调人的"养"，是人性之树、能力品格之干，更侧重人的能力。其次，素养是国际教育领域普遍的教育追求，已经具有了丰富的研究成果。"素养"对应着英语词汇 competences / competencies。"素质冰山模型"的提出者 M. Spencer 等人认为"competences"是素养的外显表现，"competencies"是人格中深层的、长久不变的潜在特质，二者共同构成了素养的总和。如前所述，由于内涵的模糊性，素质教育缺乏明确的操作性，同时也缺乏可观察、可评估的目标体系与标准，而建立在大量统计测量基础之上的"核心素养"，其甄选需要在统计测量的基础上进行处理，这就决定了核心素养甄选和研究的科学性、普适性和潜在性。

2016 年 9 月，教育部发布了《中国学生发展核心素养》，正式对学生发展核心素养进行了界定，综合表现为 6 大核心素养：责任担当、实践创新、人文底蕴、科学精神、学会学习和健康生活。核心素养的培养已成为基础教育课程改革的新指向，也为基础教育课程改革提供了新动力。由此，30 多年来的"素质教育"借助"核心素养"的躯壳，从批判的武器真正落实为培养的目标、教学的内容与评价的标准，引导学校教育从知识教育走向能力教育，进而走向素养教育。

二、"核心素养"的由来

从文字表面上看，"核心素养"一词由"核心"和"素养"两个词结合而成。但它并不是我国的本土性词汇，而是我国学者吸收国际上"关键能力"（"关键竞争力"）理论基础上提出的概念。因此，我们不能完全根据汉语言规律、人们的语言习惯来对"核心素养"加以解释，而是应由其概念的由来谈起。

（一）国际视野下"核心素养"的研究

"核心素养"这一概念的产生，普遍认为最初是由经济合作与发展组织（Organization for Economic Cooperation and Development，OECD）发起的。OECD 于 20 世纪 90 年代初开始推行"国际学生评价项目"，旨在对 15 岁学生的数学、科学及阅读进行测量与评价，比较他们是否具备参与未来社会所必需的基础知识与基本技能，以此来审视、评估国家或学校教育的成效。结果发现，许多会员国的学生并未具备某些"核心的素养"。为了促进各国对公民"核心素养"的重视，OECD 于 1997—2005 年启动了大规模的跨国研究项目——"素养的界定与遴选：理论和概念基础"（Definition and Selection of Competences：Theoretical and Conceptual Foundations，DeSeCo 项目），展开了对"核心素养"的界定与调查研究。

与此同时，联合国教科文组织发布《学习：财富蕴藏其中》（1996 年）的报告，在终身学习思想的指导下，提出了"学会求知""学会做事""学会共处""学会发展"四大终身学习支柱。而后，联合国教科文组织教育研究所于 2003 年又提出了"学会改变"，与前面四大支柱并称为核心素养的"五大支柱"，作为"21 世纪社会公民必备的基本素养"。

2005 年，欧盟提出了《终身学习核心素养：欧洲的参考框架》。很多国家和地区也都开始高度关注核心素养研究，并从不同角度对核心素养进行了界定。可见，核心素养为世界各国普遍重视，是国际组织与各国政府教育改革中密切关注的热点，以学生核心素养推动教育和课程改革已经成为国际潮流与必然趋势。

（二）中国学生发展"核心素养"的提出

2012 年，党的十八大报告指出，"把立德树人作为教育的根本任务，培养德智体美全面发展的社会主义建设者和接班人"，明确强调了教育的本质功能与价值，为中国教育"要培养什么样的人"这一根本的教育问题指明了方向。为贯彻十八大精神，教育部启动了"立德树人"工程。2014 年，教育部发布了《关于深化课程改革，落实立德树人根本任务的意见》（简称《意见》），5 次提到"核心素养"，并要求研究制定"各学段学生发展核心素养体系，明确学生应具备的适应终身发展和社会发展需要的必备品格和关键能力"，要求"依据学生发展核心素养体系，进一步明确各学段、各学科具体的育人目标和任务"，要求"研制学业质量标准，明确质量要求，完善现行课程标准，增强对教学和考试评价的指导性"。

可见，针对核心素养的研究与实践不仅是国际上的共识，也是我国深化和推进当前基础教育课程改革、增强我国基础教育国际竞争力的迫切需求，是落实国家中长期教育改革和发展规划的重要举措。核心素养已经成为统领我国课程改革各环节的重要依据。在这种形势下，"加快研制中国学生发展核心素养体系"已成为我国教育改革的必然要求。"中国学生发展核心素养体系"的研究成员，由北京师范大学林崇德教授领衔 5 所高校 90 余名研究人员组成。2016 年 9 月，历时 3 年的研究成果——中国学生发展核心素养总体框架敲定，从而为我国"核心素养"概念的扩展、深化和落实提供了权威依据（图 4–1）。

三、"核心素养"概念的界定

如前所述，国际组织与许多国家在推行基于核心素养的课程与教学过程之

中，对"核心素养"的内涵与框架结构都
进行了相应的研究，提出了对该概念的不
同表达形式，如"key competencies""key
competences""critical competencies"等。

发展学生的核心素养也已成为我国基
础教育的根本目的和课程改革的基本方向。
我国学者从不同角度对"核心素养"予以
界定。柳夕浪（2014）的界定为：核心素
养是个体在不同环境条件中为达到优越生
活水平所必需的最基本、最关键的素养要
求。石鸥（2016）的界定为：核心素养是
每个人发展与完善自我、融入社会及胜任
工作所必需的基础性素养，是适应个人终

图 4-1 我国学生发展核心
素养总体框架

生发展和社会发展所需要的必备品格与关键能力，是个体应具有的起基础和支撑
作用的素养。

关于核心素养概念的界定，本书最为认同林崇德团队关于"核心素养"的操
作性定义：核心素养是学生在接受相应学段的教育过程中，逐步形成的适应个人
终生发展和社会发展需要的必备品格和关键能力。它是关于学生知识、技能、情
感、态度、价值观等方面要求的结合体；它指向过程，关注学生在其培养过程中
的体悟，而非结果导向；同时，核心素养兼具稳定性、开放性和发展性，是一个
伴随终身可持续发展、与时俱进的动态过程，是个体能够适应未来社会、促进终
身学习、实现全面发展的基本保障。核心素养不仅能够促进个体发展，同时也有
助于形成运行良好的社会。

综观以上关于素质、素养、核心、核心素养的各种分析，结合林崇德团队关
于"核心素养"的界定，对于"核心素养"可做以下理解：其一，"核心素养"
概念指向"教育应培养什么样的人"，对这个问题的回答与行动即是落实我国总
体教育目标的过程；其二，"核心素养"是在先天禀质的基础上，综合后天环境
的引导与影响而获得的，是可教可学的；其三，"核心素养"的"核心"体现在
它的中心性、内在性与关键性，核心素养的获得可持续、可发展，其学习效果与
教育价值具有稳定性、持久性，并支持与调配个体的问题解决；其四，"核心素
养"的形成不可能一蹴而就，因此，"核心素养"具有终生发展性，也具有阶段
性与连续性；其五，"核心素养"是知识、能力、情感态度价值观的整合，若继
续延续三维目标分类的思维，即知识、能力、情感态度价值观目标的分头落实，
无异于继续割裂各种素养的关系。也就是说，若不能整合知识、能力、情感态度
价值观，就形不成真正的"核心素养"；其六，"核心素养"不仅体现在可教可学

的外显部分，也存在无声、无形但可感、可知的内隐部分。外显的"核心素养"目前较易测量，有多种成熟的测量方法，内隐的"核心素养"较不易测量，需要加强对"核心素养"形成过程的高度关注。

📖 拓展阅读 4-1 "核心"与"素养"的语义剖析

第二节 │ 什么是学科核心素养

通过前面对各国际组织与多个国家"核心素养"研究框架的分析及"核心素养"含义的探讨，不难看出，以"核心素养"推动教育和课程改革已经成为国际潮流与必然趋势。我国 2013 年起开始研制学生"核心素养"体系，2016 年形成了基本的框架。伴随着中国学生发展核心素养体系的最终建立，如何落实核心素养所提出的育人目标，如何将发展学生"核心素养"的教育目标具体化，即建立"核心素养"育人目标与学校课程的关联必将成为我国基础教育课程改革关注的焦点。学校课程与核心素养的对接，产生了一个新的关键词——"学科核心素养"。

一、学科课程何以成为"核心素养"的基本载体

强调核心素养与学校课程的对接，即承认学校课程对于"核心素养"的载体作用。如今我国绝大部分学校课程尽管不会再依靠绝对的间接经验建构，但课程实践中学生的行为仍主要表现为获取人类长期积累起来的、不同领域的科学文化知识，这种课程皆为学科课程。

（一）学科课程的由来

人类的文化遗产浩瀚如海洋，哪些文化能进入学校教育呢？教育家、哲学家、博物学家斯宾塞在回答这个问题之前又提出了一个问题——"什么知识最有价值？"回答了这个问题之后，就能够依据不同的教育目的和教育哲学观对人类文化进行甄别与选择，并根据教育目的和所秉持的教育哲学观对选择的人类文化有计划地加以编排。斯宾塞把这种学校教育内容的组织，谓之为课程（curriculum）。这样，相应于各自的文化领域，从教育的视点出发精选知识、技能，并从心理学视点出发加以系统化编制而成的课程，就是学科（subject）。作为学科课程，就有了语文科、数学科、家政科、体育科、社会科、博物科等，这就是学科课程的由来。后来，杜威、克伯屈等人设计编制的课程并非以人类文化遗产作为基本课程内容获得间接经验，而是以"活动"作为课程内容获得直接经验；并非以具体的、独立的文化领域而是将各文化领域加以整合编排课程。为了与学科课程相区别，人们称杜威与克伯屈等人设计的课程为"活动"课程或"经验"课程。

（二）学科课程是我国学校课程的核心

《普通高中课程方案（2017年版2020年修订）》规定我国普通高中学制为3年，共开设14门国家课程，其中语文、数学、外语、思想政治、历史、地理、物理、化学、生物学、技术、艺术、体育与健康属于学科课程。学生高中毕业的学分要求为144学分，其中，必修课程88学分，选择性必修课程42学分，选修课程14学分（其中校本课程8学分）。学科课程的必修学分为74个学分，约占总必修学分的84.1%，选择性必修课程与选修课程的56学分几乎都在学科课程中产生。

我国义务教育现存五四学制和六三学制。按《义务教育课程方案（2022年版）》的规定，六三学制7~8年级新授课时间为35周，9年级新授课时间为33周，学科类课程的占比如下：道德与法治占总课时的6%~8%，历史、地理为3%~4%，物理、化学、生物学为8%~10%，语文为20%~22%，数学为13%~15%，外语为6%~8%，体育与健康为10%~11%，艺术为9%~11%，信息科技为1%~3%。学科课程占总课时数合计大于76%。

可见，学科课程在我国中学学校教育中处于核心地位。学科课程作为学校育人任务的主要载体，也理应成为"核心素养"的主要载体。因此，若实现发展学生"核心素养"的教育目标，必须将学生"核心素养"进一步分解到具体的学科领域中去，实现学科课程与核心素养的对接。

二、学科核心素养的内涵

钟启泉（2016）曾言："如果说，核心素养是作为新时代期许的新人形象所勾勒的一幅'蓝图'，那么，各门学科则是支撑这幅蓝图得以实现的'构件'，它们各自有其固有的本质特征及其基本概念与技能，以及各自学科所体现出来的认知方式、思维方式与表征方式。"其中，各门学科固有的本质特征及其基本概念与技能，以及各自学科所体现出来的认知方式、思维方式与表征方式等，则构成了学科的核心素养。

（一）学科核心素养的界定

核心素养的落实，需要深入学科课程的内部，进一步通过学科的核心素养探寻学科课程与核心素养之间的内在关系。他国为了"核心素养"的落地实施，大多也遵循核心素养—学科核心素养—学科课程标准—学科教科书的研制思路。可见，学科核心素养在基于核心素养的课程改革中起到了关键的作用。

关于学科核心素养的概念，许多学者给予了不同的界定。张华（2019）认为，所谓学科核心素养，即适应信息文明要求和未来社会挑战，运用学科核心观念，通过学科实践以解决复杂问题的学科高级能力与人性能力。该能力以学科理解或思维为核心，受内部动机所驱使，贯穿人的毕生而发展；朱立明（2016）认为，所谓学科核心素养是指在某学科知识、技能的学习过程中，感悟该学科的核心思想与方法，从而形成必备的学科观念、学科能力，并掌握学科本质；余文森（2016）认为学科核心素养是指通过学习某学科的知识与技能、思想与方法而习得的重要观念、关键能力与必备品格；曹培英（2015）认为学科核心素养，粗略地说是指凸显学科本质，具有独特、重要育人价值的素养。

我国现行各科普通高中课程标准与义务教育课程标准在各学者研究的基础上，给学科核心素养下了一个统一的定义：学科核心素养是学科育人价值的集中体现，是学生通过学科学习而逐步形成的正确价值观、必备品格和关键能力。综观以上各学者及各科课程标准关于学科核心素养的定义，并与林崇德团队"核心素养"的操作性定义相比较，我们可以看到，各学科核心素养是学科育人价值与课程目标的集中体现，是具有学科基本特征的思维品质、关键能力，以及情感、态度与价值观的综合表现，是在学科学习和应用的过程中逐步形成和发展的。各学科核心素养都有明确的育人内涵，它们之间形成互为依存、相互渗透、共同发展、协同增效的融合及互动关系，共同服务于发展学生核心素养的总目标。

（二）学科核心素养的遴选原则

学科核心素养是核心素养在学科中的具体化，那么学科核心素养的遴选如何体现核心素养的要求？

1. 核心素养整体育人功能与学科独特作用相结合

有学者认为应从学科育人功能的独特性来遴选学科核心素养。他们认为学科核心素养的实质就是要凸显学科的内在特点，发挥学科独有的育人价值。因此，学科核心素养的遴选必须明确本学科与其他学科的本质区别，从本学科的独特性出发，提取本学科最具学科特色育人价值的学科素养。还有学者认为学科核心素养是学生核心素养的下位概念，应在强调核心素养统摄地位的基础上遴选，核心素养的育人目标是每个学科都必须要遵从的法则，学生核心素养的习得是各科课程协同作用的结果。两观点各有其合理性的一面，事实上，我国各科核心素养的遴选是本着核心素养整体育人功能与学科独特作用相结合的原则进行的。

2. 凸显"核心"，提升学科的学力潜能

学科核心素养的遴选，有两个方面特别值得注意。一是"核心"的，二是"学科"的。如前所述，"核心"是相对非核心而言的，学科核心素养的"核心"依然如学生核心素养的"核心"一样，仍然要排除外围的、次要的学科素养，从众多学科素养中选择居于核心地位的素养。学科核心素养的"核心"仍然要体现它的中心性、内在性与关键性，其学习效果与教育价值具有稳定性、持久性，能够促进学生学力的持续与发展。可见，"核心"虽然缩小了学科素养的范围，但却放大了学科的育人功能。

3. 洞悉"学科"的本质，引领学科实践

学科课程的学科性质是该课程研究的逻辑起点，是课程编制、教学首先需要解答的问题。同样，也是学科核心素养研究的逻辑起点，是学科核心素养遴选首先需要解答的问题。只有高度洞悉学科的本质，从学科的本质出发，才能囊括与整合该学科的"必备品格""核心概念"与"关键能力"；也才能准确把握该学科的认知方式与表征方式，从而有效引领该学科的课程实践与教学实践。

4. 关注跨学科素养的融合，发挥学科群的协同作用

学科的边界不是实线、直线，而是点线、波线。学生发展核心素养强调跨学科素养，如第一章"生物学课程的性质"所述，生物学、物理、化学等课程组成了具有共同学力诉求的科学课程群，它们都强调批判质疑、科学思维、社会责任、勇于探究等科学素养。加强这些科学课程之间的横向联系，有利于学生理解科学的本质，共同建立科学的自然观。也只有不断地消弭彼此的界限，使彼此支持和相互融合，才能更好地实现共同的学力诉求。因此，学科核心素养的遴选还需关注跨学科素养的融合，致力于打破学科之间的界限。然而，由于中学阶段实行分科教学，各学科都会研制各自的学科核心素养，但在研制各学科核心素养的过程中，应加强对大概念的研究，注重各学科之间的相互配合，在此基础上根据各学科特点，在学科核心素养具体内涵的解释上形成差异，促进学生科学素养的形成。

（三）学科核心素养的结构

学科核心素养是学生适应学科学习过程中习得的正确的价值观念、必备的品格和关键的能力。学科核心素养的基本结构理应由学科观念、学科思维、学科能力、学科情意、学科知识等学科素养构成。

1. 学科观念

张华（2019）对"学科观念"的解释是：特定学科事实或主题所体现的可迁移的学科理解或思想，是以学科专家为主体所创造的理解和探究世界的心智结构或图式。照此解释，学科观念是一个领域的学科专家及相关人员对特定问题或现象达成共识的集体理解。这些理解相对稳定且具有高度解释力和应用性，对学科发展有深远影响。如达尔文所确立的"进化与适应观"不仅影响着生物科学自身的发展，也影响着物理、化学、心理学、考古学等其他自然科学的发展，而且还影响着教育学、心理学、考古学、人类学、法学、经济学等社会科学的发展，同时还影响着人类的生活方式和思维模式。这就是"观念"带来的力量。可见，学科观念对促进学生学力发展的重要价值。

根据张华的观点，学科观念有两种不同的表达方式。第一种可以表述为体现学科特点或本质的思想意识范畴，如地理学科的人地协调观，物理学科的物质观念、运动与相互作用观念、能量观念，化学学科的变化观念与平衡思想，生物

学科的结构与功能观、进化与适应观、稳态与平衡观、物质与能量观，等等。这种表述方式又可称为学科思想，对于学科课程与教学起着指导作用。因为具有了学科思想，课程编制者与教师的教学才会超越学科，站在更高位看待学科的价值与意义，统领课程与教学。第二种可以表述为由一些重要概念或范畴所形成的命题，如"细胞是生物体结构与生命活动的基本单位""遗传信息控制生物性状，并代代相传"等，这种表述方式与"大概念"相似。这两种表达方式其实都体现了学科观念是居于具体教学情境和具体事实知识之上的、对学科知识与方法等的概括性认识，是期望学生将来离开学校且忘掉许多具体学科知识后仍能留下的思想、观念，具有持久价值和迁移作用。

2. 学科思维

布鲁纳（1966）认为学科思维方式是"学科心理"之本质。他认为："对一门学科而言，没有什么比其思维方式更核心的了；对学科教学而言，没有什么比尽可能早地提供机会，让儿童学习其思维方式更重要的了。"心理学家加德纳（Gardner，2008）也认为："学科表征了极为不同的现象。一门学科构成了关于世界的独特思维方式。"可见，学科本质上是理解世界的独特思维方式。不同学科相区别的核心是其思维方式的不同。

学科思维是人面临真实的学科问题和日常生活问题时能够"以学科专家的方式去思考"。与学科思维对应，若不能恰当运用学科知识而仅从日常经验出发去思考，则称为"常规思维"。不同的学科可培养学生不同的学科思维能力。例如，语文学科可培养学生听说读写的形象思维；数学可培养学生图形、几何等抽象思维；体育运动可以培养学生协调身体的动作思维；生物学可以培养学生探究生命现象或生命活动规律的科学思维。

3. 学科能力

学科能力是学生在学科知识的基础上，在智力、情感、态度等的参与下，运用学科思维方法分析问题、解决问题的能力。它是学生在学习过程中表现出来的、稳定的心理特征和行为特征，是可观察的和外显的学习质量和学习结果。学科能力并不是机械的知识学习与技能转化，而是需要智力、情感、态度及学科思维等的同时参与。学科能力的形成代表着学科核心素养育人任务的基本完成，它一经形成便是一种自觉的、终身的能力。

学科能力是在学科实践中形成并发展起来的，在某种程度上学科能力又表现为学科理解力，即运用学科知识分析问题与解决问题的能力。达成学科理解力的基本途径是学科探究（张华，2019），而学科探究是学科能力的核心。

4. 学科情意

学科情意指学习过程中对某学科产生的情感与意志品质，既包括对本学科的学习兴趣与积极的学习动机，也包括对学科观念、学科知识、学科思维的理解与热爱。学科情意是学科学习过程中逐步产生的对本学科独有的情感态度，它的形成不是一蹴而就的，而是一个逐步渐进的过程，是累加的过程，贯穿于学科学习的始终，对学科观念、学科知识、学科能力、学科思维的形成与发展起到积极的促进作用。

具备学科情意的人会带着积极的学科情感及意志品质，自觉地使用学科的视角去审视身边的问题。在这一过程中，也会进一步提升学科学习的兴趣、愿望、毅力，建立强烈的学习动机，养成适宜的学习习惯。而所有这些情感与意志品质也是学习发生的重要条件，因此学科情意也是学科学习的重要核心素养。

5. 学科知识

知识是人类在实践中认识客观世界（包括人类自身）的成果，包括事实、概念、原理、规律及在教育和实践中获得的技能。针对不同知识领域进行教育学、心理学加工以后形成的不同"学科"，具有不同的表现形式。它们运用不同的事实、概念、术语、范畴等学科基本符号呈现出来，是学科学习过程中必备的、最基本的学科素养。不论学科核心素养的结构、内涵如何增减变化，都不能忽视对学科基础知识（学科基本符号）的重视，只有具备了基础的学科知识和学科技能，才能在真正意义上形成学科观念、学科思维、学科能力、学科情意等学科的"高阶"素养。虽然多数学科未将"学科知识"明确列为其基本的学科核心素养，但其实都已经融入了其他学科核心素养之中。

三、不同学科的核心素养

基于以上的分析可知，"学科核心素养"是各门学科课程设计的灵魂。这是各学科在编制"课程标准"的过程中，都须首先凝练本学科"学科核心素养"的原因。由于学科不同，每门学科遴选的学科核心素养的数量也有差异，普通高中各学科核心素养最少的 3 个，最多的 6 个，见表 4-1。

表 4-1　普通高中各学科核心素养（2017 年版 2020 年修订）

学科	学科核心素养	数目/个
语文	语言构建与运用、思维发展与提升、审美鉴赏与创造、文化传承与理解	4
数学	数学抽象、逻辑推理、数学建模、直观想象、数学运算、数据分析	6
英语	语言能力、文化意识、思维品质、学习能力	4
思想政治	政治认同、科学精神、法治意识、公共参与	4
历史	唯物史观、时空观念、史料实证、历史解释、家国情怀	5
地理	人地协调观、综合思维、区域认知、地理实践力	4

续表

学科	学科核心素养	数目/个
物理	物理观念、科学思维、科学探究、科学态度与责任	4
化学	宏观辨识与微观探析、变化观念与平衡思想、证据推理与模型认知、科学探究与创新意识、科学态度与社会责任	5
生物学	生命观念、科学思维、科学探究、社会责任	4
艺术	艺术感知、创意表达、审美情趣、文化理解	4
音乐	审美感知、艺术表现、文化理解	3
美术	图像识读、美术表现、审美判断、创意实践、文化理解	5
体育	运动能力、健康行为、体育品德	3
信息技术	信息意识、计算思维、数字化学习与创新、信息社会责任	4
通信技术	技术意识、工程思维、创新设计、图样表达、物化能力	5

各学科核心素养体现了学科性、科学性、教育性、整合性、人本性的特点，在学生发展核心素养的基础上，厘清了学科课程的育人目标，指明了学科课程、教学与评价的方向，规划并引领中学课程与教学实践。

综上所述，学科语境中的核心素养，我们称之为"学科核心素养"。学生发展的核心素养须落实到学科中完成，学科是学生发展核心素养的载体、手段或方式。因此，在以学科为基本框架的课程体系中实现学生发展核心素养要求，关键取决于学科与核心素养要求的深度融合。这也是在基于"核心素养"的课程改革中，"学科核心素养"成为各门学科课程设计灵魂的原因。正如余文森（2016）所言，"学科核心素养统领学科课程知识的选择、课程内容的组织、课程难度的确定、课程容量的安排，以及课程的实施和学业质量标准的确立"。

四、生物学科的核心素养

根据以上分析可知，生物学科核心素养是生物学课程设计的灵魂，统领着生物学课程知识的选择、课程内容的组织、课程难度的确定、课程内容的安排、课程的实施和学业质量标准的确立。本着核心素养整体育人功能与学科独特作用相结合、凸显"核心"与提升学科的学力潜能、洞悉"学科"的本质并引领学科实践、关注跨学科素养的融合并发挥学科群协同作用的原则，普通高中生物学课程标准提出了4个生物学科核心素养：生命观念、科学思维、科学探究和社会责任。其中，生命观念、科学思维、科学探究分别体现了生物学课程的学科观念、学科思维与学科能力；社会责任体现了学科情感与学生发展的核心价值观素养；学科知识作为4个学科核心素养的具体支撑融入了4个学科核心素养之中（图4-2）。义务教育生物学课程标准所提出的4个生物学科核心素养与普通高中生物学课程标准相比，在学科能力、学科情意方面的表达上有所不同，分别是：生命观念、科学思维、探究实践与态度责任。

📖 **拓展阅读4-2** 生物学科观念与生物学科核心素养的关系

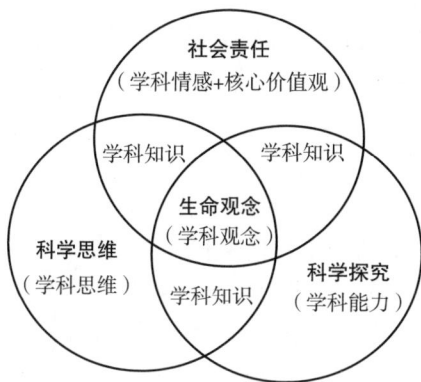

图4-2 生物学科核心素养的结构

第三节 ｜ 作为学科观念的生物学科核心素养

生命观念作为生物学课程的学科观念，最能体现生物学课程的本质与特点，统领着生物学课程的其他学科核心素养，具有生物学课程特色的育人价值。根据张华的观点，生命观念有两种表述方式，一种可以表述为体现生物学科特点或本质的思想意识范畴，这种表述方式又称为生物学科思想；一种可以表述为由一些生物学科的重要概念或范畴所形成的命题，这种表述方式与"大概念"类似。

一、几个重要术语的梳理

为了进一步明确生命观念的内涵，有必要对观念、概念、大概念、学科思想等词义及其之间的关系做出明确的梳理。

（一）何为"观念"

首先，"观念"源自希腊词"ειδος"和"ιδεα"，意指目力所及事物的外在形象，后引申为表示内在于事物的、能被人所"看到"的形式和本质。从词源的分析可以看出，观念一词最初表示的是个体对事物的感知。在哲学领域内，"观念"是一个基本的哲学术语，从柏拉图的本体论"观念"，到笛卡尔的认识论"观念"，再到康德"概念的概念"，我们都称之为观念。杜威在康德"观念"的基础上，用实用主义哲学对其进行了改造，认为"观念是指导我们行为的工具，它对感觉做出反应，而不是感觉本身"。最后对"观念"的认识落脚于马克思辩证唯物主义观——"观念"是客观存在于人脑中的反映。毕华林（2014）等学者从上述词源学与"观念"哲学发展史的立场对"观念"做出了以下梳理：第一，观念是客观事物在人脑中的反映，但它绝不是一般意义上的概念，是概念的概念；第二，观念的形成是一个过程，是对经验事实的联合与整合，在个体认知发展过程中，观念与客观事物的本质特征和发展规律日趋一致；第三，观念反映客观事物，同时又反作用于客观事物，即观念具有预测、指导、改造客观存在的强大反作用力。

（二）何为"概念"

概念是思维的基本形式之一，反映了客观事物一般的、本质的特征，是在人类认识过程中，把所感觉到的事物的共同点抽提出来，加以概括而形成的。可见，观念与概念具有共同点，如都是人类对客观事物的认识，都是对客观事物的特点进行抽象和概括的结果。然而，观念不同于概念。这表现在以下4个方面。其一，概念是思维的基本形式，往往反映某一种或某一类客观事物，如光合作用的概念、花的概念等；而观念是在许多概念和判断的基础上形成的总括性的认识，它所概括的客观事物包括更多的种类，如结构与功能观、物质与能量观。其二，概念的形成过程是由个别到一般的归纳过程，而观念是在众多概念的基础上，不仅需要进一步的抽象、推理等思维过程，还需个体对知识的感知、体验与领悟，而后才可升华为对事物更全面、更本质、更深刻的认识。其三，概念的界定须具有清晰的内涵和外延，其意义在于分化不同的客观事物和归类本质相同的事物；而观念则是对多个概念整体考察后获得领悟的结果，具有模糊性和广泛性，可以反映客观事物的内在联系。其四，概念的习得更多的是从学科本体的角度出发，更加强调学科的立场；而"观念"的习得更多是从认识论的角度出发，是个体主观的感知与思维的综合，因此，与概念相较而言，它更加强调认识的主体。

（三）何为大概念

"大概念"（big idea）是一个舶来词。非常值得关注的一点是"大"概念并不是"大"的概念。毕华林认为，"idea"与我们所描述的学生的"观念"具有一致性，因此他曾经倾向于把"big idea"翻译成"大观念"。我们之所以称其为"大概念"是约定俗成的结果。

如前所述，大概念的提出是为了解决越来越多的科学知识使得科学课程承载的课程内容超负荷的问题。孤立的科学事实的堆积，让学生难以建立知识间的内在联系。为此，国外科学教育研究者提出让学生将所学习到的科学知识凝聚起来，形成"big idea"，以帮助学生在科学知识之间建立起联系，最终帮助学生形成一幅关于科学的全景图。可见，就学生的科学学习来说，国外研究者提出的"big idea"，而非"big concept"，是因为他们更加强调的是学生个体。

由于学科观念往往内隐于学科概念与学科事实之中。若实现学科观念的可教与可学，首先必须在课程的编制过程中，实现学科观念课程形式的实践转化。其转化形式也就是张华所说的两种表达方式：一是提炼出内隐于学科概念与学科事实之中的学科思想，二是借鉴西方科学课程改革的成果，采用命题的表达方式表达，即"大概念"。基于科学事实编制的学科课程是从学科立场出发的，秉持的是"事实本位的学科知识观"。而基于"大概念"编制的学科课程，是从学生立场出发的。它不否认学科事实与信息，但却超越学科事实、走向学科理解，其实倡导的是"理解本位的学科知识观"。

📖 **拓展阅读 4-3** 生物学大概念与生物学概念、生物学小概念之间的关系

（四）何为"学科思想"

"思想"是客观存在反映在人的意识中经过思维活动产生的结果。"思想"在英文中一般用"thought"表示。史华慈（B. Schwartz）在区分"思想史"与"观念史"两个术语时指出，"思想"除了包含认知、推理、意向性、想象力、情感、惊叹、困惑外，还包含其他一些模糊的含义，既可以指思维过程，也可能指诸如观念、心态或内在态度之类固定化的思想"产品"（史华慈，2004）。按照史华慈的解释，特定的"观念"可以用特定的"思想"来进行表述，而且"观念"作为一种"固定化的思想'产品'"，是思想史中的"硬核"。可见，学科观念也是一种"固定化的学科思想'产品'"。

毕华林（2014）为学科思想做了界定，"学科思想是由学科专家提出的对未来学科发展和学科学习最具影响力的那些观点、思想和见解。从另一种意义上说，学科思想更多的是科学共同体从学科本体的角度出发，提出的某学科在特定时间内最具代表的、最科学的、具有相对完整体系结构的思想"。可见，"学科思想"如同"哲学"一般都是在具体学科知识的基础上形成的，皆具有概括性、抽象性、反思性、普遍性的特点。照此，生物学科思想的凝练须从生物学哲学里撷取更多的营养与启发。

📖 **拓展阅读 4-4** 生物学科思想与生物学大概念的关系

二、生命观念的内涵

由于生物学课程具有"生命"性，我们把生物学课程的学科观念称为"生命观念"。

（一）"生命观念"的界定

刘恩山（2018）认为，生命观念是历经岁月后长久保留在学生头脑中的，关于生物学现象和问题的想法和观点。生命观念是生物学的精华内容，是生物学学科的标志和关键。张秀红（2017）认为，生物学观念是生物学概念和规律等在人脑中的提炼和升华，是人们对生命的本质和生物学科本质的整体理解和认识，表现为能够从生物学的视角解释自然现象、认识自然规律、解决实际问题。《普通高中生物学课程标准（2017 年版）》对"生命观念"的界定为：生命观念是指对观察到的生命现象及相互关系或特性进行解释后的抽象，是人们经过实证后的观点，是能够理解或解释生物学相关事件和现象的意识、观念和思想方法。《义务教育生物学课程标准（2022 年版）》对"生命观念"的界定为：从生物学的视角，对生命物质和结构基础、生命活动的过程和规律、生物界的组成和发展变化、生物与环境关系等方面的总体认识和基本观点，是生物学概念、原理、规律的提炼与升华，是理解或解释生物学相关现象、分析和解决生物学实际问题的意识和思想方法。这些对生命观念的理解整合了生物学科思想与大概念两个层面。

具体在生物学课程中，生命观念有两种表现形式：一种表现为生物学科专家共同体所持有的生命观念，一种表现为学生个体所持有的生命观念。前者称为生物学科思想，后者称为生物学大概念（图 4-3）。

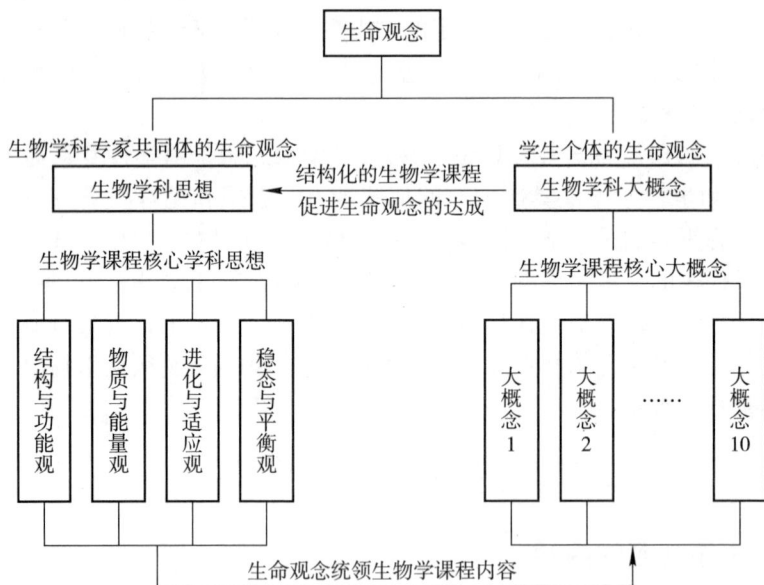

图 4-3　生命观念在生物学课程中的表现形式

（二）学科思想层面的生命观念

《普通高中生物学课程标准（2017 年版）》概括了 4 个基于学科思想层面的"核心"生命观念：结构与功能观、物质与能量观、进化与适应观、稳态与平衡观。义务教育生物学课程中的生命观念主要包括生物学的结构与功能观、物质与能量观、进化与适应观、生态观等。只有真正理解与把握了生物学科思想，生物学课程编制者与教师的教学才会超越学科，站在更高位看待生物学科的价值与意义，从而统领生物学课程与教学。

1. 结构与功能观

从系统论的观点来看，结构是指系统内部要素在空间和时间方面的耦合关系与连接方式，各要素只有通过结构才能组成有机整体；功能则是指系统与外部环境之间相互作用的关系，系统只有通过功能才能呈现出与外界的联系方式。结构与功能分别从内部和外部反映对象的整体性质（吴成军，2017）。生命是结构与功能的统一体，这表现在以下 4 个方面。其一，生物体是一个多层次的结构，无论是在分子水平、细胞水平还是生命系统水平都是由特定的结构构成的。结构是功能的基础，功能的实现需要一定的结构来完成。其二，生命体特定的结构与其功能相适应，这是生物体经过长期的进化形成的，是自然选择的必然结果。其三，功能是结构的外部表现，当功能在外在因素的影响下发生变化时，就可以反作用于结构，在一定的条件下影响结构的变化。其四，整体结构的功能大于局部结构的功能，即"整体大于部分之和"，这是贝塔朗菲系统论的核心思想。因此，不能孤立地去看一个结构和它的功能，一个结构的功能实现往往需要其他结构的配合。例如，哺乳动物的呼吸系统需要循环系统的配合。

需要强调的是，"结构决定功能"是一种常见的错误表述。其实，生命系统中有许多结构并不对应具体的功能，也有些功能并不依赖单一结构，很多时候功能还能反作用于结构的发展。因此，结构和功能常常是动态的统一。例如，生物体的有些结构，如男性的乳头，只是进化过程的副产品，无害无益。由于没有选择压力，这些结构在进化中就没有被淘汰。生物学很多思想观念的表述是柔性的，把某个功能与某个结构简单而绝对地一一对应起来，就太绝对、机械了，这不是生物科学的思维（赵占良，2019）。

2. 物质与能量观

物质是独立存在于人的意识之外的客观实在。能量是表示物体做功能力大小的物理量，可分为动能、势能、热能、光能、化学能等。一种能量的形式可以转换为另一种能量形式。

如第一章"生物学课程的性质"所述，生命本质上是物质的，一切生命特征，都有其物质基础。从元素层面看，生命的物质基础在非生物界中一样存在，没有任何生物所特有的元素，这从生物学的角度印证了世界统一于物质；从分子层面看，组成生命体的物质又有特殊性，如生物大分子蛋白质、核酸、多糖等都是生命体独有的。也就是说，虽然生命的物质基础在非生物界中一样存在，但构成生命的元素其构成、结合方式和非生物界是不一样的。生物有一个有条不紊的物质构造，生物的种种生命运动都是通过生物特殊的物质构造来实现的。

生命的物质性，还体现在物质的运动变化是一切生命活动的基础。运动是物质的根本属性，宇宙万物无不处于不停地运动之中，生命是各种运动形式中的一种特殊运动形式，其中光合作用与呼吸作用是最基本的生命运动。生命运动需要能量的驱动，生命系统都是耗散结构，需要引入能量来维持有序性。可见，生命的物质运动总是与能量相伴，如在光合作用中，植物通过光合作用把光能转化为储存在有机物中稳定的化学能。在这一过程中，光合作用将二氧化碳、水等无机物转化为了有机物，发生了物质的变化；与之相对应，由光能转变为储存在 ATP中活跃的化学能进而转化为储存在有机物中稳定的化学能，发生了能量的变化。总之，在个体生命系统中，物质是能量的载体，能量推动物质循环；在生态系统中，能量也以物质为载体，沿着食物链和食物网流动，能量单向利用，物质循环再生。

因此，物质与能量相互依存、相辅相成，两者辩证统一，共同成为自然运作的载体和动力。它主要表现在以下 4 个方面：其一，生物界与非生物界都是由物质构成的；其二，组成生命体的物质有其特殊性，生物的种种生命运动都是通过生命各种特殊的物质构造来实现的；其三，生物体内每时每刻都在发生着复杂的物质代谢与能量代谢，物质的代谢离不开能量的代谢，而物质的转化也常常伴随着能量的转化，物质是能量流动的载体，能量也是物质代谢的动力；其四，生物体中蕴含多种形式的能量，生物体通过生命活动实现了不同形式能量之间的相互转换。生命体中物质与能量的关系符合爱因斯坦提出的质能方程式 $E=mc^2$。这表明一切事物都具有能量，物质是能量的一种聚集形式，而能量也是物质的一种存在形式。

3. 进化与适应观

生物学中的进化，又称演化（evolution），指种群通过遗传、变异和自然选择逐渐演变发展或物种淘汰和产生的过程。进化观则是从历史的维度去进一步理解生命所建立起来的思想与观念，回答生命从哪里来、到哪里去、为什么是这样等问题。所有的生命现象，其最终的原因其实都要到进化中去寻找。因此，进化观是最具有生物学属性的观念群。

在生物学发展史上，第一次系统提出生物进化论思想的是博物学家拉马克（J. Lamarck）。拉马克的主要进化观点如下：第一，有机界是自然规律作用下缓慢演变的结果；第二，最低级的生命——蠕虫和纤毛虫是自然发生的；第三，一切生命都具有一种趋向于高级（结构复杂）的进化趋势，生命通过用进废退的获得性遗传促使生物从简单向复杂进化；第四，人和猿具有共同的起源。1858年，博物学家华莱士（A. R. Wallace）的一篇关于物种起源观点的论文与达尔文（C. R. Darwin）进化论"撞车"，催生了达尔文《物种起源》于1959年正式问世。达尔文进化论被恩格斯誉为19世纪自然科学的三大发现之一。其基本观点如下：第一，物种是可变的，生物是进化的；第二，所有的生物都来自共同的祖先；第三，自然选择是生物进化的动力；第四，生物进化的步调是渐变式的，是一个在自然选择作用下累积微小的优势变异的逐渐改进的过程，而不是跃变式的。现在看来，达尔文与拉马克的进化论观点都有其进步性的一面，也各有局限性的一面，二者对进化论的提出都做出了伟大的贡献。

值得说明的一点是，"进化"作为进化生物学最重要的概念之一，达尔文最初使用的是"descent with modification"，即"改变的继承"；拉马克最初使用的是"transformisme"，即"转形"。后来，通过英国哲学家、教育家斯宾塞的倡导与演绎，"evolution"（进化）一词进入人们的视野之中。然而，这给人们理解生物进化带来了很多障碍和误解。实际上，进化生物学中的"进化"并不等同于"进步"，也并不与"退化"相反。生物体结构上的"进步"或"退化"，都有可能成为进化生物学中的"进化"。判定是否"进化"的标准是"自然选择"，并非结构上的"高等""美观"或其他。

关于现代进化论的基本观点，赵占良（2019）总结如下：生物是不断进化的，现在的生物都是进化来的，现存的所有生物之间都有亲缘关系，有着共同的祖先；进化的过程大体是从简单到复杂，从低等到高等，从水生到陆生；进化的机制主要解释为现代生物进化理论，包括以自然选择学说为核心的物种形成理论及协同进化理论；进化的结果表现为分子的进化、物种的进化及生态系统的进化；进化的方向是多元的，进化的结果是不完美的，进化产生的新物种不一定对环境的适应能力更强，而是占领更多的生态位，更加充分地利用地球上的资源和空间等。

生物只有适应环境才能生存，适应是自然选择的产物，是进化的结果。生物对环境的适应，指的是这种生物和它具有的某些遗传性状提高了它在特定环境中生存和生殖的能力。一般来说，适应包含两方面的含义：一是生命系统各层次的结构都适应于一定功能的实现；二是生物的结构及其相关的功能或行为习性适应于该生物在一定环境条件下的生存和延续。因此，进化可以表现为分子的进化、物种的进化、生态系统的进化，也表现为生物对环境的适应。

进化与适应观具有对生命现象"终极原因"的解释力，为人们认识生命世界奠定了基础。进化生物学家、生物史学家迈尔（E. Mayr）将生物学的研究分为两个领域，一个领域是功能生物学，一个领域是进化生物学。迈尔称进化生物学解决的是生物性状或生物现象产生的终极原因，功能生物学通过实验和结构分析解决的是它的近期原因。因此，若彻底了解某一生命现象就必须对这两类原因做出解释和说明。

4. 稳态与平衡观

稳态是生命系统利用一定的调节机制维持自身相对稳定状态的特性和能力，稳态是生命系统的特征，也是机体生活的条件。生命系统稳态的意义就是使系统的组分拥有一个相对稳定适宜的环境，如人体的稳态可使机体细胞拥有稳定、有序、适宜的环境。如果人体内环境的温度、pH、渗透压等过高或过低，或者病原体在体内大量繁殖，都会危及细胞的生命活动。

稳态和平衡是从细胞到生物圈所有层次生命系统普遍存在的特性。在分子水平上，存在基因表达的稳态调节、酶活性的稳态调节；在细胞水平上，一个细胞是分裂还是分化，是衰老还是凋亡，都是调节的结果；在器官水平上，有心脏节律的稳态调节、激素水平的稳态调节、血糖和水盐平衡的稳态调节；在个体水平上，人体稳态的调节是通过神经—体液—免疫系统的调节而得以实现的；在宏观水平上，有种群数量的稳态调节、生态系统的平衡调节，等等（吴成军，2017）。可见，调节是实现稳态的必要手段，生命系统的稳态和对环境的适应都是调节的结果。

稳态并不是恒定不变的，生命系统中每个组成部分都处于不断的变化之中，不同组分在整个系统中会动态变化和相互演替。生命系统具有"稳态"的能力显示了生命系统的自组织性，使"动态平衡"不断呈现，如同化作用和异化作用的平衡、血糖平衡、水盐平衡、体温平衡、生态平衡、pH 平衡等。

当然，除了上述"结构与功能观""物质与能量观""进化与适应观""稳态与平衡观"这 4 个生命观念，生物学课程还有许多其他的生命观念，如信息观、系统观、生态观等。《普通高中生物学课程标准（2017 年版）》之所以列举了上述 4 个生命观念，是因为这 4 个生命观念是标准修订组专家按照以下 5 个原则所确定的核心生命观念：第一，每一个观念能够贯穿于生命科学全部课程；第二，所提出的观念应该能够被学生接受和理解，并在理解的基础上保持较长时间；第三，相应的观念对于理解生物学主题是必不可少的；第四，这些观念能对课程有很好的覆盖；第五，全部生物学课程可由这一组生命观念所代表（刘恩山，2018）。

（三）大概念层面的生命观念

学科思想层面的生命观念，反映了学科专家对生物学主题或核心观念的理解和认识。如前所述，由于它们具有"概括性、抽象性、反思性、普遍性"的特点，往往内隐于生物学概念与生物学事实之中。若实现生命观念的可教与可学，必须实现生命观念课程形式的实践转化。在基于核心素养的生物学课程改革中，生物学课程标准修订专家借鉴了西方科学课程改革的成果，即在表述"big idea"

时采用命题的表达方式。命题由一些重要概念或范畴形成，目标是期望学生最终形成与生物学科基本思想相一致的生命观念。

现行中学两学段生物学课程标准对每一个学科思想层面的生命观念都以相关的大概念作为具体的课程层面的支持，并以命题的方式具体描述学生需要达到的范围和水平，为教材的编写与教师的教学提供可操作的标准。例如，普通高中生物学课程标准的内容标准中必修模块概念4，以命题的形式描述了"进化与适应观"——"生物的多样性和适应性是进化的结果"，这就是"进化与适应观"大概念层面的生命观念。生物学课程标准采用这样的表述其实也是指出，学生生命观念的建立应该以概念性知识的教学为基础。为了突出概念教学对核心生命观念建立的重要作用，内容标准采用了"大概念""重要概念"和"次位概念"的陈述方式（图 4-4）。

概念4　生物的多样性和适应性是进化的结果

4.1 地球上的现存物种丰富多样，它们来自共同祖先

4.1.1 尝试通过化石记录、比较解剖学和胚胎学等事实，说明当今生物具有共同的祖先

4.1.2 尝试通过细胞生物学和分子生物学等知识，说明当今生物在新陈代谢、DNA的结构与功能等方面具有许多共同特征

图 4-4　基于"大概念"的课程内容标准设计

其中，1 位数的陈述内容是大概念，也称核心概念或生命观念；2 位数的陈述内容是重要概念，是对大概念的支持和具体描述；3 位数的陈述是次位概念，是形成重要概念和大概念的基础，常可在一节课的时间内完成（刘恩山，2018）。所有概念性知识的学习都高度依赖学生主动参与的学习经历和生活经验，重要概念的理解和生命观念的建立不能靠单纯的记忆和背诵完成。因此，在课堂教学中，教师需精心设计教学过程，用学生学习经历或生活经验所提供的直观、具体的事实性知识为基础，引领、提示学生概括生成为抽象的重要概念和大概念，并在此基础上形成生命观念（图 4-5）。

生命观念是生物学学科知识体系的核心，是学习者对生物学概念深度理解之后的提炼与升华，因此生命观念教学的基础是生物学概念教学，从生物学事实走向生物学概念是生命观念教学的第一步。如张洪军老师的一节课，他先通过具体事实让学生总结出细胞核的功能，这样的功能必定与一定的结构相适应，再通过分析细胞核的结构，找到与其功能相适应的原因，由具体事实归纳概括构建次位概念、重要概念，达成细胞核结构与其功能相适应的生命观念。

生命观念------ 结构与功能观

大概念------ 细胞是生物体结构与
生命活动的基本单位

重要概念------ 细胞各部分既分工
又合作，共同执行
细胞各项生命活动 + 分子的结构
和功能，
细胞的统
一性和差异性

次位概念------ 遗传信息主要存在
于细胞核中，细胞
核的结构与功能 + 细胞膜和细
胞器的结构
与功能

具体事实------ 美西螈核移植实验，伞藻嫁接、核移植
实验，蝾螈受精卵横溢实验，变形虫的
切割、核移植实验，细胞核的结构，
DNA的分布部位

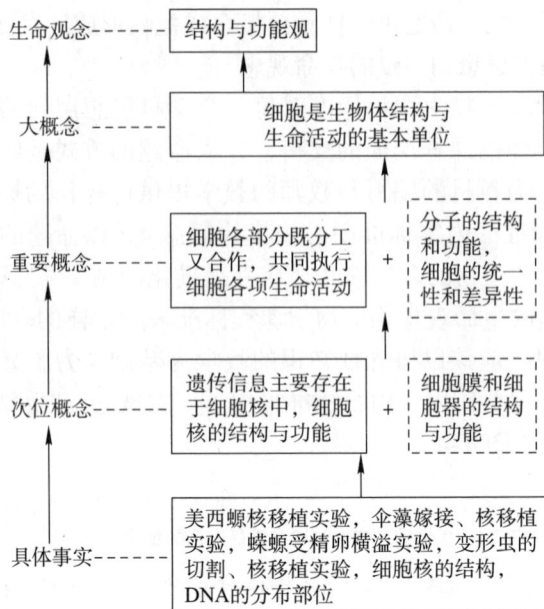

图 4–5　细胞核"结构与功能观"的教学（张洪军，2019）

　　当教师有效地帮助学生于生物学课程中理解并形成了生命观念后，作为学科的核心素养便可对他们日后的学习和生活产生积极、持久的影响。根据有关学者的建议，一个具体的期待是学生在头脑中对生命观念和大概念的保留和应用时间为 40 年，对重要概念的保留时间为 40 个月，对次位概念的保留时间是 40 周或更长（刘恩山，2018）。

　　📖 **拓展阅读 4–5**　生命观念在课堂中的实现路径——"五步教学法"

第四节 │ 跨学科的生物学科核心素养

　　现行中学两学段生物学课程标准遴选的核心素养中，除生命观念外，都属于跨学科素养（表 4–2）。其中，科学探究（或探究实践）、科学思维是跨科学领域学科群的学科核心素养；社会责任（或态度责任）既是各学科共通的学科核心素养，也是学科与生活、社会共通的学生发展核心素养。

一、跨学科素养的内涵

　　20 世纪 20 年代，"跨学科"（interdisciplinary）一词首次出现在课程发展的语境中，并受到广泛支持。综观世界范围内各国及国际组织对核心素养的研究与

表 4-2 现行中学两学段科学课程标准核心素养表述的学科比较

生物学		物理		化学	
普通高中	初中	普通高中	初中	普通高中	初中
生命观念	生命观念	物理观念	物理观念	变化观念与平衡思想	化学观念
科学思维	科学思维	科学思维	科学思维	证据推理与模型认知	科学思维
科学探究	探究实践	科学探究	科学探究	科学探究与创新意识	科学探究与实践
社会责任	态度责任	科学态度与责任	科学态度与责任	科学态度与社会责任	科学态度与责任
				宏观辨识与微观探析	

实践，可以发现大多数国家的核心素养框架中更多的是跨学科核心素养。

　　不同学者对跨学科素养的内涵虽有着不同的认识，但大都认为跨学科素养（interdisciplinary competence，IC）是整合多门学科知识、技能、思维和观念等解决由单一学科无法解决的实际问题所具备的素养，是超越学科框架的，适应学生发展自我、融入社会及解决现实、未来问题的必备品格和基本能力。跨学科素养强调跨学科知识的整合与迁移，强调多种学科能力的融合和贯通，是情感、态度、价值观等综合素养的具体体现，比如责任担当、科学精神、实践创新等素养。跨学科素养包含两部分。一是包含各学科素养中共通的内容（图 4-6 中深色部分），是各学科的"共性"部分，因而是一种"共性"素养。例如，物理、化学、生物学等学科核心素养中都有科学态度与社会责任。再如，数学、物理、化学、生物、政治、地理等学科都有类似"理性思维"的素养要求。二是包含学科之外的生活经验、情感体验及实践能力，如社会责任、国家认同、国际理解、珍爱生命、健全人格、自我管理、技术运用、劳动意识等（图 4-6 中间浅色部分）。

　　跨学科素养是连接学科知识与生活世界（真实情境）的桥梁。跨学科素养也是黏合学科素养的"黏合剂"，是激活学科素养的"催化剂"，对学生世界观和方法论的形成有关键性的作用。在生物学科核心素养中，即便生命观念是体现生物学科特点的学科核心素养，但除了"进化与适应观"外，大多数也具有跨学科的性质。如结构与功能观、稳态与平衡观、物质与能量观，这些观念是自然科学课程共有的学科观念，在物理学、化学、生物学中都会予以重视。结合本学科的具

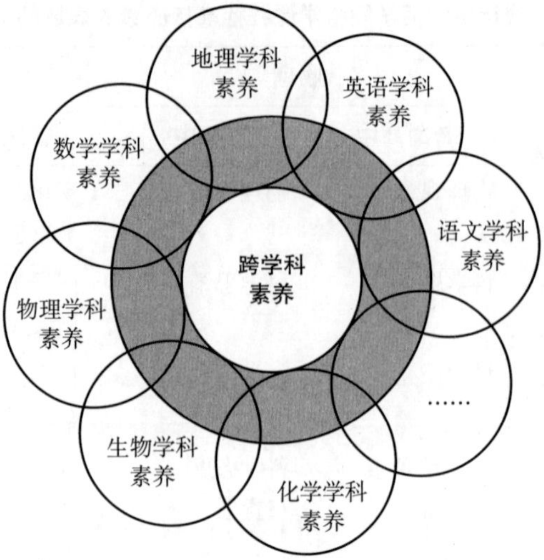

图 4-6 学科核心素养的跨学科要求

体教学内容，帮助学生建立这些跨学科观念，有助于他们加深对生物学概念的理解，并实现一些跨学科内容的融会贯通，是深度学习的标志。

二、跨学科的生物学科核心素养之科学思维

生物学课程是一门科学课程。早在 19 世纪，博物学家、教育家赫胥黎就已经论证了它与物理、化学课程一样具有相同的研究范式，如三课程都重实验、重逻辑方法、重证据与推理，三者的研究都离不开科学思维。同时，三课程都具有培养学生科学思维的教育价值。

（一）科学思维的概念

"思维"即在表象、概念的基础上进行分析、综合、判断、推理等认识活动的过程。思维是人类特有的一种精神活动，是从社会实践中产生的。20 世纪初，巴甫洛夫（I. P. Pavlov）初步揭示了思维的神经生理学机制。20 世纪 50 年代以后，脑科学的研究不断获得重大的进展，进一步揭示了思维的本质。与此同时，心理学家如皮亚杰、哲学家如杜威等对思维的研究则进一步丰富了人们对思维的认知，也进一步提高了人们通过学校课程来培养学生优秀思维品质的信心。在学校教育里，科学思维主要通过物理、化学、生物等科学课程的开展而培养。

《普通高中生物学课程标准（2017 年版）》认为"科学思维"指尊重事实和证据，崇尚严谨和务实的求知态度，运用科学的思维方法认识事物、解决实际问题的思维习惯和能力。据此可知，科学思维是一种态度、习惯和能力。科学思维作为一种求知态度，要尊重事实和证据，崇尚严谨和务实。尊重事实和证据概括地说就是重实证，这是科学思维的显著特点（赵占良，2019）。严谨和务实的求

知态度，不仅自然科学需要，人文和社会科学也需要。但在自然科学领域，严谨和务实有特定的含义。严谨主要是指获取证据的方法和从证据到结论的思维是严密的、周全的、无漏洞的；务实主要是指使人的认知符合客观事物的真实情况。科学思维作为一种思维习惯，主要是指在长时间内逐渐养成的，在面对科学问题时，能自觉运用已有的知识、经验与科学思维的方法解决实际问题的行为倾向。可见，已有的知识经验与科学思维的方法是养成科学思维习惯的关键。因此，《普通高中生物学课程标准（2017 年版）》在定义科学思维之后给出了科学思维的主要方法："学生应该在学习过程中逐步发展科学思维，如能够基于生物学事实和证据运用归纳与概括、演绎与推理、模型与建模、批判性思维、创造性思维等方法，探讨、阐释现象及规律，审视或论证生物学社会议题"。科学思维作为一种思维能力，即能胜任"科学思维"的主观条件与实践"科学思维"的综合素质。简单说来，具有了尊重事实和证据、崇尚严谨和务实的求知态度等主观条件，具有了能在面对科学问题时利用科学思维方法解决问题的思维习惯等实践素质，相应的，也便具有了科学思维的能力。发展学生科学思维的能力和品质是生物学课程的重要目标之一。

《普通高中生物学课程标准（2017 年版）》缺乏对科学思维的过程和品质的阐释。《义务教育生物学课程标准（2022 年版）》则从科学思维过程和品质的角度对科学思维做出了界定：科学思维是指在认识事物、解决问题的过程中，尊重事实证据，崇尚严谨求实，基于证据和逻辑，运用比较、分类、归纳、演绎、分析、综合、建模等方法，进行独立思考和判断，多角度、辩证地分析问题，对既有观点和结论进行批判审视、质疑包容，乃至提出创造性见解的能力与品格。

《义务教育生物学课程标准（2022 年版）》从心理学层面上阐释了科学思维是一种认识方式、过程、方法、能力与品格等的统一。从中我们可以看到，科学思维是一种认识方式，其目标是认识客观事物的本质属性、内在规律及其相互关系；为了达到这样的认识目标，要在经验事实（证据）的基础上运用抽象概括、分析综合、推理论证等方法，并经历模型建构等抽象概括过程。科学思维既是一种能力，也是一种品格，这种能力和品格具有质疑、批判和创新的取向和特质。

（二）科学思维与理性思维的区分

2016 年《普通高中生物学课程标准（征求意见稿）》拟定的生物学科核心素养为生命观念、理性思维、科学探究与社会责任，与《中国学生发展核心素养》中的"理性思维"相对应。为什么在后来的《普通高中生物学课程标准（2017 年版）》中改为了"科学思维"呢？科学思维与理性思维是否一样呢？

作为 6 大核心素养之一的"科学精神"有 3 个基本要点：理性思维、批判质疑和勇于探究。其中关于理性思维的解释是"崇尚真知，能理解和掌握基本的科学原理和方法；尊重事实和证据，有实证意识和严谨的求知态度；逻辑清晰，能运用科学的思维方式认识事物、解决问题、指导行为等"。可见，理性思维与科学思维都是建立在证据和逻辑推理基础上的思维方式。

本书在"生物学课程的性质"与"生物学课程的基本理念"两章中对"理性"皆有所论述。理性首先属于判断、推理活动，与感性的活动相对，如理性思维与感性思维、理性认识与感性认识；其次，理性还指从理智上控制行为的能力。因此，理性是人的一种思维的品质，也是一种精神品质。刘大椿（1998）指出："理性指的是合客观性（区别于信仰）加上合逻辑性（区别于感性、情感等非理性）。"合客观性就是要尽量排除人的主观因素的影响，使人的认识合乎客观事物的真实情况，而这要通过证据的检验来实现。观察、实验、调查都是获得证据的途径。合逻辑性是指人们在认识过程中使用的思维方法在逻辑上是合理的和有效的，科学理论的辩护乃至发现都离不开合乎逻辑的思维。合客观、合逻辑是科学的理性追求，这就意味着在科学研究中面对既有观点或结论时，追问它是否合客观、合逻辑成为思维的必然取向或态度倾向。由此可见，理性思维可以说是科学思维的核心，二者都是人类理性精神的体现。

科学中的理性，通常可以理解为人类通过自觉的逻辑思维把握客观世界规律的能力（即理性思维能力），以及运用这种能力认识世界的活动。尽管科学在本质上是理性的，但科学思维并不只是包含客观性和逻辑性两种因素，除了理性因素之外，还有大量的非理性因素存在。所谓非理性，就一般的理解而言，一是指心理结构上的本能意识或无意识，二是指非逻辑的认识形式，前者如想象、情感、意志、信仰等，后者如直觉、灵感、顿悟等。拿科学认识中的直觉来说，这是一种非神秘性的、与事实及人的现实心理活动相联系的思维方式。其中包括感性的直觉和理性的直觉。感性的直觉是对理论的直接经验，与理论选择相关；理性的直觉作为理论的创造性活动，是对逻辑元素之间的秩序、关系的直觉，既具逻辑性，又有综合性与有意识性。因此，从功能发挥的角度来说，理性虽起着指导性的关键作用，但科学史上许多成功的实例说明，科学发现过程中提出猜想或假说环节很多时候要靠直觉、想象、灵感和顿悟等非理性因素，可见如果没有非逻辑、非理性因素作为理性的必要的补充，科学的创造与发展往往非常受限。一言以蔽之，科学思维等于理性思维加直觉、想象、灵感、顿悟等非理性因素，理性思维是科学思维的核心。

（三）科学思维的过程与方法

科学思维贯穿于科学的发展过程，包含了在观察、调查、实验、假设、推理等过程中的所有思维活动与技能。从科学的过程来看，科学思维主要遵循提出问题、搜寻事实、获取信息、立论解释等程序。其实，科学探究的过程就是提出问题和解决问题的过程，科学思维过程从某种程度上来说即是科学探究的过程，从此可见科学探究对学生科学思维形成的重要价值。

科学思维是一种重视实证和逻辑的求真务实的思维习惯和能力。它既是常规逻辑思维在科学领域的具体运用，又需要批判审视、质疑包容的思维取向和心理品格，还要靠想象、联想、直觉和灵感等非逻辑思维提出创造性见解。在它所运用的逻辑思维中，概念、判断、推理和论证都是思维的形式。不同形式的思维都有一定的思维方法，如归纳与概括、演绎与推理、模型与建模、批判性思维、创造性思维等方法。其中，归纳与概括、演绎与推理、模型与建模、批判性思维都属于逻辑（理性）思维的重要方法，创造性思维属于逻辑思维与非逻辑思维的综合。

判断有时靠感觉和知觉就可直接做出，有时要在概念基础上进行推理才能完成。推理的方法主要是归纳和演绎。但仅靠推理只能说明所做的判断合逻辑，不能保证它符合客观实际，验证判断的真实性需靠事实与证据进行论证，如孟德尔利用"假说－演绎法"解释性状分离现象。首先在观察和分析的基础上提出问题，然后通过推理和想象提出解释问题的假说，然后根据假说进行演绎推理，推论出预测的结果，最后通过实验来检验。如果实验结果与预测相符，就可以认为假说是正确的，反之，则认为是错误的。批判性思维（critical thinking）有时也翻译为"审辨式思维"，包含了逻辑思维的全部特点，是科学思维的高阶水平。在批判性思维的基础上，杜威提出了"反省性思维"（reflective thinking）。它包括问题的定义、假说的提出、观察、测量、定性和定量分析、实验、解释、用进一步的实验检验暂时的结论。反省性思维是杜威推崇的课程组织的基本原则，也是杜威"五步教学法"（提出问题－建立假设－拟定计划－验证假设－反思提高）的理论基础。

逻辑思维在概念（包括模型）的形成中有着重要作用。生物学中的重要概念，如定律、原理、规律等都是人类科学思维的产物，同时，所形成的概念又可进一步作为思维的工具，促进科学探究或进一步的学习。某些生物学概念的形成既有可能是比较与分类、归纳与演绎的结果（如生物与非生物的概念、植物与动物的概念等），也可能是分析与综合、抽象与概括的结果（如光合作用、呼吸作用、新陈代谢的概念等）。即是说，概念既是科学思维的结果，也是科学思维的过程。因此可见，概念教学对学生科学思维形成具有重要意义。

三、跨学科的生物学科核心素养之探究实践

比较初中和高中两学段生物学课程标准学科核心素养的表述，高中学段为"科学探究"，初中学段为"探究实践"，虽只有两字之差，但显现了教学指向上的不同。高中学段是单维度素养，初中学段则是双维度素养，包括"科学探究"和"跨学科实践"两个维度。

（一）核心素养视角下的科学探究

"探究"自 21 世纪初我国第八次基础教育课程改革以来，已经成为基础教育领域耳熟能详的词语。无论是在国家出台的课程方案、课程标准等课程文件中，还是在教科书、教辅材料中，以及在教师的教案和课堂教学中，甚至在各类考试乃至高考试题中，"探究"一词均频繁出现。"科学探究"已成为我国中学科学教育的常态。本书在"生物学课程的基本理念"一章中已对科学探究与探究性学习做过部分探讨，这里仅基于学科核心素养的科学探究内涵做进一步的梳理。

所谓"探究"，顾名思义，即探索研究、探寻追究。从词源上来看，"探"本义是伸手摸取的意思，引申为试图发现（隐藏的事物或情况）。"究"本意为"洞穴的终点"，即穷、尽，引申为根本的、全面的。照此，"探究"即寻根溯源，试图发现隐藏着的最后的、根本的、全面的真相。因此，"探究"的本质是通过一定的过程与方法试图发现问题的答案，其核心行为或动作是"探寻"与"发现"，寻找与发现现象背后隐藏的真相、性质、规律等。这里所谓的"隐藏"，意思是问题的答案没有摆在眼前，也没有现成的解决办法，因此才需要不断地开展分析、推理等思维活动，有时需要反复"考虑"，仔细去推求，甚至多人"商讨"（讨论），直至问题的解决。如果探究不是围绕一个明确的主题或经历一定的程序，而只是追根究底、好奇、好问、爱琢磨，就是广义的探究；如果探究围绕着一个明确的问题或任务，通过假设、推理、验证等一系列的探索过程而最终解决问题或完成任务，就是狭义的探究。

科学探究属于狭义探究的范畴，是生物学课程、化学课程、物理课程共同具有的学科核心素养，三科课程标准分别给"科学探究"进行了概念界定。《普通高中生物学课程标准（2017 年版）》认为，"科学探究"是指能够发现现实世界中的生物学问题，针对特定的生物学现象，进行观察、提问、实验设计、方案实施，以及对结果的交流与讨论的能力。《普通高中物理课程标准（2017 年版）》认为，"科学探究"指基于观察和实验提出物理问题、形成猜想和假设、设计实验与制订方案、获取和处理信息、基于证据得出结论并做出解释，以及对科学探究过程和结果进行交流、评估、反思的能力。"科学探究"主要包括问题、证据、解释、交流等要素。《普通高中化学课程标准（2017 年版）》把"科学探究"与"创新意识"融合在一起，并给出了操作性的定义：认识科学探究是进行科学解释和发现、创造和应用的科学实践活动；能发现和提出有探究价值的问题；能从问题和假设出发，依据探究目的，设计探究方案，运用化学实验、调查等方法进行实验探究；勤于实践，善于合作，敢于质疑，勇于创新。

根据三科课程标准对于"科学探究"的界定，可以从以下 4 个方面理解科学探究。其一，科学探究的对象是自然界，是对生命现象、物理现象、化学现象或问题等进行调查和研究的能力。其二，科学探究作为一种认知活动，要经历一定的活动程序或阶段。尽管三科课程研究问题的方式、途径和手段各不相同，但都要经过形成问题、建立假设、制订研究方案、检验假设、得出结论、表达交流等活动。也正是这些活动过程构成了"探究"的科学过程。其三，科学探究需要一系列的探究方法，如观察、比较、分类、测量、交流、预测、假设、实验等，可见，科学探究的过程与方法和科学思维的过程与方法是一致的。其四，科学探究具有双重的含义。科学探究既指科学家通过研究所得的证据了解自然世界并做出解释的多种方法，也指学生获取知识、理解科学概念、理解科学家如何工作的学习活动。

（二）核心素养视角下的跨学科实践

《义务教育生物学课程标准（2022 年版）》明确指出：科学探究是学习生物学的重要方式，跨学科实践是扩展视野、增强本领的重要途径，探究实践是创新型人才的重要标志。

探究实践中科学探究的维度指向科学家的素质，跨学科实践的维度则指向工程师的素质，要求学生"解决真实情境中的问题或完成实践项目"。可见，生物学课程希望学生学习后，既要知道科学家的工作方式，又要认识工程师的工作特点，要体验科学家与工程师的一些工作经历。继《普通高中生物学课程标准（2017 年版）》在课程理念中首次提出"工程学任务"，《义务教育生物学课程标准（2022 年版）》再一次在核心素养与课程目标中强化了这一要求。课程标准还单设"生物学与社会·跨学科实践"学习主题，通过该主题的学习，建构概念9"真实情境中的问题解决，通常需要综合运用科学、技术、工程学和数学等学科的概念、方法和思想，设计方案并付诸实施，以寻求科学问题的答案或制造相关产品"。该主题主要包括模型制作、植物栽培和动物饲养、发酵食品制作 3 类跨学科实践活动，在主题学习和体验过程中，能认识生物学与社会的关系，能够理解科学、技术、工程学、数学等学科的相互关系，尝试运用多学科的知识与方法，通过设计和制作，解决现实问题或生产特定的产品，发展学生的核心素养。

生物学课程中的跨学科实践强调跨学科综合学习，强调实践育人的价值。它是基于跨学科意识，立足于生物学课程本身，运用跨学科观念解决真实问题，融综合性、探究性、实践性于一体的学习方式，是将综合课程、活动课程的有益元素融入生物学科的新型生物学课程形态，凸显了生物学课程与社会、实际生活及其他课程之间的整合关系。它既是生物学课程内容的改变，又是学习方式的革新。

四、跨学科的生物学科核心素养之社会责任

从国际组织和世界许多国家及地区建构的核心素养框架与指标体系中，可以清楚地看到，价值观素养在众多国家或地区的核心素养框架中居于核心地位。培

养具有责任或社会责任素养的人在国际社会上已达成共识，并且将社会责任作为社会参与或公民素养领域的关键指标和核心成分。可见，坚持个人发展与社会发展相统一是国际上建构核心素养框架与指标的根本价值取向。我国《国家中长期教育改革和发展规划纲要（2010—2020 年）》把"着力提高学生服务国家人民的社会责任感"作为未来教育的战略重点，党的十八届三中全会明确要求"增强学生社会责任感、创新精神、实践能力。"党的十九大报告再次提出"强化社会责任意识、规则意识、奉献意识"。因此，"社会责任"也必然是我国学生发展的关键素养。

（一）社会责任的含义

"责任"有两层含义，一是分内应做的事，如尽责任；二是没有做好分内应做的事，因而应当承担的过失，如追究责任。前一方面为尽责，而后一方面为问责。不难看出，责任反映的是人与社会之间或人与人之间（也包括人与自我之间）存在的某种联系。"社会"也有两层含义，一是指由一定的经济基础和上层建筑构成的整体，如共产主义社会；二是泛指由于共同物质条件而互相联系起来的人群。可见，社会主要是指人与环境形成的关系总和。综上，社会责任主要是指个体对社会所应承担或完成分内的事务和没有做好分内的事而应承担的过失，包括对他人、家庭、国家和社会，乃至全球和全人类的担当与贡献（黄四林和林崇德，2018）。

社会责任是一个多学科关注的主题，心理学、社会学、人类学和教育学等学科均从各自的视角对社会责任进行过广泛的探讨。黄四林、林崇德在对上述领域文献梳理并结合国际组织和主要国家对社会责任素养描述的基础上，构建了社会责任素养的基本结构。他们认为在核心素养框架中，社会责任素养主要包括家庭责任、集体责任、国家责任和人类可持续发展等多个方面，是个体针对这些责任的认知、情感和能力的综合表现。其中，社会责任认知是个体对自己所应承担责任的知觉与意识，包括对责任对象的认识、理解和认同；社会责任情感是个体对自身所负责任的情感体验和态度，包括对责任对象的关注、共情、归属感与主动性；社会责任能力是指个体完成应担负责任的技能与行为，包括遵守规则、志愿行为、参与公民活动、敢于担当和乐于奉献等。

（二）作为生物学科核心素养的社会责任

从国际比较来看，社会责任素养既可以作为一个跨学科的独立指标，也可以与具体学科或主题相结合。在基于核心素养的课程改革中，《普通高中生物学课程标准（2017 年版）》《普通高中物理课程标准（2017 年版）》《普通高中化学课程标准（2017 年版）》《普通高中信息技术课程标准（2017 年版）》等均根据高中学段学生社会责任素养的主要内容与表现形式，结合本学科的具体内容和特点，构建了基于学科的社会责任素养体系。

1. 生物学科社会责任素养的含义

《普通高中生物学课程标准（2017 年版）》这样描述社会责任："社会责任"是指基于生物学的认识，参与个人与社会事务的讨论，做出理性解释和判断，解决生产生活问题的担当和能力。学生应能够以造福人类的态度和价值观，积极运用生物学的知识和方法，关注社会议题，参与讨论并做出理性解释，辨别迷信和伪科学；结合本地资源开展科学实践，尝试解决现实生活问题；树立和践行"绿水青山就是金山银山"的理念，形成生态意识，参与环境保护实践；主动向他人宣传关爱生命的观念和知识，崇尚健康文明的生活方式，成为健康中国的促进者和实践者。课程标准明确了生物学课程中社会责任的课程目标，即具有开展生物学实践活动的意愿和社会责任感，在面对现实世界的挑战时，能充分利用生物学知识主动宣传引导，愿意承担抵制毒品和不良生活习惯等社会责任，为继续学习和走向社会打下认识和实践的基础。

目前关于社会责任，黄四林、林崇德认为有 4 种研究取向，分别是心理过程取向、责任对象取向、发展取向与综合取向。其中，心理过程取向的研究将社会责任分为社会责任认知、社会责任情感和社会责任行为 3 个基本维度。从《普通高中生物学课程标准（2017 年版）》对社会责任的表述来看，它主要是从社会责任心理构成要素，即从社会责任认知、社会责任情感、社会责任行为三维度进行表述的。

2. 生物学科社会责任素养的基本框架

基于《普通高中生物学课程标准（2017 年版）》对社会责任素养的表述，并结合宏观社会责任的内涵及构成要素，生物学社会责任素养的基本框架见图 4-7。

生物学社会责任素养的基本框架展示了生物学社会责任素养的基本内容，包括生态文明、健康生活、崇尚科学、生命关怀、社会议题等。每一项社会责任素养的习得都是社会责任认知、社会责任情感与社会责任行为的统一。其中，社会责任认知是基础，社会责任情感是动力，社会责任行为是关键。例如，生态文明的认知包括解释生态系统具有保持或恢复自身结构和功能相对稳定并维持动态平衡的能力；举例说明生态系统的稳定性会受到自然或人为因素的影响，如气候变化、自然事件、人类活动或外来物种入侵等；阐明生态系统在受到一定限度的外来干扰时，能够通过自我调节维持稳定等。再如，生态文明的情感包括认同环境保护从我做起、认同地球是人类唯一的家园、关注食品安全等。生态文明的行为包括探讨人口增长会对环境造成压力、设计保持和提高某个生态系统稳定性的方案、调查当地环境中存在的主要问题、提出保护建议或行动计划等。

3. 社会责任素养的不同水平

发展取向的社会责任研究认为社会责任感的形成是一个复杂的动态发展过程，如 Delvet 等人（1990）提出的社会责任感发展的五阶段理论，包括尝试阶

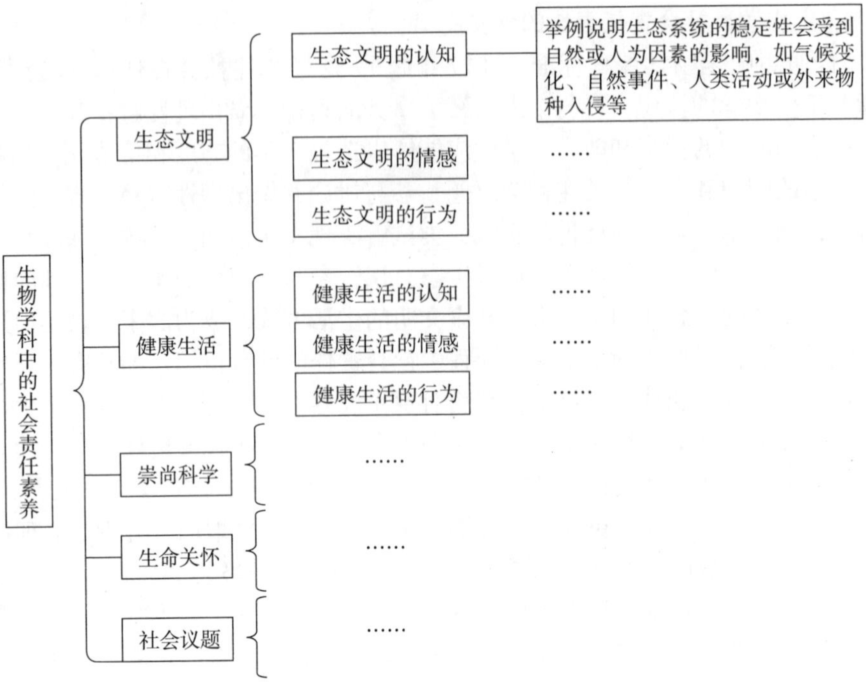

图 4-7 生物学社会责任素养的基本框架

段（exploration）、明确阶段（clarification）、领会阶段（realization）、主动阶段（activation）和内化阶段（internalization）。

魏海苓（2014）基于当代大学生社会责任感特征对上述 5 个阶段进行了进一步的研究，对中学生社会责任感的养成有一定的借鉴意义。魏海苓认为，尝试阶段指个体饱含热情参与各类社会服务活动，认为自己所面对的人都是需要帮助的，并因能帮助别人或得到他人认可而备受鼓舞，对兴趣、社交和被他人认可的积极性较高，更多地关注自身表现。明确阶段指个体在选择服务活动上更为明确，更加有识别能力，会在参与之前权衡利弊得失，实现自身利益最大化。领会阶段指个体更为自知，更加坚信自己的信念，更关注某些特定的人群或者事件，特别是那些需要帮助的人们，而不仅仅是为了有趣或是得到他人的赞扬，开始意识到服务过程是相互学习的过程。主动阶段指个体具有更强的自我认知，更积极地参与社会服务活动，且觉得自己与服务对象密不可分。内化阶段指个体开始将社会服务融入其生活或职业生涯中，更加关注社会公平问题。依据 Delvet 等人提出的社会责任感发展阶段理论，Olney 和 Grande（1995）开发了社会责任阶段测量量表，从认知发展过程角度对社会责任进行测量。因此，我们可以借鉴社会责任的发展阶段理论与一些信度、效度较高的社会责任测量量表，进一步确定学生社会责任心理结构的主要表现和水平，为学生社会责任素养的培养提供保障。

　　综上，社会责任作为一种跨学科的核心素养，需借助多学科、多种知识和多种能力的结合才能完成。生物学课程是培养学生社会责任意识与能力的重要学科，打破了学科的界限与壁垒，与其他学科一道合力实现社会责任的认知、社会责任的情感、社会责任的行为与实践。此外，在国家课程体系范围之外，还可以结合当地和学校的实际情况，开发一些具有地方或学校特色的地方课程与校本课程，将社会责任素养融入这些课程或主题教育中，在实践中培养学生的社会责任。

更多数字资源 🅔

📚 参考文献　　　🖥 教学课件　　　📝 课后自测

第五章

生物学课程目标

　　著名课程与教学研究专家泰勒（R. W. Tyler）归纳了课程编制必须回答的 4 个基本问题：其一，学校应力求达到何种教育目标？其二，如何选择有助于实现这些目标的学习经验？其三，怎样才能有效地组织这些学习经验？其四，如何评估学习经验的有效性？如今，泰勒提出的 4 个问题已成为课程开发必须回答的基本问题，课程目标的编制也成为课程开发的出发点，因为它既明示课程进展的方向，提供了课程内容选择的依据，同时也是教育评价的重要依据。生物学课程也不例外，生物学课程目标是生物学课程论研究的基本问题之一。

第一节 ｜ 认识生物学课程目标

　　教育是人类的一种有意识的、依照自觉设定的目的所进行的对象性活动，是一种有意识、有目的、有计划的，培养人的社会实践活动（黄济和王策三，1996）。教育活动的目的性说明，作为生物学教育核心的课程不能没有目标，否则，生物学课程的实施会因失去指导方向而变得盲目，生物学"课程"也难以成为一门学校课程。

一、生物学课程目标相关概念的辨析

　　"课程目标"一词在我国中学生物学课程文件中的应用始于 2000 年。是年，我国将 1996 年的《全日制普通高级中学生物教学大纲（供试验用）》进行了修订，即《全日制普通高级中学生物教学大纲（试验修订版）》（俗称"过渡版"），将 1996 年版教学大纲中的"教学目的"和"教学目标"分别改为"课程目的"和"课程目标"，而在 1996 年以前的教学大纲则表述为"教学目的和任务"。进行生物学课程目标的研究必须澄清相关概念，这不仅有利于构建符合逻辑的生物学课程理论，也有利于生物学课程研究的交流与实施。

（一）教育目的与教育目标

　　教育目的是处于最高层次的课程目标，指明了教育活动的总体方向，体现的

是普遍的、终极的、宏观的教育价值。它体现在一个国家的教育宗旨或教育方针中，或体现在教育家的教育理想中。例如，我国 2001 年颁布的《基础教育课程改革纲要（试行）》中提出"要使学生具有爱国主义、集体主义精神、热爱社会主义、继承和发扬中华民族的优秀传统；具有社会主义民主和法制的意识；遵守国家法律和社会公德；逐步形成正确的世界观、人生观和价值观；具有社会主义责任感，努力为人民服务；具有初步的创新精神、实践能力、科学及人文素养及环境意识；具有终身学习的基础知识、基本技能和方法；具有健壮的体魄和良好的心理素质，养成健康的审美情趣和生活方式，成为有理想、有道德、有文化、有纪律的一代新人"。教育目的也是众多哲学家、教育家不断追问的教育价值取向。康德（1788）认为，现代学校教育的目的在于使人向善，在于使人成为人；斯宾塞（1861）认为，教育应让每个孩子获得完满的人生；尼采（1872）认为，教育应让每个人获得进步，让所有个体都能得到发展，让每个人获得最大可能的幸福和收益。

过去很长一段时间，我们没有区分"目的"和"目标"，认为"的"就是"标"，"目的"就是"目标"。这在很大程度上影响了人们对教育目的、教育目标、课程目的、课程目标、教学目的、教学目标等术语的理解。其实，《辞海》对"目的"的解释是："人对某种对象的需要在观念上的反映……目的的实现是一个由主观到客观的过程。"《辞海》对"目标"的解释是："目标指激发人们行为的、预期要求达到的目的或结果，通常具有预测性、可计量性、有形性和激励性等特点。"可见，目标是目的的具体化，目的是一种概括性的、总体的要求。因此，教育目标、课程目标和教学目标分别是教育目的、课程目的和教学目的的下位概念。结合上述分析，教育目标即根据人与社会发展的需要，对教育活动所规定的目的、方向和要求，是教育活动结果所应达到的标准、规格和状态。我国推行现代教育制度以来，有很长一段时间，教育目标的制定是缺席的。基于核心素养的课程改革与实践，则做出了有益的尝试。

（二）课程目的与课程目标

课程目的是教育目标的下位概念，是课程目标的上位概念，是一定的教育价值观和人才培养的规格要求在某学段课程领域的具体化。课程目的在我国现阶段表现为课程方案所设定的培养目标，如我国《普通高中课程方案（2017 年版2020 年修订）》所制定的基于学生发展核心素养的课程目的（即课程培养目标）为：普通高中课程在义务教育的基础上，进一步提升学生综合素质，着力发展学生核心素养，使学生成为有理想、有本领、有担当的时代新人；应着重培养学生的理想信念和社会责任感、科学文化素养和终身学习能力、自主发展能力和沟通合作能力等。

课程目标是课程目的的下位概念，是国家教育目的（方针）、教育目标及课程目的在具体课程领域的具体化，是指导具体学科课程编制的起始点，也是关键点之一。具体学科的课程目标体现在不同学科课程标准中所设定的课程目标，如《普通高中生物学课程标准（2017 年版）》所编制的基于核心素养的课程目标和《义务教育生物学课程标准（2011 年版）》所编制的基于三维分类的课程目标。

（三）教学目的与教学目标

教学目标一词在我国的出现和使用大约始于 20 世纪 80 年代后期。1986 年，布鲁姆（B. Bloom）来华讲学，随后目标教学实验在国内逐渐推广。在此之前，无论反映在国家的课程文件——教学大纲里，还是反映在教师的教学方案——教案里，均为"教学目的和任务"。1996 年，《全日制普通高级中学生物教学大纲（供试验用）》首次使用"教学目标"，并从知识目标、思想教育目标和能力培养目标 3 个维度分别阐述，以与教学目的相区别。学术语言的转换明确了生物学教学中有了可界定、可解说、可测量、可评价的目标要求。

在课程研究的语境下，教学目的与教学目标均为教师所设定。由于教学目标比教学目的更加具体、明确，可测量与评价，因此"教学目的"这一术语基本不再使用。在生物学教学实践中，教师的教学方案中均使用"教学目标"这一术语。

具体说来，教学目标是教师期望学生在学习过程结束后产生的变化结果或达到的行为表现，是对学生学完一个指定的教学模块、教学单元、教学章节、教学课时等之后能够做些什么事情的具体的、明确的表述。换言之，教学目标就是教师预先设定的、在完成某一段教学活动后，学生可能具有的学习成果或最终行为。简单来说，就是某一段教学活动后，学生认识了什么，记住了什么，能概述什么，能分析什么，能认同什么或关注什么，以及能利用教学活动中所学的知识、技能解决什么问题等。

二、生物学课程目标的三层次说与四层次说

从教育目的到教育目标，再到课程目的、课程目标与教学目标，实际上是从国家层面的教育方针不断具体化的过程。由于"目标"含义的指向性、具体性与可操作性，也为了与国际上课程目标研究话语的一致性，自 21 世纪初第八次基础教育课程改革以来，人们把教育目的、教育目标、课程目的、课程目标、教学目标都统一到"课程目标"的研究语境上来，从而出现了课程目标的"三层次说"与"四层次说"。

（一）生物学课程目标的三层次说

如果把教育目的、教育目标、课程目的、课程目标、教学目标都统一到"课程目标"的研究语境，我国很长一段时间内的生物学"课程目标"，自上而下表现为 3 个层次（图 5-1）。

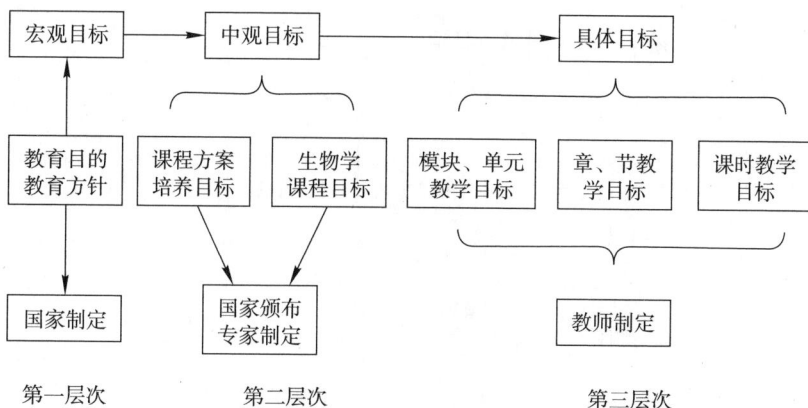

图 5-1 三层次课程目标说

从课程研究的视角看，国家层面的教育目的（或称为教育方针）是我国宏观的课程目标，它是由国家制定的，这可以称为生物学课程第一层次的课程目标；课程方案设定的培养目标与生物学课程标准设定的生物学课程目标都是课程层面的课程目标，它是由课程专家制定、国家颁布的生物学课程的中观目标，是第二层次的生物学课程目标；生物学教师在教学过程中，需将本学段的课程目标分解成模块或单元目标、章节目标、课时目标。这是一个将宏观目标分层转化为具体目标并最终把它们落实到课堂教学之中的过程，是生物学课程标准所设课程目标创造性的实施过程，体现了生物学课程目标的进一步生长。教师在第二层次课程目标的基础上创造性设定的教学目标，在课程目标研究的语境下，也可以称为第三层次的生物学课程目标。

（二）生物学课程目标的四层次说

我国的生物学课程目标，在很长的一段时间内，在由我国教育目的（方针）进一步具体化的过程中，缺乏了"教育目标"环节。众所周知，将宏大的教育方针政策直接落实于课程领域之中难度颇大，因此核心素养本位的课程改革试图解决这个难题（图 5-2）。

学生发展核心素养将教育方针进一步具体化、系统化，转化为学生应该具备的、适应终身发展和社会发展需要的核心素养，进而将它贯穿于各个学段，融合到各个学科。可见，相较于生物学课程目标的"三层次说"，基于核心素养的课程目标增加了一个层次，学生发展核心素养作为第二层次的生物学课程目标，是由国家委托专家制定的课程目标，是连接国家教育方针与学科课程目标、教师教学目标的桥梁。

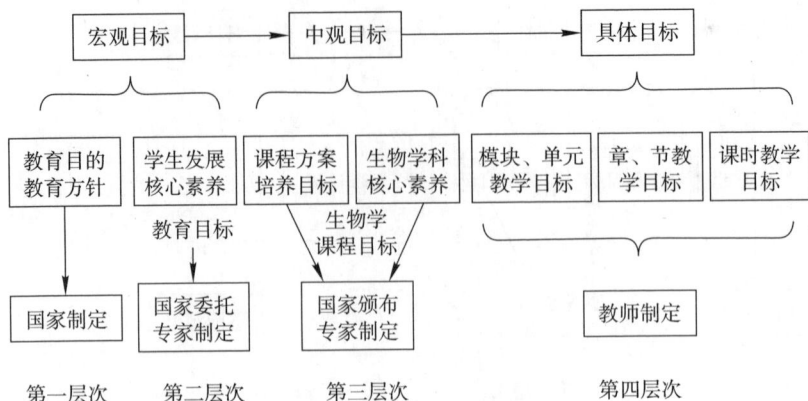

图 5-2 课程目标的四层次说

三、我国生物学课程目标的来源

泰勒在《课程与教学的基本原理》一书中指出，课程目标来源于学习者的需求、社会生活的需要和学科内容特点，需要运用哲学和心理学对目标进行选择。如今，这 3 个方面对课程目标开发的重要性已成为人们的共识。学习者的需求、社会生活的需要和学科内容特点这 3 个基本维度是我国生物学课程目标的主要来源。

（一）3 种课程目标来源的利弊分析

在课程目标的开发中，对上述 3 种目标来源关系的不同认识集中反映了不同的教育价值观。课程目标的选择到底是反映社会的需求多一点，还是反映学科的需求多一点，还是反映学习者的需求多一点？在全球教育史上，由于偏重于其中的某一维度，形成了典型的"学科中心论"课程、"儿童中心论"课程或"社会中心论"课程。不同的课程类型背后都有一定的教育哲学思想，在课程改革史上都曾有过大起大落。3 种课程都曾经获得过一时的大力推崇，主宰过课程改革的潮流。风光之后，也曾一度遭受过严厉的批判。从卢梭的"儿童中心论"课程到赫尔巴特（J. F. Herbart）的"学科中心论"课程，到杜威的"儿童中心论"课程，再到布鲁纳的"新学科中心论"课程。为什么会存在这种典型的"钟摆现象"？从社会历史学的角度来看，它们在一定的时期内都具有一定的合理性和相对的进步性，但也不可避免地存在这样或那样的缺憾。针对课程改革中存在的这种"钟摆现象"，日本课程专家伊藤信隆提出了"互补性原则"，即正确地权衡种种课程类型的利弊，才能做出至善的选择，从而建构起科学合理的课程目标体系。

对于以上 3 种课程类型的利弊问题，赵占良（2000）曾做过透彻的分析：

"以学科为中心"的课程能够较好地传递人类社会积累的知识和经验，有利于学生建立完整的知识结构并实现知识的迁移，但由于忽视社会的需要和学生的心理特征及认知规律，容易造成与社会脱节和学生心理负担过重；"以社会为中心"的课程强调以社会需要来确定课程内容，有利于培养学生参与社会活动的意识和能力，但是由于忽视了知识的内在逻辑顺序和学生个性特点，使得课程内容零散，缺乏整体性和连续性，不利于学生的全面发展；"以学生为中心"的课程以学生兴趣和动机为基础，以学生所需要的经验和感兴趣的问题构成学习单元，让学生从做中学，有利于提高学生的学习兴趣，发展学生的主动性与创造性，但是由于忽视了知识的系统性和课程的社会功能，内容庞杂而缺乏连续性，不利于人类文化遗产的传递，不利于学生掌握适应社会所必需的基础知识和基本技能。

3 种类型的课程目标设计实际上反映了课程的不同属性——文化属性、社会属性和人本属性之间的关系，它们既不是并列的关系，也不是主次的关系，更不是对立的关系，而是相互联系、相互作用、辩证统一的关系。事实上，现实的课程目标很少只依据唯一的目标来源进行设计和实施，3 种课程理论都有其一定的合理因素与借鉴价值。因此，生物学课程目标体系的建构，在理论层面上要以辩证唯物主义和历史唯物主义为指导，坚持"互补性原则"；在实践层面上要兼顾学科知识、社会需要、学生发展等因素，强调一点而不及其余的做法是不科学的，也是行不通的。

（二）我国生物学课程目标的 3 个来源

根据 3 种课程目标来源的利弊分析，生物学课程目标的设计理应满足 3 个方面的要求。

1. 生物学课程目标的设计应符合学生发展的需要

传递知识是生物学课程的重要职能，但绝不是生物学课程的终极价值。生物学课程的中心任务是育人，课程的首要目标必须关心人本身的发展，缺乏人本开发的生物学课程势必会走入功利主义的怪圈。我国教育方针明确规定，教育要培养德、智、体、美、劳等方面全面发展的社会主义建设者和接班人。要落实全面发展的教育方针，就必须力求每一位学生的全面发展，也就必须构建发展学生核心素养的体系与框架，唯有如此，我国基础教育才能真正从"本本"向"人本"转变。为此，生物学课程目标的设计应首先满足以下 4 个方面的要求。其一，生物学课程目标设计应当符合群体学生的年龄特征、符合群体学生学习生物科学的心理特征和认知规律。设计者应了解哪些课程内容是学生普遍乐于学习的、哪些课程内容对学生的终身学习和发展具有较高的价值，而不是单纯从学科知识的系统性出发选取学习内容。其二，生物学课程目标设计应当促进学生的全面发展。生物学课程的教育功能是多方面的，在提高学生的生物科学素养、发展智力的同时，在德育、美育和促进学生身心健康发展方面也应当发挥着独特的作用。

其三，生物学课程目标设计要尊重学生个性发展的特点。学生的认知水平和兴趣都不是整齐划一的，具体的生物学课程内容和课程目标应当体现弹性和选择性，有基本要求和较高要求之分。其四，生物学课程目标设计应为学生的终身发展打基础，培养学生终身学习的能力。因此让学生学会学习、学会发现、学会探究，应当成为中学生物学课程的重要目标之一。

2. 生物学课程目标设计应符合当代社会生活的需求

当代社会生活的需求包括 3 个维度：一是数量维度，二是空间维度，三是时间维度。从数量维度看，人类社会是以一定的物质生产活动为基础而相互联系的人类生活共同体。当代社会生活的需求反映了某一区域内人类生活共同体的需求，而不是仅指某个阶层或某几个阶层的需求。从空间维度看，当代社会生活的需求是指从儿童所在社区到一个民族、一个国家乃至整个人类的发展需求。从时间维度看，当代社会生活的需求不仅指社会生活的当下现实需要，更重要的是社会生活的变迁趋势和未来需求。人类正进入国际化时代，国际化时代的社会需求必然是民族性与国际性的统一。人类正进入信息化时代，信息化时代的社会需求必然是当下现实需求与未来发展需求的统一（张华，2000）。为此，生物学课程目标的设计还应符合以下 3 个原则。其一，生物学课程目标的社会需求应体现社会民主和社会公平的原则，应关注到社会不利阶层的需求、教育资源薄弱地区的需求；其二，国际化时代的生物学课程目标应具有国际视野，应把本社区、本民族、本国家的需求与整个人类的需求统一起来；其三，信息化时代的生物学课程目标不仅应适应当下的社会需求，还要能超越当下的社会现实，反映社会的未来发展趋势。

3. 生物学课程目标设计应符合生物学课程的学科特点

生物学课程有自身的学科特点，因而生物学课程目标的确定，应从生物学科的角度来实现教育总目标的要求。这里要回答 3 个基本问题：生物学科知识的价值是什么？什么样的生物学科知识最有价值？谁的生物学科知识最有价值？这些问题的回答都需要明晰生物学课程的本质、生物学课程研究对象的特点、生物学课程对于社会的作用及对学生现在和将来产生的影响等，从学科自身的角度为教育总目标服务。

生物学科知识及内含的生物科学素养，能促进学生更清晰地理解生命世界、人与生命世界的关系，以及生命世界在更广袤的宇宙中的位置，对提高个人或公众健康、保护自然资源、提升生活的意义等都具有重要的价值，它对儿童的成长与发展具有不可替代的重要作用，因而生物学课程是我国中学阶段的国家课程，必定存在必修课程的形式。

对于怎样选择生物学科知识，斯宾塞早在 160 年以前就给出了答案："什么知识最有价值？一致的答案就是科学"。时至今日，我们不再秉持斯宾塞的功利主义课程观，而是选择能促进学生生活意义得以提升的生物科学知识、能促进社会不断臻于进步的生物科学知识，这类知识一定是整合了科学精神与人文精神的生物科学知识。

总之，我国 2000 年以后的生物学课程改革与国际科学课程改革的总体趋势一致。在基于核心素养的生物学课程改革中，"生命观念、科学思维、科学探究（或探究实践）、社会责任（或态度责任）"，这四大生物学科核心素养符合中学生的生理、心理特征，促进了生物学课程的心理学化，体现了学生发展方面的要求；适应我国的现实和未来社会发展的需要，符合国际视野，促进了生物学课程的社会化；中学生物学课程目标的设计将生物学科专家的建议作为重要来源，符合生物学课程的学科特征。生物学课程目标的开发上力求实现生物学科特点、社会需要和学生发展的最佳组合，并适度地偏重于学习者的需要，兼顾生物学科特点和社会的需要，即以学生的发展为中心，以社会需求与学科特点为两翼开发生物学科的课程目标。

四、我国生物学课程目标的价值取向

课程目标是一定教育价值观在课程领域的具体化，因此任何课程目标总有一定的价值取向。按照课程论专家舒伯特（W. H. Schubert）的见解，可以将课程目标取向归结为 4 种：普遍性目标取向、行为目标取向、生成性目标取向、表现性目标取向。我国 2000 年以后的生物学课程在上述 4 种目标取向上都有体现，而且较好地实现了四者的平衡。

（一）普遍性目标取向

普遍性目标取向主要流行于课程领域科学化之前。它是基于经验、哲学观或伦理观、意识形态或社会政治需要而引出的一般教育宗旨或原则。这些宗旨或原则直接运用于课程领域，成为课程领域一般性、规范性的指导方针。这种目标具有普遍性、模糊性、指令性的特点，可普遍运用于所有学校的教育实践中。

我国长时间以来采用 3 个层次规定课程目标，分别是国家教育方针、学科课程目标、具体教学内容目标。其中，国家教育方针就可以看作普遍性目标。这些目标每个学科都适用，且需要被分解到不同学科中去实现，并由学科课程专家制定出各学科的课程目标及不同学段的课程目标。因此，生物学课程目标的制定要在以上普遍性目标的指导下进行。值得关切的是，学科课程目标较之于国家教育目的或教育目标应更加具体和明确，但 2000 年以前的教学大纲中所展示的生物学课程（教学）目标都具有模糊性和普遍性。三维目标及学科核心素养目标的出现改变了我国长期以来学科课程目标以普遍性目标为主的取向，代之以 4 种目标取向的融合与平衡。

（二）行为目标取向

行为目标取向是随着课程领域的科学化和独立而产生的，以具体的、可操作行为的形式加以陈述课程与教学过程结束后学生所发生的行为变化。可见，"行为目标"的基本特点是目标的精确性、具体性、可操作性。行为目标取向的理论基础是行为主义学习理论。它认为学习就是通过建立刺激与反应之间的联接促使学生学习行为发生变化。行为的变化就是学习的结果，据此所设计的课程目标是结果性的目标。在行为主义学习理论之后发展起来的认知主义学习理论重视知识的理解和加工过程，强调学生原有认知结构的作用和学习对认知结构发展的作用，认为学习的结果就是经过同化或顺应达到新的平衡。根据这种认识，人们制定出认知主义的结果性目标，但它所采用的依然是行为主义目标制定的方法和手段，所以有人统称其为行为目标，也有人统称其为结果性目标。例如，《义务教育生物学课程标准（2011年版）》中"学会使用放大镜、显微镜等观察、测量工具"的课程目标为技能性的行为目标，"举例说明生物多样性及其意义"为知识性的行为目标。

行为目标在课程领域中确立起来始于课程开发科学化的早期倡导者博比特（F. Bobbitt）。博比特认为，20世纪已进入科学的时代，而"科学的时代要求精确性和具体性"，因此，课程目标必须具体化、标准化。泰勒则系统发展了博比特的"行为目标"理念。泰勒的贡献在于提出了确定课程目标的理论模型和操作步骤，如他认为课程目标应由对社会生活的研究、对学生的研究、对学科的研究3种来源而得出，要通过教育哲学和学习理论的筛选，通过把课程目标分解为"行为侧面"和"内容侧面"而对其进行表述。20世纪50—60年代，布鲁姆、克拉斯沃尔（D. R. Krathwohl）等人继承并发展了泰勒的"行为目标"理念。他们借用生物学中"分类学"的概念，第一次在教育领域确立起"教育目标分类学"，从而把行为目标取向发展到新的阶段。到20世纪60—70年代，教育学者马杰（R. F. Mager）、波法姆（W. J. Popham）等人总结并发展了前人的"行为目标"理念，从而把行为目标取向发展到顶峰。我国基于三维分类的课程目标分类思想来源于布鲁姆，课程目标的表述则主要采用了马杰的"行为目标"表述方法。

（三）生成性目标取向

生成性目标是在教育情境之中随着教育过程的展开而自然生成的课程目标。如果说行为目标是在教育过程之前或教育情境之外而预先制定的作为课程指令或课程指南而存在的话，那么生成性目标则是教育情境的产物和问题解决的结果。"生成性目标"可以上溯到杜威"教育即生长"的命题。杜威认为课程目标不是对教育经验的预先具体化，而是教育经验的结果。在他看来，教育是儿童经验的不断改造，是儿童的生活和生长。儿童的生活、生长，以及经验的改造本身即构成了教育的目的。

可见，生成性课程目标是和预设性课程目标相对的，具有较强的开放性和生成性，既可以表现为教材编写者对课程目标的生成，也表现为教师对课程目标的生成，还表现为学生活动对课程目标的进一步生成。

例如，《义务教育生物学课程标准（2011 年版）》，其中"动物的运动"内容标准是："列举动物多种多样的运动形式；说明动物的运动依赖于一定的结构"；其活动建议为"观察某种脊椎动物的肌肉、骨骼、关节的基本结构"。这是生物学课程标准规定的基本目标，在教材编制的过程中，教材编写者对以上内容的课程目标可以有发展性的理解，因为内容要求与活动建议是弹性的。"列举动物多种多样的运动形式"这种表述就有很大的发展空间或开放性。例如，从进化的角度，动物的运动形式包括变形运动（如变形虫）、纤毛（鞭毛）运动（如草履虫、绿眼虫）、肌线运动（如钟形虫基柄伸缩）和肌肉运动；从结构的角度看肌肉运动又有不依赖于骨骼的平滑肌运动和依赖于骨骼的骨骼肌运动，骨骼肌运动又有外骨骼和内骨骼的区别等。

教师的教学目标也可以对课程的内容标准有发展性的理解。例如，《普通高中生物课程标准（实验稿）》中对免疫的内容标准叙述为："概述人体的免疫系统、关注艾滋病的流行和预防"。不同的教师对相同的课程目标会有不同的理解与教学的生成，某位教师对上述课程目标进一步生成的三维教学目标见表 5–1。

表 5–1　某教师对课程目标的生成："免疫"的三维教学目标

知识目标	能力目标	情感态度与价值观目标
• 阐明抗原抗体概念	• 学习用网络图的方式，总结生物体内的免疫生理过程	• 领悟稳态是生物系统的基本特征之一
• 举例说明抗原抗体的特点	• 综合运用所学知识，解决生活中的问题	• 认可免疫知识在医学上的应用价值
• 描述 B 淋巴细胞、T 淋巴细胞的起源与分化		
• 概述体液免疫和细胞免疫的区别与联系		
• 概述人体免疫系统的组成和功能		

另外，教师的教学目标对于真实的课堂而言是预设的，在真正的课堂教学过程中由于学生的参与，也可能会产生新的课程目标。斯坦豪斯（Stenhouse，

1975）认为，真正的教育使人类更加自由、更富于创造性，因而教育的本质是"引导"。教育即引导儿童进入知识之中的过程，教育成功的程度即是它所引导学生不可预期的行为结果增加的程度。生成性目标本质上是对实践理性的追求，强调学生、教师与教育情境的交互作用，正是在这种交互作用中不断产生出课程与教学的目标。所以生成性目标是过程取向的。

（四）表现性目标取向

人的认识和情感变化不是经历一两次教育活动以后便能显现的，课程很难预期在一定的教育活动后学生的内在心理过程将会出现什么样的变化。为解决这个问题，艾斯纳（E. W. Eisner）提出了表现性目标的概念。表现性目标是指学生在教育情境中的种种表现，如个性化的作业表现。这种目标要求明确规定学生应参加的活动，但并不明确规定每个学生应从这些活动中习得什么，只是提出活动中应完成的任务，即表现性任务。

《义务教育生物学课程标准（2011年版）》中提到的"观察常见生物"即为表现性目标。它只规定了学生应参与观察常见生物的活动，而对学生通过这个活动要习得什么知识或技能，或在认识上有什么发展，未做具体的要求；再如，"观察常见生物的生活环境，关注生物对环境的适应"也是一个表现性目标，它规定了学生应参与完成观察常见生物生活环境的活动，除了"关注生物对环境的适应"这一体验性要求外，对通过这个活动应习得的知识或技能未做要求。2000年以后的生物学课程标准中，表现性任务主要有5类，分别是结构性表现、模拟表现、实验或调查、项目或任务、行为习惯的养成。

结构性表现强调创设情境以应用知识与技能，可以是纸笔表现，也可以是非纸笔表现。例如，"体验一种常见植物的栽培过程""探讨细胞的衰老和凋亡与人体健康的关系""探讨人类遗传病的监测和预防""探讨生物进化的观点对人们思想观念的影响""探讨动物激素在生产中的应用""探讨人口增长对生态环境的影响"等。模拟表现是为配合或代替真实情境中的表现，局部或全部模拟真实情境而设立的。例如，"模拟运用食品保鲜的一般方法""模拟血型的鉴定""模拟运用急救的方法"等。实验或调查包括实验室实验、实地调查、问卷调查等，如"尝试植物的扦插或嫁接""收集生物变异在育种上应用的事例"等。需要说明的是，许多实验和调查是有认知、技能、方法等方面的结果性目标要求的，但也有一些只提出了表现性任务。项目或任务让学生以个人、小组，或个人与小组相结合的方式完成1个项目或任务，如"参加绿化家园的活动""拟定保护当地生态环境的行动计划""总结人类对遗传物质的探索过程"等。行为习惯的养成即通过参与一定的活动，理解其中的道理，养成科学正确的行为习惯，如"养成青春期的卫生保健习惯""拒绝毒品""形成环境保护需要从我做起的意识"等。

总之，表现性目标本质上是对解放理性的追求，强调学生的个性发展和创造性表现，强调学生的自主性和主体性，尊重学生的个性差异，指向人的个性发展。因此，表现性目标取向所体现的是当代人本主义的教育价值观（张华，2000）。

4 种价值取向的课程目标，在 2000 年以来的生物学课程中都有所表现。当今生物学课程的普遍性目标取向体现为国家教育目的或教育目标；行为目标取向主要体现在课程标准中的生物学课程目标与教师教学过程中的教学目标；生成性目标取向体现为生物学课程目标在课程与教学实践中的不断生成，教材编写者、教师的教学、学生的活动均对课程目标的进一步生成有所贡献；表现性目标取向流行于 20 世纪 80 年代以后的课程领域，体现了在课程与教学中对人的主体价值和个性解放的不懈追求。4 种课程目标取向在生物学课程中各有其存在的价值，后产生的课程目标取向并不否认前一种目标取向的合理性，而是基于更高价值追求的进一步超越。

第二节 ｜ 基于三维分类的生物学课程目标

我国生物学课程目标从垂直方向进行探讨有 3 个层次或 4 个层次。那么，如果从水平方向上探讨，我们怎样认识生物学课程目标呢？我国第八次基础教育课程改革初期，将生物学课程目标进行了三维分类，后基于核心素养的生物学课程目标凝结成 4 个生物学科核心素养。

一、布鲁姆三维教育目标分类

我国基于三维课程目标的分类方法来源于著名教育家布鲁姆的教育目标分类学理论。布鲁姆受到行为主义和认知心理学的影响，在 20 世纪 50 年代对教育目标进行了系统的分类研究后，将教育目标分为认知、动作技能和情感 3 个领域，每个领域的目标由低到高分成若干层次。该理论自 1956 年《教育目标分类学：认知领域》，出版诞生至今，已先后被译成二十多种文字，该书也被认为是 20 世纪影响最大的著作之一。2001 年，该著作由布鲁姆的学生安德森（L. W. Anderson）等人进行了修订。

（一）认知领域

布鲁姆将认知领域（cognitive domain）的目标由低到高分为知识、领会、应用、分析、综合和评价等 6 级水平（表 5-2）。这 6 个层次对知识的认知与把握程度是逐步加深的，往往前一个水平是后一个水平的基础，后一个水平是前一个水平的深入。

知识层次所涉及的是具体知识或抽象知识的辨认；领会层次即把握学习材料的意义，代表低水平的理解；应用层次指对所学习的概念、法则、原理的运用，代表较高水平的理解；分析层次指把材料分解成它的组成要素部分，从而使各概

表 5-2 布鲁姆教育目标三维分类——认知领域

认知领域	知识	包括术语、个别事实的知识，处理具体事物的方式、方法，表现为记忆、识别和呈现
	领会	理解学科中的普遍原理和抽象概念，表现为改述（把材料的表述由一种形式转化成另一种形式）、归纳、推断
	应用	将所学知识运用到新的具体情景中去
	分析	将事物整体分解成各个部分，并确定彼此之间的关系
	综合	能制订活动的详细计划和具体的操作步骤，并能推导出一套抽象关系
	评价	能依据事物的内在证据和外在规则进行判断，形成自己的独特见解

念间的相互关系更加明确，使材料的组织结构更为清晰，详细地阐明基础理论和基本原理；综合层次是以分析为基础，全面加工已分解的各要素，并再次把它们按要求重新组合成整体，综合地、创造性地解决问题，它涉及具有特色的表达，制订合理的计划和可实施的步骤，根据基本材料推出某种规律等活动，强调特性与首创性，是高层次的要求；评价层次是认知领域的最高层次，这个层次的要求不是凭借直观的感受或观察的现象做出评判，而是理性地、深刻地对事物本质的价值做出有说服力的判断，综合内在与外在的资料与信息，并作出符合客观事实的推断。

（二）动作技能领域

布鲁姆等人将动作技能领域（movement skills domain）的目标由低到高分为感知、模仿、操作、定势、熟练和习惯化 6 级水平（表 5-3）。

表 5-3 布鲁姆教育目标三维分类——动作技能领域

动作技能领域	感知	对动作程序的外在观察与记忆
	模仿	动作程序指导下的反复试误
	操作	按照程序和规范操纵动作
	定势	正确的动作逐渐被固定下来
	熟练	动作规范、自如
	习惯化	动作的改善与完美化

（三）情感领域

情感领域（affective domain），也称为"情意领域"，主要涉及一个人的情感、态度、兴趣和价值观等。由低到高分为接受、反应、组织、内化、外化 5 级水平（表 5-4）。

表 5–4 布鲁姆教育目标三维分类——情感领域

情感领域	接受	开始觉察某种标准或价值观，并经常有选择地注意
	反应	认可某种价值，并逐渐形成对该价值的偏好甚至信奉
	组织	价值在头脑中的概念化
	内化	价值概念进一步丰富、概括，最终形成自己的价值体系
	外化	个人价值观念在新的活动情境中发生作用

二、我国生物学课程目标的三维分类

我国第八次基础教育课程改革中，多数学科的课程目标在布鲁姆教育目标分类学的基础上，将学科的课程目标改造为"知识与技能""过程与方法""情感态度与价值观"3 个领域。生物学课程三维目标的制定则基本符合布鲁姆所设定的 3 个领域的分类，即"知识""能力""情感态度价值观"，每个领域的目标由低到高也分成若干层次。生物学课程专家希望避开布鲁姆目标分类的缺陷，因而在布鲁姆三维目标的基础上也进行了适度的改造，如为了避免过度的行为主义倾向而忽略内在能力和情感的变化，我国生物学课程三维目标结合了格伦兰（N. E. Gronlund）描述内在心理过程与外显行为相结合的表达方式，即先陈述内部心理过程，然后描述可观察的外部行为表现（表 5–5 至表 5–7）。

（一）知识目标

《义务教育生物学课程标准（2011 年版）》将知识目标由低到高分为 3 种水平：了解水平、理解水平与应用水平。每种知识水平各列举了内容标准中使用的、表现外部行为的动词样例（表 5–5）。

除了上述内容标准中使用的动词外，了解水平的知识性目标提示词还有回忆、记忆、陈述、复述、呈现等；理解水平的知识性目标提示词还有重述、归纳、比较、分类、辨别、对比、辩明、定义、领会、推测、预测等；应用水平的知识性目标提示词还有建立、开发、组织、鉴定、证明、解决、评论、估计等。

（二）能力目标

《义务教育生物学课程标准（2011 年版）》将能力目标由低到高分为两个水平：模仿水平与独立操作水平（表 5–6）。同样提供了内容标准中出现的、相应的行为动词以表示能力水平的变化。

根据课程研究专家崔允漷（2009）对课程标准框架的解读，能力目标应包括 3 种水平，分别是模仿水平、独立操作水平与迁移水平。迁移水平包括在新的情境下运用已有技能、理解同一技能在不同情境中的适用性等，行为动词如联系、转换、灵活运用、举一反三、触类旁通等。上述 3 种水平在一些学科的课程标准

表 5-5 我国义务教育生物学课程目标三维分类——知识目标

	各水平的要求 （内部心理过程）	内容标准中使用的动词 （外部行为表现）
知识目标	• 了解水平 再认或回忆知识；识别、辨认事实或证据；举出例子；描述对象的基本特征等	描述、识别、列出、列举、说出、举例说出
	• 理解水平 把握内在的逻辑联系；与已有的知识建立联系、进行解释、推断、区分、扩展；提供证据；收集、整理信息等	说明、列举说明、概述、区别、解释、选出、收集、处理、阐明
	• 应用水平 在新的情境中使用抽象的概念、原理；进行总结、推广；建立不同情境下的合理联系等	分析、得出、设计、拟订、应用、评价、撰写

表 5-6 我国义务教育生物学课程目标三维分类——能力目标

	各水平的要求 （内部心理过程）	内容标准中使用的动词 （外部行为表现）
能力目标	• 模仿水平 在原型示范和具体指导下完成操作	尝试、模仿
	• 独立操作水平 独立完成操作；进行调整与改进；与已有技能建立联系等	运用、使用、制作、操作、进行、测定

中呈现，如《义务教育地理课程标准（2011年版）》；一些学科只呈现了前两种水平，如生物、物理、化学。

（三）情感态度价值观目标

相应于布鲁姆三维目标的情感领域，《义务教育生物学课程标准（2011年版）》用情感态度价值观来表示，由低到高分为3种水平，分别是经历（或感受）水平、反应（或认同）水平、领悟（或内化）水平。同样也提供了内容标准中出现的、相应的行为动词表示情感水平的变化（表5-7）。

如何通过知识教学发展学生的能力？教育学与心理学在之前很长一段时间均不能合理地回答这个问题。我们在考虑教学目标时，也通常把知识与能力分开，认为能力是超越知识的更重要的智育目标。布鲁姆的学生安德森组织专家，吸收了20世纪50年代以来认知科学关于知识、技能与能力方面的研究成果，运用新的知识观，提出了作为教学目标的4类知识：事实性知识、概念性知识、程序性

表 5-7　我国义务教育生物学课程目标三维分类——情感态度价值观目标

	各水平的要求 （内部心理过程）	内容标准中使用的动词 （外部行为表现）
情感 态度 价值观 目标	• 经历（感受）水平 从事相关活动，建立感性认识	体验、参加、参与、交流、讨论、探讨、参观、观察
	• 反应（认同）水平 在经历基础上表达感受、态度和价值判断；做出相应反应等	关注、认同、拒绝、选择、辩护
	• 领悟（内化）水平 具有稳定的态度、一致的行为和个性化的价值观念	确立、形成、养成

知识与元认知知识。这 4 类知识不仅能够回答"是什么""为什么"的问题，而且还能回答"怎么办"的问题，后者即为我们传统所说的"技能"，包括智慧技能和动作技能。可见，随着知识与能力鸿沟的逐渐消弭，课程目标的三维分类也越来越显示出其局限性。

📖 **拓展阅读 5-1**　《义务教育生物学课程标准（2011 年版）》的三维课程目标

三、基于三维分类的生物学教学目标设计

生物学课程目标必须进入课堂才能实现，这需要生物学教师在宏观目标、中观目标的指导下，将生物学内容标准所设定的、学生应然的学习结果根据学生特点、学校资源条件等实然化，即将生物学课程目标结合具体课程内容进一步设计成具体的教学目标。第八次基础教育课程改革初期的生物学课程目标是三维分类的课程目标，生物学教学目标的设计也应基于三维分类进行。

（一）三维教学目标设计的案例分析

以 2013 年人教版初中生物学教材七年级上册第一单元中"生物与环境的关系"为例，课程标准中相应的内容标准见表 5-8。

联系本节课具体教学内容，该节课的三维教学目标可设计如下。

知识目标：概述环境中的生态因素；

　　　　　描述生物对环境的适应和影响。

能力目标：探究光照对鼠妇生活的影响。

情感态度与价值观目标：树立"生物与环境是不可分割的整体"的观点，增强环保意识。

表 5-8 "生物的生存依赖一定的环境"内容标准

具体内容标准	活动建议
举例说出水、温度、空气、光等是生物生存的条件	向学生提供某些生物的区域分布资料，讨论温度、水分、空气、光等因素对生物生活的影响 通过室外观察和室内试验，探究影响鼠妇（或蚯蚓等）分布的环境因素
举例说明生物和生物圈之间有密切的联系	在学校生物园或附近的小池塘、农田等环境中调查生物之间的关系

1. 从3个维度陈述教学目标

在"生物与环境的关系"一课中，上述案例从3个维度陈述了教学目标。在指向三维分类的教学目标设计中，它提示我们在生物科学素养的构成中，知识不是唯一的，知识、能力、情感态度与价值观"三分天下"或者说构成了生物科学素养的3个维度。只强调三者中的任何一个或两个，都是不完整的、片面的。

在"生物的生存依赖一定的环境"内容标准中，只有2个知识目标，但如果我们细读一遍具体内容标准右侧的活动建议时，就能体会到内容标准对知识目标要求的同时，还提出了能力、情感态度与价值观方面的目标建议。对生态环境的保护，既要学习生态环境保护的知识，又要培养相关的能力，还要养成积极的态度和参与意识。这3个方面的要求对科学素养的形成都同样重要，缺一不可。

2. 主语是学生

从上述案例可以看到，三维目标陈述的过程中虽省略了主语，但能很清楚地看到，主语是学生而不是教师，以此明确学生学习的主体地位。主体性是指人在实践过程中表现出来的能力、作用、个人看法及地位，即人的自主、主动、能动、自由、有目的地活动的地位和特性。学生的主体地位表现在3个方面：其一，学生是学习活动的主体，是主动的行动者、发现者、探索者；其二，学生是个体身心发展的主体，是个性社会化的主体，具有自主性、能动性、创造性、独特性、整体性等主体性品质；其三，学生在教学过程中是主体化的客体，是由教到不教、由教育走向自我教育的主体。

3. 操作（行为）动词可观察和测量

观察上述案例，三维教学目标的设计利用了"描述""概述""探究""树立""增强"等行为动词或行为内容。2000年以前的教学大纲使用的是"了解""理解""掌握"等行为动词，这些行为动词其实描述的是学习过程中内在的心理变化，即心理学上所说的内部过程。用这种方法陈述的教学目标比较含糊，我们无法把握行为的程度。以"了解"为例，如"他了解鱼的消化过程"，但了解到什么程度并不清楚。因为这个表述在深度和广度上都可以有很不相同的理解，在行为结束以后，我们无法判断是否达到了解及了解的程度。因为了解是对人心理状态的描述，内在的心理状态是难以直接观察的。这样含糊的目标陈述难以指导教学和评价，而利用更加具体的行为动词如"知道""区别""尝试""模仿"等就不一样了。

4. 符合内容标准和教学任务要求

生物学课程内容标准是由生物学课程专家在基层调研、教学考察的基础上根据生物学课程目标，结合生物学课程内容，用清晰的行为动词阐述的一种应然的学习结果。它表明了学习者在某一部分课程内容学习后应该达成的预期学习结果。可见，课堂教学目标须参照生物学内容标准来设计。

因此，课堂教学目标的设计应首先有针对性地分析内容标准中所使用的关键"动词"和宽泛性的"学习内容"，理解其中预期学习结果所表达的教育含义，明确隐藏在内容标准中知识与认知过程之间的一致关系。一般来说，内容标准与课堂教学目标的一致性关系可分为 3 种类型，即"一对一""一对多"和"多对一"的关系。"一对一"的关系是指一条内容标准进行适当调整后就可作为一则课堂教学目标；"一对多"的关系是指一条内容标准依据教学需要可分解为多则教学目标；"多对一"关系则是指从多条内容标准中提取某些目标元素组合成一则新的教学目标。其中，"一对多"的关系居多。如前文案例，从内容标准中我们只看到了 2 个知识目标，但当设计了探究活动、体验活动，能力目标、情感态度价值观目标就体现出来了。

另外，生物学课堂教学目标的设计还要符合学生特点，难度层次一定要处在维果斯基所说的最近发展区之内，既不过低，也不过高。目标的设计还要考虑可利用的课程资源，以制定出具体的、切实可行的教学目标。

（二）基于三维分类的生物学教学目标陈述方法

基于三维分类的生物学教学目标，主要采用行为目标取向的方法进行陈述，其教学目标所表述的是行为的变化。行为的变化就是学习的结果，因此据此所设计的教学目标是结果性的目标。基于三维分类的生物学教学目标应包含 4 个要素：行为主体（audience）、行为内容（behavior）、行为条件（condition）、行为标准（degree）。因此，这种表述方法也称为行为目标的 ABCD 四要素表述法。

1. 确定行为主体

行为主体即施动者。基于三维分类的教学目标表述时，"主体施动者"应是学生，抛弃 2000 年以前以教师为主体施动者的表述方式，以此体现以学生为主体、面向全体学生的教学理念，如"通过本节课的交流、探讨，学生能够识别×××、概述×××"，等等。可见，陈述三维目标时，主语应是学生，是施动者，而不是受动者，一定摒弃"让学生……，使学生……"这样将学生处于被动地位的表述方式。

2. 确定行为内容

确定了行为主体，再根据生物学课程内容标准，说明教学后行为主体（即学生）能够做什么，即利用具体的、可操作的行为动词预期学生学习之后将产生的可观察、可测量的行为变化。这样的表述有利于导教、导学、导评价。

3. 规定学生行为产生的条件

学生行为产生的条件影响学生学习产生的结果，如"通过本节课的学习，学生能……""依据植物分类检索表，学生能……"，等等。

4. 规定符合要求的行为标准

规定符合要求的行为标准，用以测量学习成果的达成度，如"至少说出 3 点与 ××× 的区别""设计一份合理的食谱"，等等。

ABCD 四要素表述法由马杰的三要素发展而来的。1962 年，马杰出版了《准备教学目标》（*Preparing Instructional Objectives*）一书，根据行为主义心理学提出行为目标理论和技术。马杰认为行为目标具有 3 个要素：第一，说明通过教学活动后，学生能做什么（或会说什么）；第二，规定学生行为产生的条件；第三，规定符合要求的作业标准。例如，对"了解新陈代谢概念"的教学目标，按照马杰提出的 3 个要素，可以把它的行为目标陈述为：学完本节课后（行为产生的条件），能（行为合格的标准）回忆植物、动物和人体与外界环境进行的物质交换、体内的物质转化和能量变化，分析出课文里描述的新陈代谢过程中物质和能量变化的特征，说出同化作用和异化作用的区别与联系（行为），记住新陈代谢的完整定义（行为合格的标准）。在具体的教学目标表述中，ABCD 四要素中有些要素可以省略。

第三节 | 基于核心素养的生物学课程目标

《普通高中生物学课程标准（2017 年版）》与《义务教育生物学课程标准（2022 年版）》都明确指出，生物学课程应围绕学科核心素养确立课程目标。例如，义务教育生物学课程要求学生掌握生物学基础知识，形成基本的生命观念；初步掌握科学思维方法，具备一定的科学思维习惯与能力；初步具有科学探究和跨学科实践能力，能够分析解决真实情境中的生物学问题；初步确立严谨求实的科学态度，乐于探索生命的奥秘；树立健康意识和社会责任感，能够强身健体和服务社会等。这标志着生物学课程已从三维目标走向核心素养。

一、从"双基"到"三维"再到"核心素养"的课程目标变化

第八次基础教育课程改革以前，我国的课程目标基本为"双基目标"。20 世纪末，我国启动教育振兴行动计划，开始成立各学科的课程标准研制组。在《基

础教育课程改革纲要（试行）》的指导下，2001 年年初，教育部颁布了义务教育各学科课程标准实验稿；2003 年，高中各学科课程标准实验稿颁布。根据两学段生物学课程标准，我们开始采取三维分类的方法设计与陈述课程目标和教学目标。

为了将"立德树人"落到实处，以林崇德教授为首的多名专家于 2016 年 9 月完成了中国学生发展核心素养总体框架。就生物学科来说，以中国科学院遗传研究所陈受宜研究员和北京师范大学生物学课程与教学论学科组刘恩山教授为首的生物学课程与学科专家团队于 2014 年 12 月一并展开了"核心素养与课程标准衔接转化的研究"。基于核心素养的总体框架，研究团队提出了核心素养在生物学课程标准中落实的方式，研制了生物学课程的学科核心素养，明确了基于核心素养的生物学课程目标表述方法。于是，《普通高中生物学课程标准（2017 年版）》由此生成。此后，生物学课程基于核心素养的又一重大改革成果《义务教育生物学课程标准（2022 年版）》也于 2022 年完成。

中华人民共和国成立以来，我国基础教育课程目标有"三大"典型的变革。分别是"双基目标""三维目标"与"核心素养"。"学生核心素养体系"与"生物学科核心素养体系"的结合，标志着生物学课程目标从三维目标走向核心素养。这是一幅让人欢喜又让人忧的美好图景。喜的是核心素养真正实现了以人为本的价值回归，让生物学课程目标走向完整；忧的是许多教师对怎样设计基于核心素养的教学目标，像当年从双基目标走向三维目标的过程一样，感到很是困惑。教育改革学家古德莱德（J. I. Goodlad）认为"改革很多时候被视为失败，其实不然，因为它们从来就未得到实施"。这句话对我们当前基于核心素养的课程改革有着特别的警醒作用。纵观世界教育史上几次大型课程改革的"失败"，无不如此。因此，解决了基于核心素养生物学教学目标设计的问题，让生物学科核心素养真正落地于课堂，无疑对当前的基于核心素养的生物学课程改革具有重大的现实意义。

二、"三维目标"与"核心素养"的关系

在教学实践中，许多教师之所以对基于核心素养的教学目标产生困顿，一个重要的原因在于他们理不清三维目标与核心素养之间的关系。当双基目标走向三维目标时，由于二者为彼此冲突的转折关系，因此由后者代替了前者。那么如今的核心素养能否完全代替三维目标，还要看三维目标与核心素养之间到底是什么关系。如果像双基目标与三维目标一样是彼此冲突的关系，显然最终的结果将是一方代替了另一方；如果二者并不彼此冲突，而是相互成全的关系，则应积极找到二者对应与关联的方法，以促进二者有效结合。

（一）"三维目标"与"核心素养"关系的棱镜模型

对于三维目标与核心素养的关系，杨九诠（2016）与余文森（2016）曾用不同的方式回答过这个问题。两位教授的观点是一致的，他们都认为三维目标与核心素养并不像双基目标与三维目标之间是转折关系，而是递进关系，两者有着高度的内部一致性。三维目标是核心素养形成的要素和路径，核心素养是三维目标真正的目的。它们彼此赋予，相互成全。因此，形成核心素养离不开三维目标。为了进一步理清"三维目标"与"核心素养"的关系，本书通过核心素养各层次、各要素的分析，构建了生物学课程三维目标与核心素养关系的棱镜模型（图5-3）。

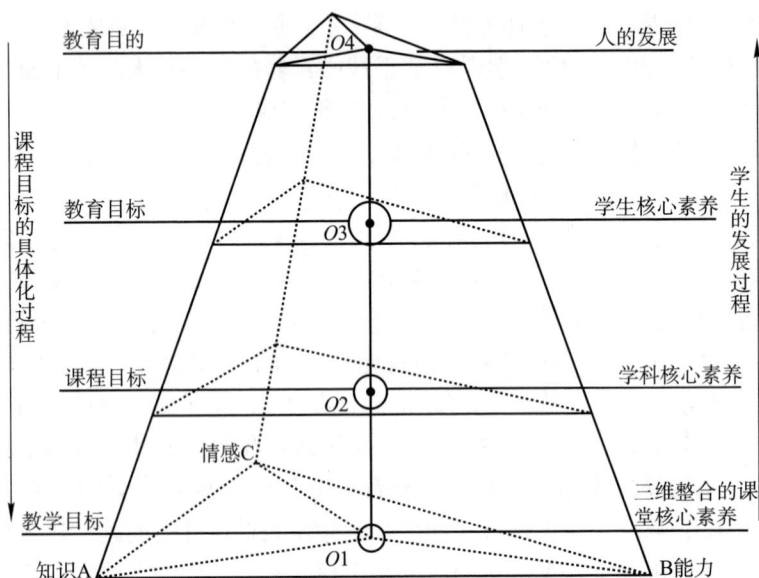

图5-3 生物学课程"三维目标"与"核心素养"关系的棱镜模型

棱镜模型中最高层为教育目的，即现阶段我国的教育方针，它指向学生的最终发展，所以站于最高的平台上。第二层为教育目标，即学生的核心素养，它将教育方针进一步具体化，转化为学生应该具备的、适应终身发展和社会发展需要的核心素养，进而贯穿于各个学段，融合到各个学科。因而它是连接教育方针与学科课程目标的桥梁。核心素养不是全面素养，因此棱镜模型没有用整个层面而是用其中核心的圆来表示它，这个圆可以称之为"核心素养圆"。第三层为课程目标，即学科核心素养。学生核心素养的实现，除了家庭和社会的因素外，更多的要靠学科课程作为载体和具体的支撑。因此，在学生核心素养之下，学科课程专家依据本学科的课程性质及本课程对学生核心素养的贡献，筛选出了学科的核心素养作为学科的课程目标。学科核心素养也不是学科课程所提供的全部素养，因此它也不能用整个层面而是用其中核心的圆来表示，可以称之为"学科核心素养圆"。第四层为教学目标，它是学生素养形成最基础的层面，这个层面过去分为 3 个维度，在生物学课程中它们是知识目标维度、能力目标维度和情感目标维度。这 3 个维度的课程目标若发生核心素养的价值，就不能是割裂的，而必须发挥着它们的整体功能。三维整合的教学目标形成了"课堂核心素养圆"。

4 个层面的课程目标从上向下的发展过程，是课程目标逐渐具体化的过程，它的理想结果是逐渐落实国家基础教育课程改革的宏伟蓝图；4 个层面的课程目标从下向上的发展过程，是课程目标的达成过程，它的理想结果是实现了学生的全面发展，达到了我国教育方针对人才规格的基本要求。

（二）三维目标与核心素养的内部一致性

对课堂教学来说，三维目标更多的是从学科的角度陈述了课堂教学中经历的具体活动或事实，如"探究鼠妇的生活条件"（能力目标）、"概述光合作用的概念"（知识目标）、"认同吸烟有害健康的观点"（情感目标）等，并未指出这些活动或事实是为了什么，即它的价值所在。真正的课程目标必须回答它的价值取向，即培养什么规格的人的问题。照这么说，三维目标并不是完整的课程目标。董洪亮（2017）对三维目标做过一个形象的比喻：三维目标只是确定了人才规格的 3 个维度，这就好比指出一幢建筑物有长、宽、高 3 个维度，并没有对建筑物本身提出规格的要求。核心素养对此做出了正面回答，它直接指向课程学习后学生最终形成的各种关键品格与关键能力。

仅以三维目标设计与表述的教学目标不是完整的教学目标。那么如果仅以学科核心素养表述教学目标，是否就是完整的教学目标呢？答案也是否定的。学科核心素养虽然指出了课程目标的价值取向，但它的实现必须依靠必要的载体和渠道。而且，学科核心素养的形成是缓慢的，不可能通过某一节课、某一个活动、某一个知识的学习而快速形成，是"慢"教育，如"生物进化与适应观"。而这些问题恰好三维行为目标能够解决。二者的结合可以成就完整的教学目标。

（三）"二线"将三维目标与核心素养联络起来

"二线"指的是"三维行为目标线"（$AO1$、$BO1$、$CO1$）与"核心素养目标线"（$O1O4$）。通过前面的分析，毫无疑问，设计科学、有效、完整的课堂教学目标，需要谋求三维目标与核心素养的有效结合。那么结合点在哪里？这是设计基于核心素养课堂教学目标的又一重要问题。从棱镜模型中，我们可以清楚地看到，如果将三维目标割裂开来，它仅仅停留在 A、B、C 这 3 个点上，很难与核心素养有交集，因此它就很可能只处在第四个层面上，难以达到上面的 3 个层面，即达到核心素养的高度。但我们如果把三维目标整合起来，问题就不一样了。如棱镜模型所示，如果我们把三维目标整合起来，每一维度都将指向课堂核心素养圆，形成了 3 条"三维行为目标线"，这是 3 条显性的目标线，可能是直线也可能是曲线。以第四层面圆心为起点，将第一层面、第二层面、第三层面圆心连起来，形成一条与三维目标有交集的直线或曲线，这恰恰是一条能让三维的行为目标得以价值提升的核心素养目标线（O1—O4），从一定意义上来说，这是一条隐性的目标线。三维行为目标线与核心素养目标线的有效结合，便已在理论上开启了从三维目标走向核心素养的路途。

三维目标的割裂长期被人们诟病但难以解决，主要表现在两个方面。一是教学实践中只关注一维或两维，如知识的维度，其他维度被弱化、虚化或形式化，特别是情感的维度；另一个表现是三维目标各行其是，停留在 3 个点上，不能彼此照应。前一个方面的问题主要是教师的思维习惯、教育观念和应试评价制度等所造成的，不是三维目标本身的问题。后一个问题如前所述，通过构建基于核心素养的课堂教学目标即可以解决。三维目标若达到核心素养的要求，必须要接受核心素养的检验。于是，三维目标都将指向核心素养的养成，从而在"课堂核心素养圆"达到整合、相交。

（四）由三维目标实现核心素养至少分三步走

核心素养的真正实现不是一蹴而就的。它需要不断的内化，直到成为学生生命中的一部分，这是一个长期的过程。核心素养的实现至少分三步走，第一步即 $O1O2$ 阶段，这是从课堂核心素养实现学科核心素养的过程；第二步即 $O2O3$ 阶段，这是从学科核心素养实现学生核心素养的过程；第三步即 $O3O4$ 阶段，这是从学生核心素养实现个人全面发展的过程。

在由三维目标走向核心素养的每一步中，整合是关键。首先是三维行为目标的整合。没有三维行为目标的整合，就无法产生与核心素养目标线的交集，学科核心素养的实现则是不可能的。其次是学科之间的整合。核心素养多为跨学科素养，没有学科间的有机整合，学生核心素养的实现也会成为一句空话。再次是课程资源的整合，特别是家庭、社会与学校之间。最后，除了高效整合外，还需有高效和谐的沟通方式，因为终极教育目标的实现是一个多要素、多层次的、复杂的系统工程。课程的育人价值只是其中的一个要素，承担不了也不可能承担所有的育人工程。

三、基于"核心素养"教学目标的设计与陈述

生物学学科核心素养的养成是生物学课程高中学段学习的根本目标。由于长时间习惯了以三维行为目标来描述教学要求和意图，许多教师在基于核心素养设计教学目标时会感到困惑。"三维目标"与"核心素养"关系的棱镜模型能帮助生物学教师解答这个疑惑：完整的课堂教学目标有赖于上述棱镜模型中三维行为目标线与核心素养目标线的有效结合。

（一）课程标准提供的案例

《普通高中生物学课程标准（2017 年版）》给了一例基于核心素养设计的教学目标，案例选自"生态系统的稳定性"。

> 案例
>
> **"生态系统的稳定性"教学目标**
>
> 目标 1：通过对案例的分析讨论，能用物质和能量的输入和输出平衡观点，认识具体生态系统的稳定性。
>
> 目标 2：通过对生态系统各种成分功能和营养结构关系的讨论，以及运用反馈调节原理，能初步判断不同生态系统维持其稳定性的相对能力。
>
> 目标 3：能够根据生态系统各种成分、结构及数量关系构建稳定性生态系统模型，并制作简易生态瓶。
>
> 目标 4：能够为常见生态系统的合理利用和维持可持续发展提出有价值的建议。

从上述案例中可以看到，基于核心素养的教学目标设计与陈述，可以通过以下程序进行。

1. 以"核心素养"设置教学目标的"入关口"

选择什么样的教学目标，首先应设置教学目标的"入关口"。这个"入关口"不是单纯的生物学知识、技能与价值观念，而是生物学科核心素养，监测着生物学教学目标的方向，确保教学目标在生物学科核心素养的框架内生成。如在上述案例中，"生态系统的稳定性"其课程内容对学生生命观念、科学思维、科学探究、社会责任等核心素养的培养皆有支撑作用，因而教学目标应在这些核心素养方面考虑。当然，并不是每节课都囊括了以上 4 种学科核心素养，也有的课程内容支持其中的 1 种、2 种或 3 种。

2. 陈述整合的三维教学行为目标

陈述三维整合后的教学行为目标，以其具体的学习（教学）行为支持核心素养的形成。陈述教学行为时需要注意两点：其一，教学行为目标无须三维分类。正如，"三维目标"与"核心素养"棱镜模型所展现的，如果继续将教学行为目标三维分类，各个教学目标可能会各行其是，仅停留在 3 个点上，不能彼此照应。因此，无须再将教学行为目标三维分类，而是整合到是否具有核心素养的价值上来。其二，依然如基于三维分类的教学目标一样，采用 ABCD 四要素法陈述教学行为。学生是施动者，而不是受动者；行为动词一定要科学、具体和明确，预期学生学习之后将产生的可观察、可测量的行为变化；说明学生行为产生的条件，有时可以省略；规定符合要求的行为标准，用以测量学习成果的达成度，有时也可省略。

3. 以"核心素养"价值修正教学行为目标

对前面陈述的课堂教学行为目标，再一次以核心素养的价值进行修正与检验。因此，这就要看所设计的教学行为目标能否促进学生核心素养的提升。如果符合，那就是有核心素养价值的，这种教学目标正是我们所追求的；如果不符合，那就是没有核心素养价值的，这种教学目标我们弃之不用。如上述案例，目标1着重体现了"生命观念"，目标2着重反映了"科学思维"，目标3和目标4分别着重指向"科学探究"和"社会责任"。如果所设计的目标不能促进学生核心素养的提升，不能有利于学生的真正发展，这样的教学目标就不能进入我们的课堂。这个过程是基于核心素养对教学行为目标进行价值反思与价值追问的过程。

4. 明确陈述教学行为目标的核心素养价值

最后明确陈述教学行为目标的核心素养价值。在检验过的教学行为目标后面，明确表述它的核心素养价值。教学行为目标在前，是课程目标的载体与渠道；核心素养目标在后，道出了课程的育人价值。教学行为目标是显性目标，核心素养目标在某种意义上来说属于隐性目标。教学行为目标可作为物质的存在，或作为一种工具，当这些物质的存在或工具触动了学生的心灵、催醒了意识、引起了反省、产生了智慧、形成了习惯的时候，课堂教学目标的第二线，即核心素养目标线便显现了出来，这时便实现了它应有的价值。两种目标的有效结合，呈现出完整的基于核心素养的课堂教学目标。

（二）核心素养教学目标设计实例

利用上述的程序与方法，我们可以尝试着基于核心素养理论为"观察根尖分生区组织细胞的有丝分裂"设计教学目标（表5-9）。

表5-9 基于核心素养的"观察根尖分生区组织细胞的有丝分裂"教学目标设计 [1]

整合的教学行为目标	教学行为目标的核心素养价值
辨别高倍镜下洋葱根尖纵切有丝分裂各个时期的细胞图	体会植物细胞有丝分裂的生命历程
概述有丝分裂中遗传物质精确的、平均分配的生物学意义	理解生命发展的物质基础、结构基础与功能基础
制作洋葱根尖细胞有丝分裂装片	进一步习得科学探究的方法与技能

---

[1] 本节课选自2018年人教版《生物学必修1·分子与细胞》第六章细胞的生命历程第1节"细胞的增殖"。

续表

整合的教学行为目标	教学行为目标的核心素养价值
绘制植物细胞有丝分裂简图	进一步形成尊重事实、严谨和务实的求知态度
比较判断细胞周期中不同时期的时间长短	运用比较、归纳等方法发展科学思维
熟练使用显微镜	提升实验操作技能，理解科学研究中技术手段的重要性，进一步确立科学技术价值观

这节课的教学目标可以这样陈述：

辨别高倍镜下洋葱根尖纵切有丝分裂各个时期的细胞图，体会植物细胞有丝分裂的生命历程；概述有丝分裂中遗传物质精确的、平均分配的生物学意义，理解生命发展的物质基础、结构基础与功能基础。【生命观念】

制作洋葱根尖细胞有丝分裂装片，进一步习得科学探究的方法与技能；绘制植物细胞有丝分裂简图，进一步形成尊重事实、严谨务实的求知态度。【科学探究】

比较判断细胞周期中不同时期的时间长短，运用比较、归纳等方法发展科学思维。【科学思维】

熟练使用显微镜，提升实验操作技能，理解科学研究中技术手段的重要性，进一步确立科学技术价值观。【社会责任、科学探究】

上述案例也说明，三维行为目标与核心素养不是对立的关系，它们二者有根本的不同却相资互益，如三维行为目标体现的是课程目标的事实要素或者说工具要素，而核心素养体现的是课程目标的价值要素。二者结合，核心素养可以检验三维目标的存在价值，三维目标可以促进核心素养的实现。再如，三维行为目标外显于课堂之中，通过相应的教学方法和教学活动可以快捷达成；核心素养则内隐于各种教学活动中，它的实现不能一蹴而就，需要慢慢地潜入，且积累到一定程度后方能凸显。二者的有效结合，可以让我们的课程与教学成为不动声色的"摆渡者"。如果学生都能搭乘上这艘不被说教、不被过多牵制而又航向明确、内涵丰满的巨轮，实现自由的、主动的、全面的发展可能就不再仅仅是一种教育的理想。还如，三维行为目标主要以学科为中心设计，核心素养则以学生为中心设计。三维行为目标曾经力图打破以学科为中心的壁垒，但因学科强大的优势，最终没有走出学科的藩篱。核心素养则以学生的发展为依据进行目标的设计，实现了人的价值回归。核心素养的加入，无疑让"以学生为中心，以社会的需要和学科的发展为两翼"的课程设计真正成为可能。

更多数字资源 🅔

📚 参考文献　　📺 教学课件　　✍ 课后自测

第六章

生物学课程内容

在确定课程目标以后，课程规划者要根据课程目标选择课程内容以进一步规划与设计课程。选择课程内容时要考虑解决的基本问题是选择哪些知识内容、技能技巧、教学活动和学习经验，才能更好地达成既定的课程目标。由于学者们的哲学、心理学、社会学等思想观点有所不同，对于什么是最好的课程内容这个问题，历来是教育理论界争论不休的问题，也使得课程内容的选择问题变得复杂。

第一节 │ 什么是生物学课程内容

课程目标的实现只有依靠具体的课程内容才能落实，换句话说，课程目标只有包含了具体的课程内容才具有实践操作意义，即课程目标必须"内容化"。因此，我们看到课程标准在表述"生物学课程目标"时往往包含了"生物学课程内容"的因素。同时，课程标准中的内容标准或内容要求，既有生物学课程目标的成分，又有生物学课程内容的成分。

一、生物学课程内容的含义

自从"课程论"成为一个相对独立的学术领域以来，世界各国的学者们给"课程内容"所下的定义千差万别、门派林立。如果不纠缠枝节问题，而从基本概念上去划分，关于"课程内容"的概念概括起来，中外教育史上有两种典型的观点。一种观点为"课程内容即学科知识的总和"；一种观点为"课程内容即学习活动或学习经验"。

现代课程理论和课程改革实践的发展趋势更倾向于上述两种观点的融合，本着摒除缺憾与优势互补的原则，现代课程内容更加丰富，课程结构更加多样，课程形式更加灵活。在这种现代课程思想的关照下，学科知识是课程内容的主干，"课本"不再是课程与教学的"根本"，活动和经验也得到较多的关注，强调系统知识和直接经验、实践活动的联系和结合。人们越来越清醒地认识到，在学生的身心发展中，知识和经验、理论和实践、社会需要和个人兴趣等，均有重要的教育价值，缺一不可，不能偏废。

廖哲勋与田慧生（2003）认为：课程内容是根据课程目标有目的选择的各种直接经验和间接经验的知识体系。照此，生物学课程内容是在生物学课程目标的指引下选择的一类特殊知识体系，包括两大类：生物学科间接经验知识和生物学科直接经验知识。全国 12 所重点师范大学联合编写的《课程论》进一步阐述道：课程内容是根据课程目标，有目的选择的一系列直接经验和间接经验的总和，是从人类的经验体系中选择出来，并按照一定的逻辑序列组织编排而成的知识体系和经验体系，它的基本性质是知识，包括"直接经验"（如社会生活经验）和"间接经验"（理论化、系统化的书本知识）两种形态。俞红珍（2005）还从应然的角度界定了课程内容：指特定形态课程中学生需要学习的事实、概念、原理、技能、策略、方法、态度及价值观念等。该界定从英语课程的三维目标出发，说明英语课程内容应该选择的知识与技能、过程与方法、态度与观念等方面。

综合上述"课程内容"的概念，可以认为生物学课程内容至少具有以下特征：含有多个形态的教育要素，既包括知识也包括活动，既包括间接经验也包括直接经验，既包括学生兴趣又包括社会议题等；各种教育要素具有一定的组织结构，而非零散的、任意堆积而成的；服务于一定的课程目标。另外，因为教育是一项以国家意志为主旨的社会事业，生物学课程内容作为一种特殊的制度文化与法定的知识，只能是经政府部门或由政府指定的专门机构审定认可的教育文本，这些文本被指定为教学活动的基本依据。

因此，生物学课程内容可定义为：为实现国家的教育目的和生物学课程目标而由生物学科专家群体、生物学课程专家群体和相关部门选择一系列教育要素并将其通过一定程序和技术组合而成的系统化的生物学科课程文化。这些教育要素既可能是"组织了的学生的学习经验"，也可能是"选择和改造了的生物科学文化"。对学生来说，它不仅是学生为实现课程目标而应该掌握的生物科学知识，还应该是学生感兴趣的、经过精心组织的、学生感到有用并能掌握深层意义的生物学知识。生物学课程知识是代表国家意志的生物学课程与教学专家、生物学科专家、教育管理者在生物学课程目标的指导下，首先经过生物科学知识的选择，根据心理学、逻辑学、哲学、社会学，结合一定的课程资源对所选择的生物科学知识进行拓展、重组与再现，从而把生物科学知识蕴涵的价值显现化、过程化、教育化、心理学化。这时的生物科学知识即生物学课程知识。可见，知识是组成生物学课程内容的重要的部分。除了知识外，生物学课程内容还包括其他的成分，如观点、问题、活动、方法、态度等。但由于观点、问题、态度等与知识紧密相连，不可分而观之，所有这些要素有机整合后方可成为生物学课程内容。而且其他内容要素功能的发挥都必须以生物学科知识为基础，所以生物学课程的设计中知识的选择就显得非常关键。

二、生物学课程内容、生物学教材内容与生物学教学内容的关系

教育实践中的课程内容常被教材内容、教学内容等概念替代，3个术语的纠缠不清使得很多问题的讨论缺乏了合理的学理基础和共享的理论框架。俞红珍（2005）从英语课程的角度进行了反思并对之进行了区别。按照其理论，生物学课程内容、生物学教材内容、生物学教学内容隶属于生物学课程研究的不同层面，分别拥有各自的研究范围和内容。

关于这3个概念的区分，最简洁而又通俗的说明是：生物学课程内容是指生物学教学"应该教学什么"；生物学教材内容是指生物学教学"用什么去教学"（选文、系统的知识陈述、活动设计等）；生物学教学内容是指生物学教学"实际教学了什么"。对这3个问题的解决依次就是生物学课程目标的内容化、生物学课程内容的教材化、生物学教材内容的教学化。对"实际教学了什么"的问题除了依据教材内容，更要在课程内容的指导之下。从课程内容到教学内容的过程可以称为课程内容的现实化。

（一）生物学课程目标的内容化

生物学课程目标的内容化反映了生物学课程内容与生物学课程目标的关系。

一方面，生物学课程目标制约或指导生物学课程内容的选择和组织，生物学课程内容是依据生物学课程目标选择的生物科学的教育要素；另一方面，生物学课程内容又为生物学课程目标的实现提供了现实凭借，生物学课程内容起着支撑生物学课程目标的作用。可见，生物学课程目标和生物学课程内容是互相依存的关系，生物学课程内容的生成要依赖生物学课程目标的指引，生物学课程目标的达成也有赖于生物学课程内容的支持。因此，在表述"生物学课程目标"时往往包含"生物学课程内容"的因素（图6-1）。

可见，生物学课程内容是生物学课程目标表述中的应有之义，生物学课程目

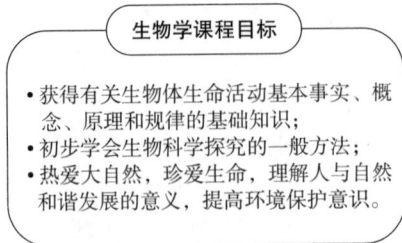

图6-1　生物学课程目标中包含的"课程内容"成分

出自《义务教育生物学课程标准（2011年版）》

"绿色开花植物的一生"内容标准	
具体内容标准	活动建议
描述种子萌发的条件和过程	开展"种子萌发条件"的探究活动
描述芽的发育和根的生长过程	
概述开花和结果的过程	有条件的地方可以开展人工授粉活动
体验一种常见植物的栽培过程	栽培一种常见植物，观察从种子到成熟植株的生长发育以及开花结果的整个过程

图 6-2 生物学课程内容中的"课程目标"成分

出自《义务教育生物学课程标准（2011 年版）》

标只有包含了具体的生物学课程内容才具有实践操作意义。也就是说，生物学课程目标必须"内容化"。正因如此，生物学课程标准中的内容标准，既为生物学课程内容，又包含生物学课程目标的成分（图 6-2）。

二者关系的紧密，并不能说明二者可以互相替代，生物学课程目标的研究不能替代生物学课程内容的研究，生物学课程目标的表述也不能替代生物学课程内容的表述。生物学课程目标的"内容化"不是将二者混在一起，而是生物学课程内容的生成必须接受生物学课程目标的制约，生物学课程目标也必须有相对应的明确、具体的生物学课程内容来支撑。二者相对独立而又互相呼应。

（二）生物学课程内容的教材化

生物学课程内容的教材化反映了生物学课程内容与生物学教材内容的关系。

生物学课程内容体现在课程标准之中，一般以内容标准（或内容要求）的形式对生物学教学内容做出普遍的规定，但它还不能直接进入生物学教学活动之中，还要通过教材编写这一环节，也即课程内容必须"教材化"。教材化就是要解决用什么去教"课程内容"的问题。用什么去教，有多种途径，可以用"生物学知识"去教，还可以用"生物学史实"去教，也可以用"生物学活动"去教。"用什么去教"的处理结果就是教材内容。其中的"生物学知识""生物学史实""生物学活动"等都是生物学课程内容教材化的一种形式。

生物学课程内容与生物学教材内容所指对象既有联系又有区别。生物学课程内容是根据课程目标的需要所选择、所规定、应该教学的，有关生物学的事实、概念、原理、技能、策略、态度、价值观等要素，是生物学教材编写的"内容"依据。生物学教材内容是表现生物学课程内容的形式载体。从信息的角度看，生物学教材内容应该是包含生物学课程内容而又大于生物学课程内容的信息载体。生物学课程内容是课程层面的概念，是达成生物学课程目标的教育要素，需要在生物学课程标准中明确规定。生物学课程内容具有普遍指导意义，具有法定的地位，不能轻易改变。

生物学教材内容是教材层面的概念，指为了有效地传递、显现生物学课程内容诸要素而组织的文字与非文字材料。生物学课程内容解决了"应该教学什么"的问题，而"用什么去教学"的问题就留待教材层面了。"用什么去教学"不仅包含"用什么素材去教学"，也包括"用什么方法去教学"。生物学课程内容不能直接作用于教师和学生，成为学生学习的直接对象。生物学课程内容只有教材化，即通过具体的事实、现象、素材表现出来，学生的学习内容才是现实而生动的。从课程内容到教学材料的过程是物化的过程，因此生物学教材内容是生物学课程内容的物化形态。生物学课程内容描述的是学生的学习结果或学习行为，没有限定教师的教学内容，因而它不直接规范生物学教学材料，而是通过描述学生的学习结果或学习行为，间接影响生物学教学材料的编写。生物学教材内容不是生物学教学的目的，而是一种途径或手段。这样，体现同一课程内容的生物学教学材料可以是多种多样的，而同一材料也可服务于不同的生物学课程内容与目标。

例如，在《义务教育生物学课程标准（2011 年版）》中，将"科学探究"列为"具体内容标准"的一个主题。为此，课程标准中插入了若干科学探究的案例，提出了相当数量的具体活动建议，如"探究影响鼠妇分布的环境因素""探究酸雨的危害""探究蚂蚁的行为""探究食物保鲜的方法"等案例，还提出了"探究种子萌发条件""探究光合作用条件、原料和产物""探究发生在口腔内的化学消化""探究不同食物的热价"等 70 项活动建议。这些内容标准、探究案例、探究活动建议选文就充当了实施课程内容的手段和途径。而选用什么样的探究活动乃是教材层面研究的内容，最终呈现于教材之中的探究内容和相关的活动便是教材内容。

（三）生物学教材内容的教学化

生物学教材内容的教学化反映了生物学教材内容与生物学教学内容的关系。

生物学教材受制于生物学课程内容，必须反映生物学课程内容，但仅由生物学课程内容转换为生物学教学内容是不够的，生物学教材内容还须进一步"心理学化"才能成为生物学教材。生物学教材内容不是素材的堆积，而必须经过一定方法的处理，即遵从学生学习活动的心理逻辑，使生物学教材更具"可教学性"。生物学教材内容的心理学化，不仅遵循生物学科逻辑，而且遵循学生学习的心理逻辑，以便形成高度"结构化"的教材，不仅为教师教学提供基本的操作框架和步骤，提示教学方法，而且还为学生自我学习提供指引。换言之，生物学教材不仅要方便教师教，还要方便学生学。

生物学教材内容的"心理学化"问题是生物学教材编制者的研究内容，生物学教师一般不直接介入这一过程。但是生物学教材内容无论多么"心理学化"，大都不能自动地成为生物学教学内容。生物学教材内容是静态的，是对生物学教学内容的某种预设，而具体教学情境是复杂多变的、是动态的。这便需要生物学教材内容的"教学化"，即生物学教师在教学过程中要根据具体的教学目标和教学情境对生物学教材内容进行方法化处理，形成具体而有效的生物学教学设计。生物学教材内容进入生物学教师的教学过程，经由生物学教师的加工处理和"教学化"过程转变成为生物学教学内容。生物学教学内容不仅包括生物学教材内容，还包括了引导作用、动机作用、方法论指示、价值判断及教材内容的再组织等。可见，生物学教学内容具备了生物学教材内容所无法包含的内涵，涉及生物学教师的主观作用，因此隐藏着种种不确定性。

同相对稳定的生物学教材内容相比，生物学教学内容是一个开放的系统，呈现出一系列的可能性。同样的生物学教材内容可以衍生出多样的生物学教学内容，因此在生物学教学实践中常出现同课异构的现象。生物学教材内容如何转化为生物学教学内容和转化成什么样的生物学教学内容取决于具体的教学目标及教学情境，且内在地蕴含着生物学教师对生物学教材内容个性化的演绎和创造。这实际上是生物学教师对生物学教材的"二次开发"过程。从生物学教材内容到生物学教学内容，这两者之间存在着一大片开阔地带，生物学教师可以充分地进行再创造。只是，生物学教师对生物学教学内容的创造不是任意行为，要受到课程情境中各种因素的制约。更为重要的是，生物学教学内容必须满足教学情境和学生的学习需要，学生不能被排斥在生物学教学过程之外。从这个意义上说，生物学教学内容是在生物学教材内容基础上为学生"量身打造"的。

📖 **拓展阅读6-1** "死"教材，"活"人教

（四）生物学课程内容的现实化

生物学课程内容的现实化反映了生物学课程内容与生物学教学内容的关系。

生物学课程内容表现了"应该教学什么"，生物学教学内容表示"实际上教学了什么"。前者是生物学课程标准规定的"应然"的教学内容，后者是在课堂教学中实际发生的"实然"的教学内容。生物学教学内容既包括在教学过程中对生物学教材内容的沿用，也包括教师对生物学教材内容的拓展、组织、增删、更换等重构处理；既包括对生物学课程内容的遵照执行，也包括在课程实施中对生物学课程内容的创生。可见，生物学教学内容比生物学课程内容要丰富得多，既是生物学教材内容的教学化，又是生物学课程内容的现实化。生物学课程内容的预设意义在于突出它"应该教学什么"的内涵，从而发挥它的课程价值引导的作

用。"教材是范例""用教材教而不是教教材"等关于教材的使用理念,要求生物学教师摆脱对生物学教材的崇拜和依赖,从而进行创造性地教学。这实际上是对生物学教材进行"二次开发",要求生物学教师基于对生物学课程内容的领会和把握,超越对生物学教材内容的机械传递,创造性地、个性化地运用生物学教材,以生成丰富、多样的生物学教学内容。可见,这个过程将生物学课程、生物学教材、生物学教学等不同的层面贯通起来,从而将生物学课程专家与学科专家制定的"理想的生物学课程"转化为教师实践中运作的"实际的生物学课程"。

综上可见,以上4个环节环环相扣,构成了生物学课程与教学具体操作的实践链条(图6-3)。从生物学课程目标、生物学课程内容到生物学教材内容、生物学教学内容,是生物学课程内容从应然走向实然的过程,也是生物学课程经由课程专家、教材编写者、生物学教师逐步实施的过程;从生物学教学内容、生物学教材内容到生物学课程内容、生物学课程目标,是生物学教师在理解生物学课程的基础上创生生物学课程的过程,这个过程也是生物学课程真正得以实现的过程。

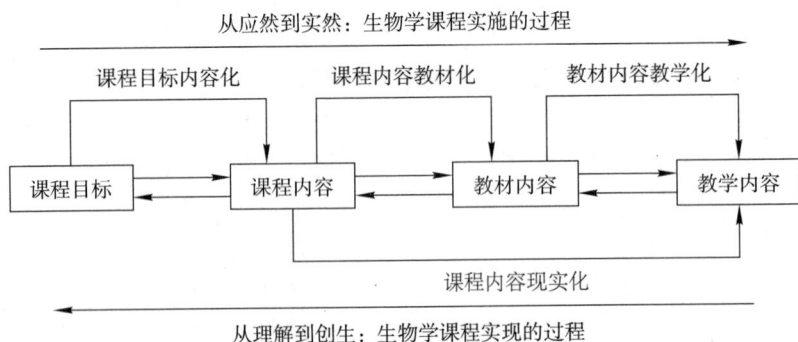

图6-3 生物学课程内容、教材内容、教学内容的关系

生物学课程内容是生物学课程层面的概念;生物学教材内容是生物学教材层面的概念;生物学教学内容是生物学教学层面的概念。生物学课程内容、生物学教材内容、生物学教学内容三者相对独立存在,又相互联系与相互制约。搞清三者之间的关系,有助于我们进一步明确生物学课程内容的具体内涵,也有助于我们更加清晰地认识和把握生物学课程与生物学教学的关系,从而更好地树立生物学课程与教学的一体化思想。

三、生物学课程内容在生物学课程领域中的地位

生物学课程内容是生物学课程的核心要素之一,承接生物学课程目标,是生物学课程由应然走向实然的中介和过渡。它是生物学教材编写的直接依据,也是

构成生物学教学活动不可或缺的因素。

"生物学课程内容"的意义对生物学教师来说至少有以下 3 点。其一，"生物学课程内容"内涵的明确可以帮助生物学教师树立课程内容意识，明确"应该教学什么"，避免在教学内容选择上的盲目性；其二，清晰了应然的"课程内容"和实然的"教学内容"之间的区别，教师在教学中，会自觉地反思理想中的生物学教学内容与现实的生物学教学内容之间的距离，形成生物学教学的张力；其三，可以明确生物学课程内容在生物学课程领域中的重要性，生物学教师在教学中便会自觉地发挥生物学课程内容在教学中的价值引导作用，从而规范生物学教学行为。

关于生物学课程内容在生物学课程领域中的地位，从现代课程理论之父泰勒提出的 4 个基本问题中也可见一斑。泰勒认为，开发任何课程都必须回答 4 个基本问题：学校应该达到哪些教育目标、提供哪些教育经验才能实现这些目标、怎样才能有效地组织这些教育经验、怎样才能确定这些目标正在得到实现。泰勒所说的教育经验即课程的内容。这 4 个问题透露出这样一种思想：在课程目标已定的前提下，选择、组织课程内容（即教育经验）并评价之是课程编制不可或缺的环节，理解课程内容、实施课程内容是教师教学工作的根本。

泰勒的 4 个问题说明了生物学课程编制需要 4 个步骤：确立生物学课程目标—选择生物学课程内容—组织生物学课程内容—评价结果。可见，生物学课程内容是构成生物学课程的基本要素，反映了生物学课程背后的价值、结构与设计。现代课程研究也始终把课程内容作为课程研究的重要议题，因此生物学课程内容在生物学课程开发中具有重要作用（图 6-4）。

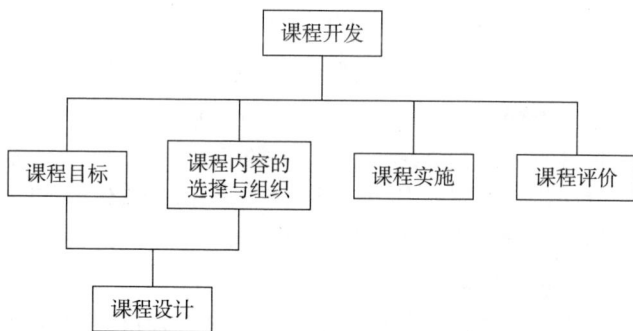

图 6-4　生物学课程内容在生物学课程领域中的地位

可见，从一定意义上来说，生物学课程内容的问题是全部生物学课程问题的关键。因为生物学课程的设计、生物学课程的目标、生物学课程的评价及生物学课程的实施，都可以理解为围绕生物学课程内容的安排及其结果展开的。生物学课程设计是关于生物学课程内容的组织和安排，生物学课程目标是选择和决定生物学课程内容的依据，生物学课程评价是判断生物学课程内容产生的效用等。生物学课程内容是将所有生物学课程要素融合为一个有机课程整体的核心。由此可见，生物学课程内容问题是生物学课程研究领域中不可小觑的重要问题。在任何历史阶段下的生物学课程改革中，对生物学课程内容的改革都是一个永恒课题。

第二节 | 生物学课程内容的选择

生物学课程内容含有多个形态的生物科学教育要素。生物学课程内容包含的教育要素需要根据一定的教育价值观及相应的课程目标，从生物科学知识、当代社会生活经验或学习者的经验中选择，这个过程称为生物学课程内容的选择（简称"课程选择"）。可见，生物学课程内容的选择需解决课程内容包含哪些要素、每一要素有哪些组分、各要素蕴涵了哪些教育价值等问题。

一、生物学课程内容包含哪些要素

除了生物学科知识外，生物学课程内容还包括其他的成分，如生命观念、科学探究、科学思维、科学方法、科学过程、科学态度、科学精神、社会责任等也是课程内容的基本要素。由于课程内容中的观点要素、活动要素、方法要素、态度要素等都载于知识要素之中，即以上各种要素都与生物科学知识紧密相连，因此不可分而观之，所有这些要素与生物学科知识有机整合后方可成为生物学课程内容。

可见，在生物学课程内容所有要素的选择中，生物学科知识要素的选择最为关键。因为不论如何理解知识，也不管如何看待课程，课程内容的选择都不可能摆脱知识。舍勒（M. Scheler）在"知识形式与教育"一文中指出，无论是"自我教育"还是"教育别人"都必须回答3个基本的问题：其一，究竟什么是教育的本质；其二，怎样进行教育；其三，什么样的知识和认识形式限制和规定着人的教养。可见，知识问题是生物学课程内容选择的核心问题，生物学课程内容的选择是以生物科学知识为核心内容的。

也正是由于人们认识到知识与课程的内在关联，在世界教育史上，不同学派的教育先哲尽管在重视何种知识的问题上争论不休，但都特别重视知识在课程中的重要意义。也正因为如此，很多学者认为知识的概念与课程的概念从根本上来说是不可分离的。从一定意义上说，知识的演化直接影响了课程的演化。

二、关注生物学知识的价值

我们做任何事情的时候，都要考虑其内在价值。生物学课程内容的选择也是一样。我们首先要考虑的就是什么知识是最具有教育价值的生物学知识。这并不是一个新问题。早在 19 世纪，斯宾塞就基于实证主义哲学提出了这一问题，并通过批判重虚饰轻实用的知识价值观，站在时代的高度上进行了回答。斯宾塞的问题引起了人们一系列的思考。事实上，从古到今，任何一个时代的教育改革，都不得不根据社会发展和个体的要求重新审视这一问题。因此可以说，生物学课程不仅意味着知识的传递和掌握，而且首先意味着生物学知识的选择和比较。

那么，该如何对浩如烟海的生物学知识种类进行比较和鉴别呢？比较和鉴别的标准又是什么呢？这些都是颇值得研究的基本理论问题。从历史上看，教育学家们从不同的角度提出了各种各样的标准和答案。如 19 世纪的赫尔巴特将儿童"多方面的兴趣"作为选择和组织课程知识的基本标准，斯宾塞则将"科学"及"完满生活的形式"作为确定课程内容的两个主要标准；20 世纪的实用主义者认为，最具有教育价值的知识是能够促使学生经验不断生长和环境适应能力不断提高的知识；要素主义者主张将人类文明的一些"基本要素"作为最具有教育价值的知识；当代的后现代主义教育家们则强调那些能够唤醒学生解放意识、批判意识和内在力量感的知识，如此等等。可见，人们对此问题的回答或许各有不同，但答案的内容无不是对知识的地位分等。诚如上述，传统的课程知识观虽然也关心知识的价值，但更多关心的是知识的社会价值和经济价值等外在的价值，而忽略了学生精神成长和人格养成等内在的价值。

三、基于安德森知识分类的生物学知识

人们从不同的研究视角、研究目的及其对知识的不同认识程度，对知识进行了分类。亚里士多德从知识的内容角度将知识分为纯粹理性知识、实践理性知识和技艺性知识；罗素（B. Russell）从知识的来源角度将知识分为直接经验知识、间接经验知识和内省经验知识；波兰尼（M. Polanyi）从知识所具有的性质角度将知识分为显性知识和隐性知识；经济合作与发展组织（OECD）在《以知识为基础的经济》（*Knowledge-Based Economy*）一书中将知识分为 4 种类型：知道是什么的知识（know-what）、知道为什么的知识（know-why）、知道怎么做的知识（know-how）、知道是谁的知识（know-who），等等。

安德森等人于 2001 年将知识从具体到抽象分为 4 类：事实性知识、概念性知识、程序性知识和元认知知识。4 类知识又按认知复杂程度由低到高分为记忆、理解、应用、分析、评价和创造 6 个认知过程（表 6–1）。

上述 4 类知识中，事实性知识、概念性知识、程序性知识是关于学习者之外

表 6-1　基于安德森知识分类的生物学知识

知识分类　　　　　　　　认知过程		记忆	理解	应用	分析	评价	创造
事实性知识	生物学术语知识						
	生物学具体细节和要素的知识						
概念性知识	生物学类别与分类的知识						
	生物学原理与概括的知识						
	生物学理论、模式与结构的知识						
程序性知识	生物学技能和计算的知识						
	生物学技巧和方法的知识						
	确定何时运用适当程序的生物学知识						
元认知知识	策略知识						
	关于认知任务的知识（情境性和条件性知识）						
	自我知识（认知上的自知和动机情感的自知）						

的对生命世界的知识；元认知知识是关于学习者认知活动的知识。

（一）生物学事实性知识

生物学事实性知识（biology factual knowledge）主要反映生命体的性质、现象、名称、功能、状态、变化发展原因等，是学习生物学课程或解决有关生物学问题时必须知道的基本要素。它可以是抽象命题，也可是记忆表象，主要包括生物学术语知识、生物学具体细节和要素的知识。其中，生物学术语知识指具体的言语和非言语知识与符号，如花各部分结构的名称、三磷酸腺苷用 ATP 表示等，也是人们在生物科学专业领域内沟通交流时必须用到的生物学专业语言；生物学具体细节和要素的知识主要是指生物学事件及发生的地点、人物、日期、信息源等知识，如关于孟德尔杂交实验的地点、人物、时间、实验材料等知识。

（二）生物学概念性知识

生物学概念性知识（biology conceptual knowledge）是一种抽象概括的、有组织的生物学知识类型。生物学科的概念、原理、规律都属于这类知识，其特点是抽象概括性和组织性。它表明生物学知识是如何加以组织的，如何发生内在联系的。生物学概念性知识具体包括：生物学类别与分类的知识、生物学原理与概括的知识、生物学理论、模式与结构的知识。生物学类别与分类的知识按生物种类或类别的不同而区分，构成了生物学原理与概括的基础，同样也是生物学理论、生物学模式和结构的基础。生物学原理与概括的知识是在大量生物学事实和事件集合的基础上，对生物学类别和分类知识的内在过程与关系做出说明，对各种所观察的生命现象做出抽象和总结的知识。如"食物链"知识的习得，首先应在生物之间"吃"与"被吃"的生物学事实的基础上，对生物之间的捕食关系做出说明，对观察到的"食物链通常是由绿色植物开始的""位于食物链中第二个环节的生物通常是植食性动物""位于食物链中其他环节的生物大多是肉食性动物"等生命现象做出抽象和总结。生物学理论、模式与结构的知识是将生物学原理与概括的知识用有意义的方式加以整合，以体现某一现象、问题或学科内在一致联系的知识，是最抽象的知识，如生物进化的理论、自然界种群的增长模型等。

（三）生物学程序性知识

生物学程序性知识（biology procedural knowledge）是"该怎么做"的生物学知识，也叫生物学操作性知识。生物学程序性知识通常采用一组有序的步骤，包括生物学技能和计算的知识、生物学技巧和方法的知识、确定何时运用适当程序的生物学知识。

生物学技能和计算的知识，又可称为"动作性"的生物学程序性知识，指结构基本固定（即一种答案）的知识，运用程序性知识的结果常常是事实性知识和概念性知识，如显微镜的操作、观察叶片的结构。生物学技巧与方法的知识，又可称为"智慧性"的生物学程序性知识，其结果是开放的、不固定的。这类知识主要反映了这一领域的专家是如何思考及如何解决问题的，而不仅仅是关注其结果，如调查生活中的发酵食品。确定何时运用适当程序的生物学知识，即不仅知道操作什么、如何操作，同时也知道在什么时候、什么地方进行操作。它反映了生物学科的特殊思维方式，如探究种子萌发的条件。

（四）元认知知识

元认知知识（metacognitive knowledge）是个人关于自己认知过程的知识和调节这些过程的能力。它由心理学家弗拉维尔（J. H. Flavell）首次提出，强调元认知知识在学习者成长及发挥其主动性中的地位。元认知知识具体包括策略知识、关于认知任务的知识、自我知识。策略知识是有关学习、思考和问题解决策略的知识。关于认知任务的知识包括适当的情境性和条件性知识。自我知识包括认知上的自知和动机情感的自知。认知上的自知如了解自己认知活动中的优势与不足、采用什么样的一般策略去发现必要的信息等。动机情感的自知如自我效能感、对完成任务与达成目标之间关系的感知、个人的兴趣、价值观与完成任务的关系等。

四、生物学课程内容选择的准则

衡量所选择的生物学课程内容是否适切、有价值，需要首先制定生物学课程内容选择的准则。在世界课程史中，古今中外许多课程专家对此做出过思考与讨论。今天，由于新的知识观、学生观、时代发展的新趋势与要求，以及生物科学自身的飞速发展等，生物学课程内容选择主体的多元化、选择方法的复杂化已经成为生物学课程内容选择的必然。

（一）以正确的价值观为导向

"什么知识最有价值？"这个划时代命题的提出，开启了教育史上对课程知识价值问题的热烈讨论。两个世纪后，批判主义教育家阿普尔（M. W. Apple）又提出了"谁的知识最有价值"的命题。该命题彰显了课程知识价值的主观色彩与意识形态。针对"谁的知识最有价值"的问题，阿普尔提出"官方（法定）知识最有价值"。因此，在选择生物学课程内容时，我们需要考虑知识生成的背景，需要从更加广阔的社会历史和文化背景研究知识。总之，阿普尔的知识观强调政治倾向性与教育民主性，追求社会公平、公正的教育理念，并主张将意识形态融入课程中。

我国基于核心素养的生物学课程内容的选择"以马克思列宁主义、毛泽东思想、邓小平理论、'三个代表'重要思想、科学发展观、习近平新时代中国特色社会主义思想为指导，全面贯彻党的教育方针，落实立德树人根本任务，发展素质教育，推进教育公平，以社会主义核心价值观统领"。

同时，生物学课程内容是生物学课程目标的支撑，是为生物学课程目标服务的，因而生物学课程内容的选择还必须以生物学课程目标为导向，即生物学课程内容的生成必须接受生物学课程目标的制约。同时，生物学课程目标也必须有相对应的、明确具体的生物学课程内容来保证。二者既相对独立又互相呼应。

（二）基础性、时代性、未来性的统一

中学生物学课程的基本任务是帮助学生掌握生命科学中的精华，并在此基础上发展学生与生物科学有关的各种能力，和其他学科一道共同促进学生的成长。因此，所选择的课程内容应该包括帮助学生成为社会中一个合格公民所必备的生物学素养，同时也包括学生以后继续学习所必需的知识和能力。当今生命科学信息量激增，指望学生学习所有的生命科学知识是根本不可能的。在生物学课程内容的选择上，注重课程内容的基础性已是人们的共识。根据布鲁纳的结构主义课程观，强调生物学课程内容的基础性就是强调生物学课程的基本结构，这是培养学生生命科学素养的基本途径。这种观点不仅被布鲁纳结构主义课程观所强调，也能从巴格莱（W. C. Bagley）的要素主义、赫钦斯（R. M. Hutchins）的永恒主义那里找到理论的支持。

强调课程内容的基础性，还要让学生接触生物科学技术的新进展。生物学独自作为课程形态在中学教育中已经存在 150 多年了。一个半世纪以来，生物学不断发展，生物科学大厦的基础也在发生变化。现代生物科学最突出的特点是随着分子生物学的飞速发展，生物学众多分支学科的研究已深入分子水平，使得人们对生物学原理和规律的认识越来越接近生命的本质；生物科学在不断涌现新兴分支学科的同时，又逐渐在分子水平上走向综合与统一。细胞是生物体结构和功能的基本单位，对细胞结构和功能的研究，也愈益成为各分支学科研究的基础。因此可以说，生物科学的基础正在发生转移：从生物的形态结构和分类更多地转向分子生物学和细胞生物学。中学生物科学的基础知识也发生了类似的转移，生物学课程的编制应当从分子生物学的角度重新审视中学生物学课程的内容，如增加细胞作为一个复杂系统具有整体性、动态性等特点的内容。分子生物学的内容不仅在遗传学部分讲授，而且在细胞、进化、生命活动的调节等方面也应渗透分子生物学的观点、证据和方法。

需要注意的是，科学知识虽不断进化，但作为科学的基础知识总是相对稳定的。学科内容具有相对的稳定性和历史继承性，因而基础知识的更新要适度。另外，生物学课程内容的选择不仅要反映现实生活，也要展望未来社会。因为学生生活在现在，面对的却是未来，所以既需要让他们了解现实的生物学发展状况，又需要让其了解生物科学未来可能的发展。而且生物学课程内容不仅要能取得即时效果，还要具有教育价值的持久性和可持续发展性。当今世界，知识更新越来越快，培养学生终身学习的能力已成为教育最重要的任务，这也是生物学课程内容的选择所必须考虑的一方面。

（三）科学世界与生活世界的融合

生物学运用逻辑的、理性的方法，对人类原初文化进行分类和整理，把其中关于"生命"的领域按照一定的逻辑进行梳理而形成。当生物学如同其他自然学科一样不断进化，精细化、专门化的"生物学科"也越来越追求自身逻辑自洽的符号体系。这个符号体系就构成了生命领域的"科学世界"。人们用理性和逻辑过滤掉各种主观性和偶然性，然后通过生物学的科学世界把握生命现象之间的因果关系。在这个过程中，科学世界越来越远离生活世界。

科学课程中科学世界与生活世界的融合，是科学课程内容选择的应有之义，在当下已经广泛引起人们的关注。这种关注始于对科学世界危机的反思。胡塞尔（E. Husserl）于 20 世纪 30 年代在《欧洲科学的危机与超越论的现象学》一书中指出，欧洲的科学已陷入深刻的危机之中。这里的"科学危机"并不是具体的科学学科自身的危机，而是科学世界所引起的社会文化危机，也是人类的生存方式的危机。据此，胡塞尔提出了"生活世界"的概念。

将科学课程内容引入"生活世界"范畴，联合国教科文组织所倡导的 RLS

（real life science）课程也是基于此种考虑，还有在全世界范围内所广泛流行的 STS 课程也是希望学生所学习的科学与技术能更好地联系社会生活实际，应用于生活实际之中。课程内容有利于促进社会的发展，或者说课程具有社会改造的功能，在康茨（G. S. Counts）、布拉梅尔德（T. Brameld）等改造主义教育家那里可以找到理论的支持。同时，中学生物学课程是一门学科课程，它有自身的逻辑结构，确实很难把每一个问题与社会生活实际一一对应起来。而且事实证明，那种以社会问题为中心的课程，不利于学生掌握系统的科学文化知识。所以我们看到，STS 课程虽然得到了赞赏与推崇，但我们并没有把科学课程（包括生物学课程）改造成 STS 课程，而是尽力渗透 STS 精神。同时，提倡利用 STS 课程、RLS 课程等形式编制校本课程，利用联系社会生活实际的教学策略学习生物学课程。实践证明，这是一种有效的科学教育的教学策略，能让学生感受到科学就在我们身边，能更好地提高学生学习生物学的兴趣。

（四）关注课程内容的适切度

适切度主要指生物学课程内容与学生思维阶段、个性发展、知识储备、学习经验、学习意愿等的适合与贴切程度，也包括与学生所能具有的课程资源的适合与贴切程度。

1. 与学生思维阶段的适切度

依据皮亚杰的认知结构发展阶段理论，义务教育初中学段的学生（12～15 岁）处于形式运算阶段，也称为抽象逻辑思维阶段。此阶段的学生可以开始离开具体事物，即可以超出感知的具体事物或事物的具体内容，根据假设进行逻辑推理，但仍属于逻辑思维的初级阶段。15 岁以后的高中学段学生，其逻辑思维水平进一步发展，辩证思维开始形成，且逐步接近思维的成熟。因此，生物学课程内容的选择要关注到不同学段学生的思维特点，确保所选择的生物学课程内容处于学生生物学课程学习的"最近发展区"。例如，"细胞"这一主题，根据初中学段与高中学段学生的思维发展阶段，初中生物学课程侧重于细胞的基本结构，高中则侧重于细胞的亚显微结构和细胞的各种生命活动。

2. 与知识储备的适切度

人是不断发展的，这使得人总是从一个发展阶段趋向另一个发展阶段。各个阶段是紧密相连的，前一个阶段总是为后一个阶段的发展打下基础，而后一个阶段总是前一个阶段发展的继续（单中惠和朱镜人，2004）。当前，我国的基础教育分学段、分学科进行。这有助于提高教育效率，但也容易造成前后学段的断层、学科之间的割裂。因此，生物学课程内容的选择应做好相邻学段之间的衔接，加强相关学科课程内容之间的衔接。如"生态学"主题，在初中学段宏观描述并探究体验"生物与环境组成生态系统"课程内容的基础上，高中生物学课程则安排了运用系统分析方法构建生态系统概念的课程内容。这样，初、高中学段生物学课程的一体化设计，既符合学生的认知规律，保证了学生的知识储备，又可减少不必要的重复，从而保证生物学总体课程目标的实现。

3. 与个性发展的适切度

生物学课程内容的选择要具有弹性与开放性。我国幅员辽阔，对于国家课程来说，生物学课程内容并不能针对不同地域的学生作出不同的安排，因此不具备广泛的针对性。如若增加生物学课程内容在不同地域的、广泛的适应性，它的选择就必须有一定的弹性。课程内容的确定要有一定的余地，以便于教师针对不同学生灵活把握；另外，还要提供丰富的备选内容，以利于学生个性化的发展。在提供必修课程的基础上，提供选修课程、地方课程与校本课程。同时，生物学课程内容体系还应具有开放性，以便进行动态调节，保持新颖性。

4. 与学生学习意愿的适切度

课程内容是为特定阶段的学生而选择的。我们必须认识到，选择的生物学课程内容最终是为学生服务的。课程内容若不能被学生所同化，成为他们自身的一部分，就永远是一种外在物，对他将来的行为、态度、个性等不会有太大的影响。如果选择的课程内容能注意到学生的兴趣、需要和能力，并尽可能与之相适应，将不仅有利于他们掌握生物科学知识，还有利于保持生物学课程持久的教育价值。在这方面，活动课程、经验课程给了我们很多启示。如今我们的生物学课程已不是纯粹的学科课程，而是糅合了活动课程或经验课程的"活动元素"，利用心理学、认知科学最新研究成果提高学生学习的兴趣和学习的效果，如"基因在亲子代间的传递"模拟探究。课程内容的活动性可以从杜威、克伯屈（W. H. Kilpatric）、卢梭等众多教育家那里找到支持。同时，我们也应看到，生物学课程作为一门学科课程，是以传播间接性经验为主的课程，如果完全以活动、以学生的学习兴趣为中心设计生物学课程，不利于学生对生物科学知识系统把握，势必又会走向偏颇。

总之，生物学课程内容的选择应根据特定的价值观及相应的生物学课程目标，把握基础性、时代性、未来性，实现科学世界与生活世界的融合，实现科学文化与人文文化的融合，关注课程内容与学生思维阶段、个性发展、知识储备、学习经验、学习意愿等的适合与贴切程度。2001 年开始的基础教育课程改革的一项重要目标就是将生活与课程内容结合在一起：改变课程内容"难、繁、偏、旧"和过于注重书本知识的现状，加强课程内容与学生生活，以及现代社会和科技发展的联系，关注学生的学习兴趣和经验，精选终身学习必备的基础知识和技能。《普通高中课程方案（2017 年版 2020 年修订）》确定课程内容的原则为：思想性、时代性、基础性、选择性、关联性。《普通高中生物学课程标准（2017 年版）》也明确指出：着力提升课程思想性、科学性、时代性、系统性、指导性。可见，上述生物学课程内容选择的准则与《基础教育课程改革纲要（试行）》的精神及基于核心素养课程标准修订工作的指导思想是一致的。

第三节 | 生物学课程内容的组织

选择出的生物学课程内容并非零散的、任意堆积而成的，而是需要通过一定的程序和技术建构生成一定的组织结构。这个过程称为生物学课程内容的组织（简称"课程组织"）。有人以料理而喻，课程内容是食材，而课程组织是烹调的顺序与方法。不同厨师对相同食材的烹调顺序与方法不一样，做出的味道也会不同。同理，不同的课程设计者在一样的目标指导下，对相同的课程内容进行课程组织，课程设计的结果会因为课程组织的方式、方法、顺序等不一样而存在重大的差异。可见，生物学课程设计中课程组织的重要性。

一、什么是生物学课程的组织

"组织"一词在生活中有多种用法，如组织严密、神经组织、党组织等。"组织"还是系统科学的基本概念。在系统科学中，"组织"的含义不同于日常生活的理解，是指系统内的有序结构或这种有序结构的形成过程，即朝向结构和有序程度增强方向演化的过程和结果。这些"组织"既可以作为名词表示某个实体或系统，也可以作为动词表示某种过程或操作。从系统论的观点来看，作为名词，"组织"的类型分为自组织和他组织；作为动词，自组织的组织力来自系统内部，他组织的组织力来自系统外部（苗东升，1998）。可见，组织主要指根据相应目的、任务、形式和方法将人或事物编排成有效的整体，从而使之从无序变为时间上、空间上、功能上的有序结构。

课程组织由麦克默里（C. A. McMurry）于1923年出版的《怎样组织课程》（How to Organize the Curriculum）一书中正式提出，后经泰勒确立为课程的4个基本问题之一，从而成为目标模式课程开发的一个重要环节。麦克默里在课程史上第一次系统研究课程组织的问题。他认为，课程组织就是用一种最佳的方式呈现课程的教育要素，以便激发儿童自然正确的发展。泰勒将课程组织界定为"把学习经验组织成单元、学程、教学计划的程序"，其目的是"为了使教育经验产生积累效应"，因此需要"确定课程中作为组织线索的要素"，并提出连续性、顺序性和整合性3条组织标准。1991年，斯基尔贝克（M. Skibeck）在列维（A. Lewy）主编的《课程百科全书》（The International Encyclopedia of Curriculum）中给"课程组织"定义为"将教育系统或机构的课程要素加以安排、联系或排列的方式"。我国课程专家施良方（1996）认为，"为了使学生的各种学习有效地联系在一起，使学习产生累积效应，需要对选择出来的课程内容加以有效的组织"。我国教育学者张华（2000）认为，"所谓课程组织，就是在一定的教育价值观的指引下，将所选出的各种课程要素妥善地组织成课程结构，使各种课程要素在动态运行的课程结构系统中产生合力，以有效地实现课程目标"。

综上，虽然由于不同学者的哲学观、课程观和知识观不同，对课程组织的定义也不太相同，但都说明将课程内容内含的一系列教育要素组合成具有一定结构的预设性的、文本化的课程内容即为"课程组织"。对课程选择与课程组织的关系而言，课程选择需解决课程内容包含哪些教育要素、每一教育要素有哪些组分、各要素蕴含了哪些教育价值等问题，即需要回答"应该教（学）什么"的问题。课程组织则需探讨课程要素之间具有哪些关系、怎样根据价值需要将各教育要素进行整合、并按照一定的主题或顺序将这一整合用文本或其他方式系统地表达出来，即需要回答"怎么安排所选择的课程内容"的问题。因此，生物学课程内容的组织首先必须明确怎样把所选择的生物学课程内容归类，对其进行合理的排列与整合。即生物学课程组织是在国家教育目的与生物学课程目标的指导下，根据一定的组织标准与心理学规律，将生物学课程内容排列和整合，使其力量彼此和谐，形成相对稳定的生物学课程结构，使其对学生的学习效果产生最大的累积作用。

二、生物学课程内容组织的准则

如同现代系统论的观点，整体由部分构成，但各部分不是机械相加的。在要素不变的情况下，要素结构决定系统功能；在结构合理的情况下，整体的功能应该大于各部分相加的总和。如何才能使生物学课程内容的组织趋于合理，首先需要借鉴中外教育史上课程专家总结的课程组织原则。

（一）泰勒的 3 个基本准则

关于课程组织的原则，泰勒于 20 世纪 40 年代最早提出了连续性、顺序性、整合性的观点，这 3 条课程组织原则产生了很大的影响，至今仍被广泛应用。

连续性（continuity）是指直线式地陈述与强调某些课程内容的特定要素，并在不同学习阶段不断地予以"重现"，让学习者有机会反复连续地学习、练习与复习，避免遗忘。例如，科学探究是生物学课程的重要内容，为了帮助学生反复连续地操作或练习，逐渐扩大探究的范围和加深程度，形成长期的累积效果，在课程组织中，科学探究的内容渗透到各个主题（或模块）内容的课程与教学活动中。这样的课程组织有助于学生获得更多、更复杂的学习机会，对复杂的材料进行精确的分析，对抽象的概念能够认识和掌握，便于进行相关逻辑推理与实践操作学习，加深对生物学课程与教学内容的理解。因此，连续性被认为是有效地纵向组织课程内容要素的一个重要原理。

顺序性（sequence）强调课程内容中每一后继内容以前面的内容为基础。同时，又对有关内容加以深入、广泛地展开。对于生物学课程来说，即将生物学课程内容组织为某种联结的次序，要求将后面每一项要学的内容都建立在先前学习内容的基础上，而且应当从更高的层次探究所涉及的事物。例如，"遗传与进化"模块的学习必须以"分子与细胞"模块为基础。对课程内容要素做到从已知到未知、从具体到抽象、从简单到复杂的处理，能够对有关内容加以深入、广泛地展开，在更高层次上理解后续内容。这既符合知识本身的逻辑，也符合学习者的认识规律。泰勒最初提出顺序性这一原则，主要基于课程内容要素的逻辑顺序。随着科尔伯格（L. Kohlberg）道德发展图式、皮亚杰认知发展阶段、维果斯基最近发展区等心理学成果的提出，人们越来越关注课程组织的心理学顺序。

整合性（integration）是指在课程内容各要素之间的横向联系或水平组织上寻求要素之间的内在联系，形成适当的关联，逐渐获得一种统一的观点，把各种要素整合为一个有机整体。义务教育学段的生物学课程把"植物学""动物学""人体生理卫生""微生物学"等知识要素，以学科核心素养为导向，以大概念将各学习主题关联起来，建构了学科水平的综合课程；高中学段生物学课程以模块组织课程内容要素，每一个模块都有鲜明的主题、目标与大概念。这种组织方式打破了固有的学科界限和传统的知识体系，找出了生物学课程与教学内容要素之间的内在联系。

（二）课程内容组织中的 3 对关系

继泰勒之后，研究者不断丰富课程组织的原则或标准，如布鲁纳的"螺旋式"课程、多尔（W. E. Doll）的"自组织"课程等。总的来说，生物学课程组织要观照生物学科自身的逻辑，也要考虑学习者认知特征、兴趣需要，以及环境中课程资源的可能性。对于生物学课程组织的方式，除了泰勒提出的 3 个基本准则外，还应综合考虑以下 3 对关系。

1. 纵向组织与横向组织

所谓纵向组织，或称垂直组织、序列组织，就是按照某些准则以先后顺序排列课程内容。纵向组织原则是教育史上影响最大的课程内容组织原则，传统的纵向原则可以追溯到几百年前。夸美纽斯（J. A. Komenský）早在 1636 年就告诫教师要按由简至繁的序列安排内容。一般来说，强调学习内容从已知到未知、从具体到抽象，是历史上教育家的一贯主张。

当代有关纵向组织的原则更多来自心理学研究的成果。加涅（R. M. Gagne）认为，人类学习的复杂性程度是不一样的，是由简单到复杂依次推进的。他按复杂性程度把人类学习归为 8 类，一般称为层次结构理论。其基本论点为：学习任何一种新的知识技能，都是以已经习得的、从属于他们的知识技能为基础的。学生心理发展的过程，除了基本的生长因素之外，主要是各类能力的获得过程和累积过程。加涅描述了 8 个学习层次，分别为信号学习、刺激–反应学习、动作连锁学习、语言联想学习、辨别学习、概念学习、规则学习、问题解决。其中，前

4 类学习是基础性的，有相当一部分是在学龄前就已习得的。因此，课程内容的组织应先让学生辨别，然后学习概念，在此基础上掌握规则或原理，最后把原理或规则用于问题解决。布鲁姆等人的《教育目标分类学》也是强调学习内容由简单到复杂按顺序排列的典型。

科尔伯格、皮亚杰等心理学家认为学生生理的、社会的、理智的，以及情感的发展，都是按一定顺序由内部加以调节的。他们从人生长过程的角度，对课程内容组织的顺序提出了要求。科尔伯格提出了一种在道德判断领域里学习内容的组织方式。在他看来，道德认识的发展要依次经过一系列阶段。如果学生在成熟达到最低阈限后，学习某些事情就更容易。这实际上是与皮亚杰心理发展阶段理论相一致的。皮亚杰强调课程内容与学生思维发展阶段相匹配，而思维发展阶段是按次序发展的。

总之，纵向组织的"序列化"原则可以概括为由简到繁、由易到难、由浅入深、由表及里、由已知到未知、从具体到抽象、从一般内容到具体细节、从宏观到微观、从结果到原因等。纵向课程组织的方式多样，根据内容间的逻辑关系一般可见分割、分层、单线等样态的组织方式（Posner，2005）（图 6-5）。

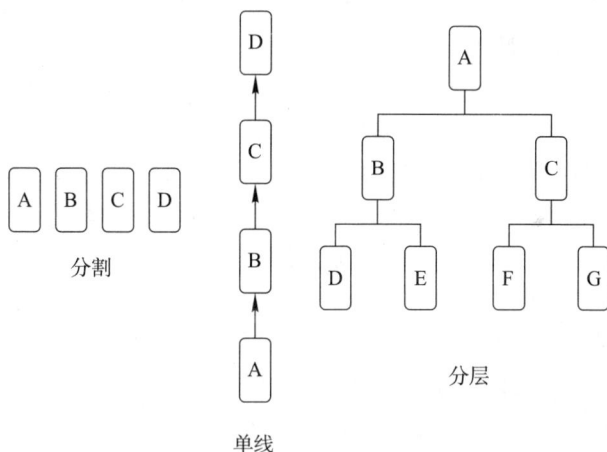

图 6-5 课程内容纵向组织方式

横向组织，也称为水平组织，表现为不同程度的统整课程。因此，"整合"是横向组织原则的核心概念。课程的横向组织自 20 世纪 70 年代开始兴起。一些教育家如布拉梅尔德、温斯坦（B. Weinstein）、范蒂尼（C. Fantini）认为，如果要使学生所学的内容对他们的成长具有重要意义，就必须摆脱传统学科的形式和结构，以便让学生有机会更好地探索社会和个人最关心的问题。这其实是与 20 世纪 60 年代以后自然科学与社会科学汇流、社会科学内部各学科日趋综合的趋势相顺应的。他们主张用"大概念""广义概念""探究方法"等作为课程内容组织的要素，使课程内容与学生校外经验有效联系起来。

课程整合的方法多种多样。有的根据知识的内在逻辑联系加以整合，以消除学科之间壁垒森严的对立；有的根据学习者的兴趣或经验加以整合，以完善学习者的人格；有的围绕社会问题、生活主题加以整合，以加强学习者与社会生活之间的联系；等等。然而，横向组织在课程实践中一直很不成功，究其原因，主要因为人们一直找不到一种恰当的方式或线索来组织各个知识领域。再者，不同学科的术语很不统一，很难用统一的"大概念"将各学科的研究成果联系起来。其结果便形成了一种"大杂烩"或"拼盘"。学生从中学到的是一些支离破碎的东西。

总之，纵向组织与横向组织各有优势，也各有缺憾。若生物学课程内容的组织同时具有纵向和横向的连续性，两种结构就会互相强化。我国目前现行的生物学课程，纵向组织原则仍占主导地位。这是因为生物学课程是一门学科课程，我国长期以来分科设置，使横向组织原则的应用存在一些阻碍。现行生物学课程内容的组织已经考虑了横向组织的有益元素，是利用综合课程的有益元素改良了的分科课程，是利用活动课程的有益元素改良了的学科课程。生物学课程正在创造各种条件促进纵向组织与横向组织在课程建设中的相资互益与协同发展。

2. 逻辑顺序与心理顺序

课程内容是按逻辑顺序还是按心理顺序组织，或许是教育史上争论最激烈的课程问题之一，也是所谓的"传统教育"与"新教育"的最大分歧所在。所谓逻辑顺序，就是根据学科本身的系统和内在的联系来组织课程内容；所谓心理顺序，就是按照学生的心理发展的特点来组织课程内容。

在课程史上，"传统教育"更多以学科的逻辑顺序来组织课程内容，也就是说，把课程内容的重点放在逻辑的分段顺序上，强调学科固有逻辑顺序的排列。至于这种逻辑对学生有什么意义则不属考虑范围。课程专家塔巴（H. Taba）认为，课程工作者在组织课程时，往往只重视课程内容的逻辑顺序和处理课程内容所需的技能，这是一种有失全面的做法。她认为课程内容组织，应该兼顾知识的逻辑顺序和学习者的心理顺序，用一个双重顺序把概念、观念等内容和预期的学习行为结合起来。其实，早在 1902 年，杜威在《儿童与课程》（The Child and Curriculum）中就已经提出课程的知识逻辑应与儿童的心理结构相结合。60 年之后，布鲁纳在《教育过程》（Education Process）中也提出了课程的知识结构应与儿童的心理结构相结合。而且由于教育心理学、发展心理学、学习心理学等心理学研究的重大进展，逻辑顺序与心理顺序相结合的课程组织思想已经深入人心。总之，课程内容的组织只关注逻辑顺序的传统论点已经渐渐退出了历史舞台，取而代之的则是以一定的学习理论为依据的现代课程论观点。

对于生物学课程来说，一方面，生物学课程内容的组织应该考虑到生物学科本身的体系。生物学科体系是生命现象和生命活动规律内在联系的反映。通过学习生物科学的体系，可以帮助学生了解生命世界的发展过程。况且生物学科本身就是一个概念体系，各部分内容之间也都有内在的逻辑关系，某一部分内容总是既以另一部分内容为基础，同时又作为其他部分内容之基础。另一方面，生物学课程内容是为学生安排的，如果不符合学生的认知特点和心理发展规律，课程就很难被学生所接受。不能被学生接受的生物学课程即使学科逻辑多么严密，对学生来说都将是无效的。这里需要指出的是，心理顺序是指中学生的心理顺序而不是成人的心理顺序。因为成人的心理已习惯于接受按逻辑顺序组成的事实，以致往往看不到生物学科本身已对众多生物学事实进行了许多分析和重新组合。这也许是对心理顺序和逻辑顺序理解上出现分歧的最主要的原因之一。例如，初中学段的生物学课程长期以来奉行"先微观后宏观"的课程内容安排，从微小的原核生物开始学起。这其实远离了学生的生活世界，也背离了按学生"心理顺序"组织课程内容的原则。

当然，不同的人对生物学科的逻辑顺序可能会有不同的看法。一般人认为应该先学习分子与细胞的内容，再学习遗传与进化的内容。但也有人持不同观点，例如，布鲁纳就认为，任何学科都可以用某种形式教授给任何年龄阶段的任何人。换句话说，其实在没学习分子与细胞之前就可以学习遗传与进化，问题是要找到遗传与进化这门学科的基本结构。其次，虽然众多心理学家和教育家对研究中学生心理发展规律做出了不懈的努力，但仍未能从千差万别的个体中抽象出一个通用的模型，更谈不上按这个模型来组织课程内容了。因此，在生物学课程实践中，还有许多具体问题有待深入研究。

3. 直线式与螺旋式

直线式就是把一门课程的内容组织成一条在逻辑上前后联系的直线，使前后内容基本不重复。螺旋式，也称圆周式，强调在不同阶段上按照繁简、深浅和难易的程度，使课程内容重复出现，注重前后联系、层层递进，逐渐扩大内容范围并提高其深度，即结合学生的"认知结构"把课程内容组织成一套逐渐加深加广、逻辑上具有先后顺序的概念组合，并使之呈现"螺旋式上升"的状态。

苏联教育家赞可夫赞同直线式的课程编排方式，但对复习和巩固持保留态度。他认为，有关的课程与教学内容，如果学习者理解和掌握了，就可以直线推进而不必过多重复。不断呈现新内容，学生总觉得在学习新东西，能使学生保持学习的兴趣。而教育家布鲁纳则极力主张采取螺旋式结构组织课程与教学内容。他认为课程与教学内容的核心是学科的基本结构，学生应该从小就开始学习各门学科最基本的原理，以后随着学年的递升而螺旋式地反复，并不断在更高层次上重复它们，直到能从结构的角度全面把握该门学科为止。后来，学者凯勒（F. S. Keller）在20世纪60年代构建了一种所谓"逐步深入的课程"（postholing curriculum），即一门学科在中小学 12 年期间学习 2～3 遍，但学生每次都进一步深入地学习课程的不同部分，这种课程其实就是采用螺旋式结构进行构建的（图 6-6）。

直线式与螺旋式结构在现行中学生物学课程内容的编排中各有表现。在必修的生物学课程中，螺旋式的课程组织更为常见。例如，关于"细胞核"的课程内容，初中学段是"细胞核是遗传信息库（描述细胞核在遗传中的重要功能）"；高中学段则是"概述核酸由核苷酸聚合而成，是储存与传递遗传信息的生物大分子""阐明遗传信息主要储存在细胞核中"。再如，关于"光合作用"的课程内容，初中学段是"绿色植物能利用光能，

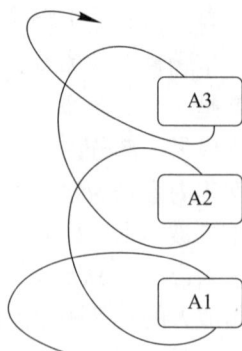

图 6-6　课程内容的
螺旋式组织方式

用二氧化碳和水合成贮存能量的有机物，同时释放氧气（阐明绿色植物的光合作用）"；高中学段则是"说明植物细胞的叶绿体从太阳光中捕获能量，这些能量在二氧化碳和水转变为糖与氧气的过程中，转换并储存为糖分子中的化学能"。可见，随着学段的递升，生物学课程内容螺旋反复逐渐提升。选修生物学课程中的一些模块如"本地受胁物种保护""环境友好与经济作物""园艺与景观生态学""食品安全与检疫""职业病与防控""地方特色动植物研究""外来生物入侵与防控""动物福利""急救措施"等建议直线式编排与组织课程内容。

直线式与螺旋式两种课程组织方式各有利弊，分别适用于不同的学习阶段和不同类型的生物学课程。直线式结构的优点是能够较为完整地反映生物学科的逻辑体系，可以避免不必要的重复，从而成为效率较高的一种课程组织形式。对一些理论性相对较弱的课程模块和操作性较强的课程模块，以及高年级的学习者，宜采用直线式结构。直线式结构的弊端在于不能很好地顾及学习者的心理发展特点及认知规律，正如我国 2001 年以前的初中学段生物学课程由低等植物向高等植物、低等动物向高等动物直线编排的方式一样，不适宜初中 12～15 岁学生的心理发展特点与认知规律，但对于 18 岁以上的大学学生则是适宜的。

螺旋式结构的优点是容易照顾到学习者的心理特点和认知发展规律，帮助学生逐步加深和拓展对生物学课程内容的理解。对一些理论性相对较强的生物学课程内容、难以理解和掌握的生物学课程内容，尤其对低年级的学习者，宜采用螺旋式结构。布鲁纳所提出的结构课程及其螺旋式编排企图从理论上将"纵向组织"与"横向组织"结合起来，将"逻辑顺序"与"心理顺序"结合起来，做到既强调横向组织由同心圆一波又一波扩散，帮助学生无论在什么年龄阶段，都以不同的深浅度学习基本概念，同时在以后的每阶段中进一步发展概念，从而获得对学科的深刻理解。因而，我们看到，现行中学生物学必修课程更多地使用了

"螺旋式"的编排方式。当然，螺旋式结构的弊端在于容易造成生物学课程内容的臃肿和不必要的重复。过多地重复同一内容，可能会造成课程内容处于部分学生的"最近发展区"之外，从而造成部分学生对课程内容的厌倦。这是生物学课程开发与建设需要注意的。

三、生物学课程的结构

生物学课程内容选择的过程是一个显性的过程，所选择的课程内容是显性的存在，而生物学课程组织的过程其实具有很强的内隐性与抽象性，只有抽提出生物学课程内容组织的线索，使其显性化为生物学课程结构，才能见到生物学课程组织的"庐山真面目"。

（一）普通高中学段的生物学课程结构

我国普通高中生物学课程自 2003 年起开始了整体变革，力图构建既体现基础性又具有高度灵活性的课程结构。

根据 2003 年普通高中课程方案，高中生物学课程内容包括必修和选修两个部分，首次采用模块组织课程，共有 3 个必修模块与 3 个选修模块。为了贯彻"立德树人"，落实"促进学生核心素养形成与发展"的培养目标，基于我国 2003 年普通高中生物学课程改革的成果，2017 年，我国生物学课程结构与课程内容开始了进一步的优化。

1. 课程类别增加了选择性必修课程

生物学课程类别调整为必修课程、选择性必修课程和选修课程，在保证共同基础的前提下，为不同发展方向的学生提供了有选择的生物学课程。其中，必修课程、选择性必修课程为国家课程，选修课程为校本课程（图 6-7）。

生物学必修课程，由国家根据学生全面发展需要设置，所有学生必须全部修习。生物学选择性必修课程，由国家根据学生个性发展和升学考试需要设置。参加普通高等学校招生全国统一考试的学生，必须在本类生物学课程规定范围内选择相关模块修习；其他学生结合兴趣爱好，也必须选择部分模块内容修习，以满足毕业学分的要求。生物学选修课程，由学校根据学生的多样化需求和当地社会、经济、文化发展的需要，以及生物学课程标准的建议和学校办学特色等开发设置拓展性、提高性的校本课程，学生自主选择修习。

2. 仍以模块形式组织课程内容

"模块化课程"起源于 20 世纪 80 年代初英国的职业技术教育课程。"模块"原意为建筑材料中的标准砌块，后指软件和完整程序中可以组合、更换的标准单元。"模块化"指一个系统或完整的程序，可按不同功能分解为若干个彼此具有一定独立性、完整性，同时又有一定联系性的模块。"模块化课程"就是按照程序模块化的构想和编制原则组织课程内容的课程开发模式（陈梓宝，1994）。综

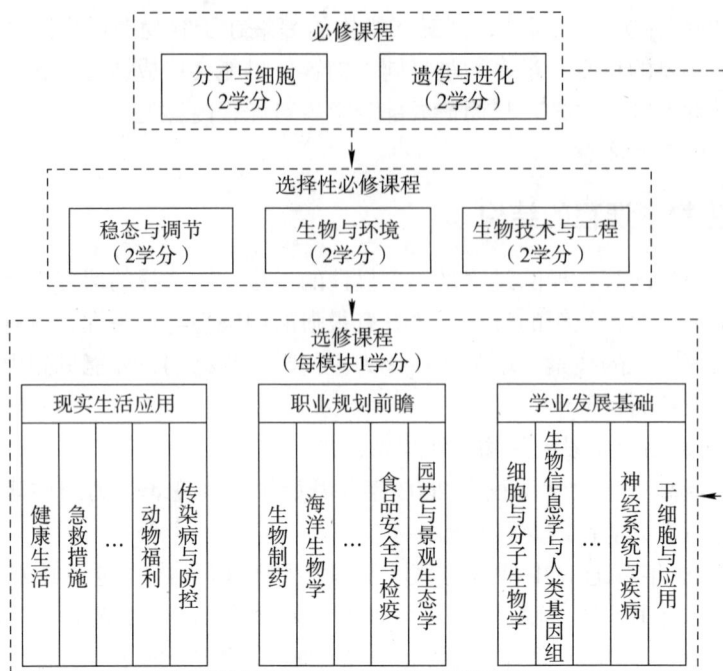

图 6-7 普通高中生物学课程结构（2017 年版）

上，模块化课程至少具有以下 2 个特点：其一，它的基本组成单位是短小而完整
的模块。每个模块都有明确的课程目标和课程内容，是独立的教学与评价单位，
一般需要 12～36 学时的授课时间。其二，每个模块相对完整、独立，同时又与
其他模块发生一定的横向联系，从而组合成具有更大目标的模块课程。可见，模
块课程要求只能将具有紧密逻辑联系、相近教学目标及相似学习方式的教学内容
联系整合在一起。模块课程区别于传统课程的主要特点，就在于它的灵活性。但
若模块之间缺乏连续性和一致性，则容易造成学生学习缺乏系统性，使所获得的
知识与技能结构零散而不完整。因此，生物学课程的模块化并不是对生物学课程
内容进行简单的整合，在课程结构问题上，要考虑在学生自由选课的灵活性与学
生知识技能的系统性之间寻求一种平衡。

　　修订后的高中生物学课程仍然沿用模块的形式进行课程内容的组织。必修课
程内容设计成了 2 个模块，选择性必修课程内容为 3 个模块，选修课程内容也按
模块进行设计。学校、教师可以灵活安排模块内容、教学时间和学分，一般为每
学分 18 学时。为了强化学生的选择性，提高选修课程所占比例，修订后的 2017
年版生物学课程减少了生物学必修课程内容，由原来的 3 个模块改为"分子与
细胞""遗传与进化" 2 个模块。原来的"稳态与环境"必修模块进行了拆分与
重组，成为选择性必修"稳态与调节""生物与环境" 2 个模块的主要课程内容。

进一步说，"稳态与调节"主要从原有的"稳态与环境"中选取了人体的内环境与稳态、人和动物生命活动的调节、植物的激素调节等内容，旨在深化学生对个体生命结构与功能相适应的认识，理解个体生命系统的稳态；"生物与环境"主要从原有的"稳态与环境"中选取了关于生物与环境之间相互作用的生态学内容，从原来的"现代生物科技专题"选修模块中选取了生态工程等内容，旨在加强学生从种群、群落和生态系统水平上，理解系统分析的思想和方法，提高对生命系统与环境关系的认识；"生物技术与工程"由原来的"生物技术实践""生物科学与社会"和"现代生物科技专题"等相关内容重组而成。选修课程在"现实生活应用""职业规划前瞻""学业发展基础"3个方向上分别提供了较多的选题，旨在引导学校与教师根据本地区实际情况、学校资源与特色及学生的需求自主选择开设的模块，也可以整合几个模块的部分内容重组新的模块，甚至可以自行开发全新的模块。

3. 以"学科核心素养"为主线串联生物学课程内容

学科核心素养作为生物学课程目标统领生物学课程知识的选择、课程内容的组织、课程难度的确定、课程容量的安排，以及课程的实施和学业质量标准的确立。开发基于"核心素养"的生物学课程，必须在核心素养与生物学课程内容之间建立起关联，明确核心素养与生物学课程内容的内在关系。生物学课程内容是学生发展生物学科核心素养的载体、手段或方式。因此，在生物学课程中发展学生的核心素养，关键取决于生物学课程内容与核心素养要求的深度融合。可见，生物学科核心素养是生物学课程组织的灵魂，只有以"学科核心素养"为主线串联生物学课程内容，才是真正指向"核心素养"的课程设计。

崔允漷与邵朝友（2017）把学科核心素养比作"课程内容处理与教学实施的GPS"。二位学者认为，确定课程目标之后，课程发展接下来就是选择与组织课程内容，并把教学方案付诸实践。对于选择什么样的知识、技能与价值观念，以及如何组织这些内容以促进学生的学习，核心素养在该过程中就如同GPS，不断监测着教学进程的方向。正如二位学者所说："学科内容中的知识与技能，既不是课程发展的起点，也不是终点。课程发展的起点或终点是核心素养，核心素养把持知识与技能能否进入课程现场的'入口关'，监控知识与技能的作用方向，确保其育人功能的实现即核心素养的养成"。

可见，生物学课程内容的选择与组织都需要在生物学科核心素养的定位与监控之下进行，都需要计量其"核心素养"价值。例如，为了提高选修课程所占比例，2017年版生物学必修课程需由原来的3个模块改为2个模块。哪2个模块将入选2017年版生物学课程内容？专家们就其核心素养价值进行了反复地比较。"分子与细胞"不仅具有重大的核心素养价值（图6-8），而且还是学习其他模块的必备基础，纳入必修毫无争议。选择"遗传与进化"的原因主要在于"遗传与进化"

【学业要求】

完成本模块学习后，学生应该能够：

● 从结构与功能相适应这一视角，解释细胞由多种多样的分子组成，这些分子是细胞执行各项生命活动的物质基础（生命观念、科学思维）；

● 建构并使用细胞模型，阐明细胞各部分结构通过分工与合作，形成相互协调的有机整体，实现细胞水平的各项生命活动（生命观念、科学思维、科学探究）；

● 从物质与能量视角，探索光合作用与呼吸作用，阐明细胞生命活动过程中贯穿着物质与能量的变化（生命观念、科学思维、科学探究）；

● 观察多种多样的细胞，说明这些细胞具有多种形态和功能，但同时又都具有相似的基本结构（生命观念、科学探究）；

● 观察处于细胞周期不同阶段的细胞，结合有丝分裂模型，描述细胞增殖的主要特征，并举例说明细胞的分化、衰老、死亡等生命现象（生命观念、科学探究、社会责任）。

图 6-8 "分子与细胞"的学业要求所展现的核心素养价值

的课程内容更能揭示生命的本质，反映生命发展的规律，有助于学生形成"进化与适应观"。而且在该模块的学习中，学生在运用假说演绎、建立模型等科学思维方面将会得到更多的训练。虽然"稳态与环境"也有重要的核心素养的价值，但其中的"生物与环境相互依赖与相互影响""生物多样性及其在生态环境中的作用""生态系统"等重要生态学相关概念的学习，在初中学段生物学课程中已经占有了很大比例。因此，专家最终敲定了"遗传与进化"模块作为必修课程内容。

4. 以大概念展现生物学课程的逻辑结构

在具体生物学课程知识要素的组织上，2017 年版生物学课程运用生物学大概念构建生物学课程内容框架。生物学大概念是生物学科核心素养的本质表征，能将生物学课程的各种知识要素"黏合"为一个连贯的"大概念群"，呈现出学科内容结构化的"系统网络"。每一个大概念即为网络结构间"信息互通"的"基站"，依托这些"基站"既可以进行学科内知识的融通与组织，还可基于某一共同的"基站"与不同学科进行合理对接，从而使特定认识不断扩大、逐步加深。

以"分子与细胞"模块为例，2003 年版生物学课程内容包括"细胞的分子组成""细胞的结构""细胞的代谢""细胞的增殖""细胞的分化、衰老和凋亡"5 部分。内容标准的表述以动词开头直接描述学生学习什么，学到什么程度（图 6-9）。修订后的课程内容将这 5 部分组织在 2 个大概念之中，其一为"细胞是生物体结构与生命活动的基本单位"；其二为"细胞的生存需要能量和营养物质，并通过分裂实现增殖"。每个大概念下分别包含了几个重要概念，每个重要概念又包含了几个次位概念，形成了大概念、重要概念、次位概念的三级概念体系。课程内容的表述先以命题的方式描述大概念，接着仍以命题的方式进一步具体支撑大概念，最后以动词开头具体描述学生需要达到的范围和水平（图 6-10）。

1.1 细胞的分子组成

具体内容标准	活动建议
概述蛋白质的结构和功能 简述核酸的结构与功能 概述糖类的种类和作用 举例说出脂类的种类和作用 说明生物大分子以碳链为骨架 说出水和无机盐的作用	① 观察DNA、RNA在细胞中的分布 ② 检测生物组织中的还原糖、脂类和蛋白质

图6-9 2003年版普通高中生物学课程内容的表述方式

概念1 细胞是生物体结构与生命活动的基本单位

1.1 细胞由多种多样的分子组成，包括水、无机盐、糖类、脂质、蛋白质和核酸等，其中蛋白质和核酸是两类最重要的生物大分子

1.1.1 说出细胞主要由C、H、O、N、P、S等元素构成，它们以碳链为骨架形成复杂的生物大分子

1.1.2 指出水大约占细胞重量的2/3，以自由水和结合水的形式存在，赋予了细胞许多特性，在生命活动中具有重要作用

图6-10 2017年版普通高中生物学课程内容的表述方式

这种改变试图引导教师和学生将相关的生物学课程内容以大概念为"基站"有机地组织起来，以展现生物学课程的逻辑结构，避免知识的片段化和割裂。必修课程和选择性必修课程共聚焦了10个生物学大概念，细化为31个重要概念。其中，必修课程共4个大概念、11个重要概念，选择性必修课程共6个大概念、20个重要概念。"生物技术与工程"模块共4个大概念、10个重要概念，所含的大概念与重要概念的数量居五大模块之首。

（二）义务教育学段的生物学课程结构

生物学最早是按类群来划分学科的，如植物学、动物学、微生物学等。植物学可再划分为藻类学、苔藓植物学、蕨类植物学、被子植物学等；动物学可再划分为原生动物学、昆虫学、鱼类学、鸟类学、爬行动物学、哺乳动物学等；微生物不是一个自然的生物类群，只是一个人为的划分，一切微小的生物，如细菌及单细胞真菌、藻类、原生动物等都可称为微生物，不具细胞形态的病毒也可列入微生物之中。因此，微生物学可进一步分为细菌学、真菌学、病毒学等。传统的初中生物学课程就是按生物类群来编排组织课程的。初一学习植物，包括藻类、

苔藓植物、蕨类植物、被子植物等；初二学习动物，包括原生动物、昆虫、鱼类、鸟类、爬行动物、哺乳动物等；初三学习人体生理卫生，包括人体骨骼系统、呼吸系统、循环系统、消化系统、神经系统、生殖系统等。1992年，《九年义务教育全日制初级中学生物教学大纲（试用）》出台后，又将细菌学、真菌学、病毒学等微生物学内容加入其中，合称为《生物》，但其组织方式和以往的生物学课程差别不大。课程内容也是分门别类地从各个类群的形态、结构、解剖、分类、生理、消化（动物）、生殖等方面进行组织。

2001年起，随着《义务教育生物课程标准（实验稿）》的颁布，我国初中学段持续百年的"植物、动物、人体生理卫生课程分科设置"的课程体系被打破，构建了学科水平的生物学综合课程。为了有助于学生明确自己在生物圈中的地位与作用，在充分考虑学生发展的需要与认知水平、考虑社会发展和生物学科发展需要的基础上，生物学课程的组织以"人与生物圈"为主线，以主题的形式构建了义务教育阶段的生物学课程体系。

《义务教育生物学课程标准（2022年版）》课程内容的组织与《普通高中生物学课程标准（2017年版2020年修订）》类似，也以核心素养为主线串联了生物学课程内容。与普通高中生物学模块化设置不同，现行义务教育生物学课程标准选择了7个学习主题，并以学习主题为框架组织课程内容，以大概念展现生物学课程的逻辑结构（图6-11）。7个学习主题将生物学课程的学习与小学阶段的科学课程、高中阶段的生物学课程有效衔接并螺旋递进，引导学生逐步认识生物学的科学本质和重要思想观念。

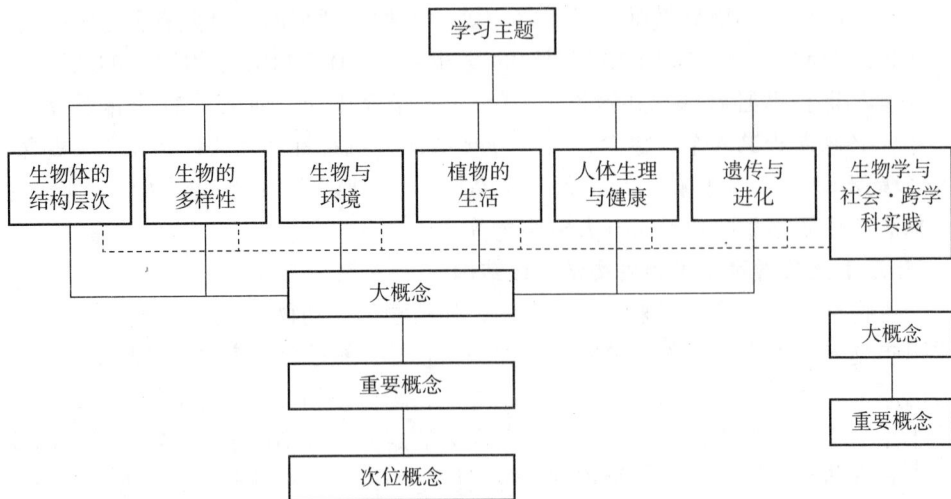

图6-11 义务教育阶段的生物学课程结构（2022年版）

第四节 ｜ 我国现行生物学课程内容

我国现行两学段生物学课程是将选择的课程内容要素按照范围由大到小、由粗到细进行分层课程组织，使生物学课程内容从宏观走向微观、从笼统模糊走向明确具体，由此构建了系统、完整、要素分明的生物学课程内容体系。

一、高中学段生物学课程内容

我国中学生物学课程，初中学段侧重于认识生命现象，高中学段侧重于理解生命活动的本质与规律。

（一）课程内容的组织方式

高中学段生物学课程内容体系的整体构建经历了 7 个层次，依次分别是科学领域、生物学科、模块、大概念、重要概念、次位概念、教学提示（图 6–12）。

高中学段生物学课程的基本任务是帮助学生理解生命的本质。可迄今为止，人类尚未能给出"生命"一个确切的定义。因此在生物学课程中，一般用对生物学基本特征的理解来代替对"生命本质"的理解。尽管生物世界存在惊人的多样性，但所有的生物都有共同的物质基础，遵循共同的生命运动规律、具有相似的基本特征。生物就是这样一个统一而又多样的物质世界。从这个角度研究生命现象，形成了普通生物学（general biology）。从 1963 年《全日制中学生物教学大纲（草案）》开始，一直到 2003 年《普通高中生物课程标准（实验稿）》的颁布，我国高中生物学课程内容体系一直以生物的基本特征为框架进行设计，其课程内容的实质是大学普通生物学课程的简写版。

生物学对生命特征、生命现象、生命活动规律的研究向微观、宏观双重方向

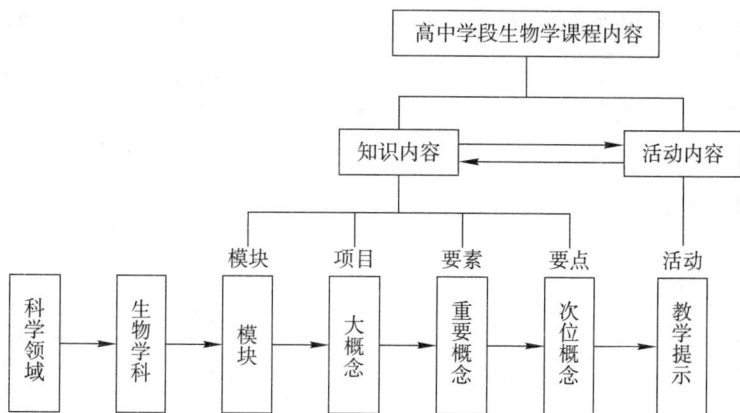

图 6–12　现行高中学段生物学课程内容体系的构建过程

上纵深发展，研究范围不仅包罗万象，而且不断走向深刻。生物学课程很难用1个明确的主题把如此广泛、深刻、抽象的生命研究组织为一门学科课程。2003年，我国普通高中生物学课程开始以"模块"进行设计，解决了这个难题，将高中生物学课程内容按照一定的主题组织成3个必修模块和3个选修模块。基于核心素养的生物学课程改革也沿用了模块的课程组织方法，且在2003年生物学课程内容体系的基础上进行了结构的改造，用"三级概念"构成了生物学课程内容的项目、要素及基本要点。《普通高中生物学课程标准（2017年版）》在修订过程中，将《普通高中生物课程标准（实验稿）》中与具体内容要求相关的活动建议，安排在了每个模块的教学提示中，用了"要求性的条款语言"而非"推荐性条款语言"来表述。它所表述的是应该做的事情，而不是建议做的事情。

现行高中生物学课程的大概念是课程内容要素集成的项目，重要概念是由"项目"进一步具体化的课程内容要素，次位概念是由"要素"进一步具体化的课程内容"要点"。大概念、重要概念、次位概念主要表达了生物学课程的知识内容，教学提示表达了生物学课程的活动内容，学业要求表达了学生学完本模块后应达到的学科核心素养水平。教师在遵守"内容要求""教学提示""学业要求"的基础上可以进一步生成。2017年版普通高中生物学课程内容中，每个模块有1~4个大概念，每个大概念有2~6个重要概念，每个重要概念有若干个次位概念（表6-2）。大概念与重要概念都以命题的方式表述，次位概念规定了本学段生物学课程所要达到的基本的学习目标，以动词开头来描述学生学习什么、学到什么程度（表6-3）。普通高中生物学课程标准中课程内容的要求也是生物学教材开发与生物学教师教学目标设定、教学内容选择、教学活动设计的重要依据。

表6-2 高中学段生物学课程内容中的模块、大概念、重要概念、次位概念的数量

课程类型	模块	大概念数量/个	重要概念数量/个	次位概念数量/个
必修课程	分子与细胞	2	6	23
	遗传与进化	2	5	22
选择性必修	稳态与调节	1	6	23
课程	生物与环境	1	4	22
	生物技术与工程	4	10	30
总计		10	31	120

注：2017年版

表 6-3 高中学段生物学课程的内容要求（以"分子与细胞"概念 2 为例）

大概念	重要概念	次位概念	教学活动
概念 2 细胞的生存需要能量和营养物质，并通过分裂实现增殖	2.1 物质通过被动运输、主动运输等方式进出细胞，以维持细胞的正常代谢活动	2.1.1 阐明质膜具有选择透过性	为帮助学生达成对概念 2 的理解，促进学生生物学学科核心素养提升，应开展下列教学活动：①通过模拟实验探究膜的透性；②观察植物细胞的质壁分离和复原；③探究酶催化的
		2.1.2 举例说明有些物质顺浓度梯度进出细胞，不需要额外提供能量；有些物质逆浓度梯度进出细胞，需要能量和载体蛋白	
		2.1.3 举例说明大分子物质可以通过胞吞、胞吐进出细胞	
	2.2 细胞的功能绝大多数基于化学反应，这些反应发生在细胞的特定区域	2.2.1 说明绝大多数酶是一类能催化生化反应的蛋白质，酶活性受到环境因素（如 pH 和温度等）的影响	
		2.2.2 解释 ATP 是驱动细胞生命活动的直接能源物质	
概念 2 细胞的生存需要能量和营养物质，并通过分裂实现增殖		2.2.3 说明植物细胞的叶绿体从太阳光中捕获能量，这些能量在二氧化碳和水转变为糖与氧气的过程中，转换并储存为糖分子中的化学能	专一性、高效性及影响酶活性的因素；④提取和分离叶绿体色素；⑤探究不同环境因素对光合作用的影响；⑥探究酵母的呼吸方式；⑦制作和观察根尖细胞有丝分裂简易装片，或观察其永久装片
		2.2.4 说明生物通过细胞呼吸将储存在有机分子中的能量转化为生命活动可以利用的能量	
	2.3 细胞会经历生长、增殖、分化、衰老和死亡等生命进程	2.3.1 描述细胞通过不同的方式进行分裂，其中有丝分裂保证了遗传信息在亲代和子代细胞中的一致性	
		2.3.2 说明在个体发育过程中，细胞在形态、结构和功能方面发生特异性的分化，形成了复杂的多细胞生物体	
		2.3.3 描述在正常情况下，细胞衰老和死亡是一种自然的生理过程	

（二）必修模块的课程内容

现行普通高中生物学课程在思想性、时代性、基础性、选择性、关联性等原则下选择与组织了课程内容。考虑到学生的共同基础和多元发展的需求，把原来的必修课程与选修课程调整为必修课程、选择性必修课程和选修课程。必修课程选择的是现代生物学的核心内容，与社会和个人生活关系密切，是后续学习发展所必需的基础，对于提高全体高中生的生物学科核心素养具有不可或缺的作用。必修课程共有 2 个模块，修习完之后，学生发展生物学科核心素养，应达到学业质量标准描述的一、二级水平。

1. "分子与细胞"模块

本模块包括细胞的分子组成、细胞的结构、细胞的代谢、细胞的增殖，以及细胞的分化、衰老和死亡等内容（图 6-13）。

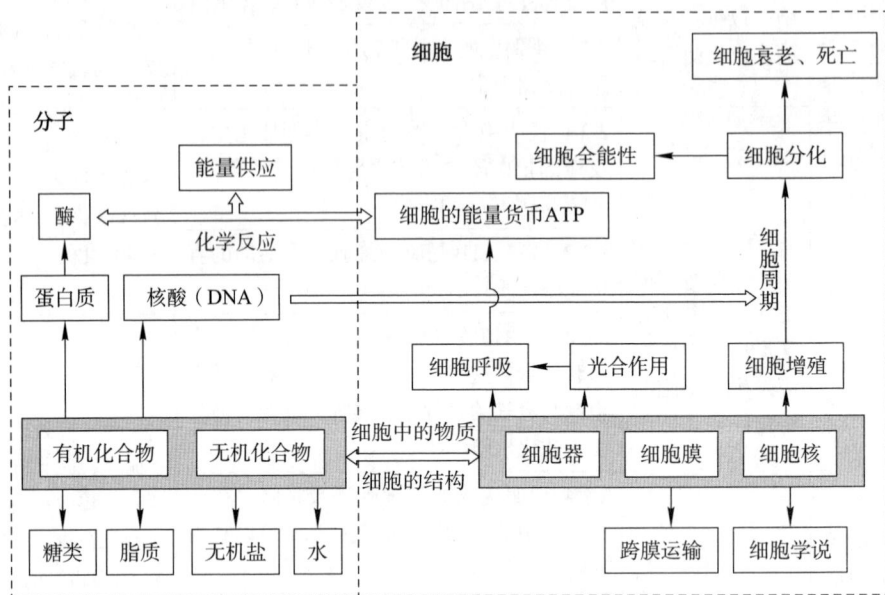

图 6-13 "分子与细胞"知识结构图

上述"分子与细胞"的课程内容由 2 个大概念将其整合与组织起来即"细胞是生物体结构与生命活动的基本单位"与"细胞的生存需要能量和营养物质，并通过分裂实现增殖"。细胞生物学是生命科学的重要基础学科，分子生物学的发展促使细胞生物学的研究进入了分子水平。本模块选取了细胞生物学方面最基本的知识，是学习其他模块的基础。通过本模块的学习，学生能够从细胞水平、亚细胞水平及分子水平等微观层面上，更深入地理解生命的本质。如生命的物质性和生物界的统一性，细胞生命活动中物质、能量和信息变化的统一，细胞结构与功能的统一，生物体部分和整体的统一，细胞会经历生长、增殖、分化、衰老和死亡等生命历程。这都有助于学生结构与功能观、物质与能量观等生命观念的形成。学习细胞的发现、细胞学说的建立和发展，有助于学生加深对科学研究过程和本质的理解，从而提高学生的科学思维与科学探究水平。

为了帮助学生构建"细胞是生物体结构与生命活动的基本单位"的大概念，现行高中学段生物学课程以生命的物质性、细胞结构的整体性及各类细胞的多样性与统一性为线索，安排了 3 个重要概念。每一重要概念之下又组织了若干个数目不等的次位概念。为了帮助学生构建"细胞的生存需要能量和营养物质，并通过分裂实现增殖"的大概念，课程以物质进出细胞的方式、物质和能量的转换、细胞的生命历程为线索，安排了 3 个重要概念及数个次位概念。

如前所述，与 2003 年普通高中生物学课程不同的是，现行普通高中生物学课程的活动内容并没有在具体知识内容后马上给出相应的建议，而是在专门设置的"教学提示"环节中安排了相应的教学活动，且说明了"活动"的缘由，以促进与加强教师对生物学课程的理解。例如，在本模块的教学提示中，课程标准要求"教师要组织好观察、实验等探究性学习活动，帮助学生增加感性认识，克服对微观结构认识的困难，逐渐领悟科学研究的方法并习得相关的操作技能；结合生物个体水平的知识、化学和物理学知识及学生的生活经验，突破学习难点；鼓励学生搜集有关细胞研究和应用方面的信息及研究进展，进行交流，以丰富相关知识，加深对科学、技术、社会相互关系的认识"。为此，概念 1 安排了 4 个相应的教学活动，概念 2 安排了 7 个相应的教学活动。

2. **"遗传与进化"模块**

本模块包括遗传的细胞基础、遗传的分子基础、遗传的基本规律、生物的变异和生物的进化等内容（图 6-14）。

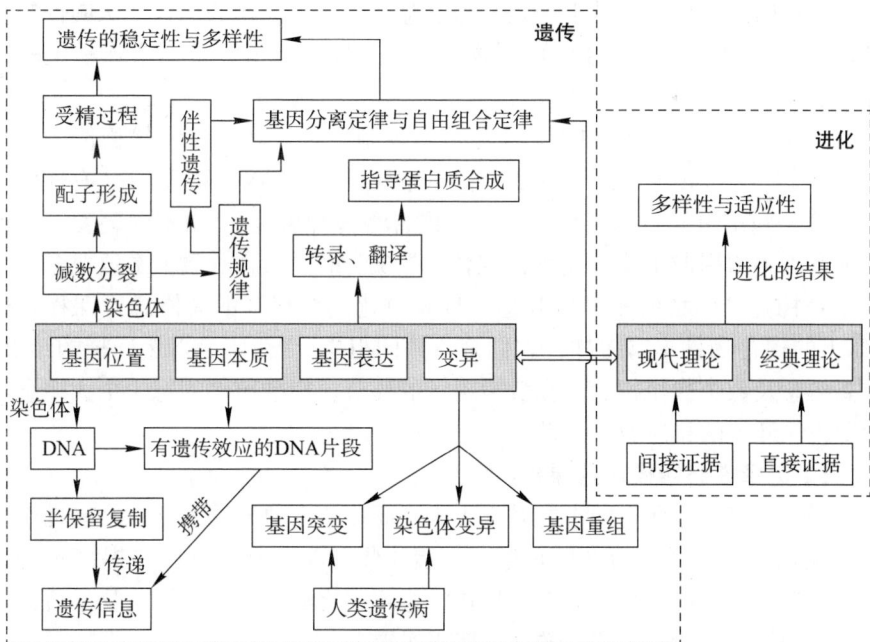

图 6-14 "遗传与进化"知识结构图

上述生物学课程内容整合在两个大概念之中：遗传信息控制生物性状，并代代相传；生物的多样性和适应性是进化的结果。本模块选取的"减数分裂和受精作用""DNA分子的结构和功能""遗传和变异的基本原理及应用"等知识，主要是从细胞水平和分子水平阐述生命的延续性；选取的现代生物进化理论和物种形成等知识，主要是为了阐明生物进化的过程和原因。本模块的内容，通过认识遗传与变异的细胞基础、分子基础，进一步强化结构与功能观、物质与能量观；通过理解生命的延续和发展，认识生物界及生物多样性，形成生物进化与适应的观点，树立正确的自然观；同时，运用已经形成的生命观念分析与解释相关的生命现象。例如，基于对DNA分子结构的认识，运用"结构与功能观"解释其结构特点与编码遗传信息、复制和传递遗传信息的适应关系。再如，运用"生物的进化与适应观"解释现存生物适应的普遍性，以及生物与生物、生物与无机环境相互作用不断进化和发展的规律。本模块能够基于生物学事实，发展学生归纳与概括的科学思维；能通过相关论据，对DNA是主要的遗传物质、某些病毒以RNA为遗传物质展开科学论证，对可遗传变异来自基因重组、基因突变和染色体变异进行科学论证。本模块还可以按照形式逻辑的方法，确定若干科学事实或概念作为逻辑起点，通过演绎推理构建一个科学的体系，发展学生演绎推理的科学思维；通过实物模型、抽象模型的建构发展学生的建模思维与科学探究能力；通过生物进化的事实证据，摒弃上帝主宰生命的唯心主义学说；能运用生物变异和自然选择学说的基本观点，理解滥用抗生素药物的危害，认同保护生物多样性对人类健康生活和社会可持续发展的重要意义等，从而增强学生的社会责任感。

本模块为了帮助学生构建"遗传信息控制生物性状，并代代相传"的大概念，安排了"亲代传递给子代的遗传信息主要编码在DNA分子上""有性生殖中基因的分离和重组导致双亲后代的基因组合有多种可能""由基因突变、染色体变异和基因重组引起的变异是可以遗传的"3个重要概念及数个次位概念。为了帮助学生构建"生物的多样性和适应性是进化的结果"的大概念，课程安排了"地球上的现存物种丰富多样，它们来自共同祖先""适应是自然选择的结果"2个重要概念及数个次位概念。在教学提示的环节，标准照例为每一个大概念给出了教师应该开展的相应教学活动。

（三）选择性必修模块的课程内容

选择性必修课程所选的内容是学生未来职业与专业发展的基础，有助于学生进一步加深对生物学大概念的理解，拓展生物科学与技术视野，提高实践和探究能力。选择性必修课程共有3个模块，修习完之后，学生发展生物学科核心素养，应达到学业质量标准描述的三、四级水平。

1. "稳态与调节"模块

该模块包括人体的内环境与稳态、人和动物生命活动的调节及植物的激素调节等内容。这些课程内容整合在 1 个大概念之中，即"生命个体的结构与功能相适应，各结构协调统一共同完成复杂的生命活动，并通过一定的调节机制保持稳态"。该大概念下设 6 个重要概念，通过细胞与内环境、内环境与稳态、神经调节与稳态、体液调节与稳态、免疫调节与稳态、植物激素的调节向学生说明所有的生命系统都存在于一定的环境之中，在不断变化的环境条件下，依靠自我调节机制维持其稳态。高等生物体和人体在生长、发育、代谢、遗传和变异等各种生命活动中，通过一定的调节机制，使机体保持稳态，并作为一个整体完成复杂的生命活动，适应多变的环境。

1952 年，贝塔朗菲出版了《生命问题——现代生物学思想评价》，提出了机体系统论的基本原理：组织原理（整体原理）、动态原理和自主原理。1968 年，贝塔朗菲又在此书的基础上写成了《一般系统论——基础、发展、应用》，创立了系统论，生物学也由此发展出了系统生物学。系统生物学一个重要的方面就是利用系统的概念、系统的思想和系统的方法来理解与整合生物科学的知识体系。本模块的课程知识内容就是以系统生物学的思想构建与组织的。它有助于学生理解高等生物个体生命活动的规律，从系统分析的角度，认识个体生命系统的稳态，从而建立"稳态与平衡观"，也有助于学生理解健康生活方式对于维持人体内环境的稳态、疾病预防的意义。

本模块能进一步强化学生已经形成的"结构与功能观""物质与能量观"，并能利用这些生命观念及新建立的"稳态与平衡观"解释稳态既是细胞及机体进行正常生命活动的条件，也是生命活动的结果；能解释和判断内环境中血糖、代谢废物、pH、体温等发生改变，机体生活的外部环境中某些因素的改变达到一定范围时，会引发机体的反馈调节等。系统生物学的一个突出特点是利用数学和建模的方法研究生物学。因此，该模块能进一步培养学生模型与建模的科学思维。同时，鉴于稳态这一概念的抽象性、稳态维持过程和机制的复杂性，课程标准在教学提示中要求教师应积极组织学生开展相关活动，帮助学生理解和掌握知识，提高运用知识解决实际问题的能力，促进学生生物学科核心素养的提升。例如，观看血液分层实验的视频并讨论血细胞与血浆的关系，比较清水、缓冲液、体液对 pH 变化的调节作用，探究植物生长调节剂对扦插枝条生根的作用，探究乙烯利对水果的催熟作用。除上述实验外，还应开展相应的活动，不仅能增强学生对课程内容的直观感知，也可进一步提升学生的科学探究能力水平。本模块的课程内容与学生的日常生活、人类的健康与疾病、社会生产实践等具有密切的关系，因而在社会责任感的培养上，本模块课程内容具有重要的价值。例如，通过"结合日常生活，讨论生活用品或食品中含有过量激素对人体健康的影响"的活动，不仅能强化学生对激素调节特点、机体反馈调节机制的认识，还能从专业的角度分析与解释如何健康地生活；再如通过"讨论滥用兴奋剂及吸食毒品的危害"的活动，不仅能强化学生对神经调节与体液调节的认识，还能从专业的角度科学、深入地宣传毒品的危害，从而提高拒绝毒品的自觉性；等等。

2. "生物与环境"模块

生命世界从细胞到个体，从个体到群体，从群体到生态系统，都是不同层次的生命系统。"分子与细胞"模块侧重于帮助学生从分子水平与细胞水平上认识生命系统的物质基础与结构基础；"遗传与进化"模块侧重于帮助学生在基因水平上认识生命系统的发生与发展；"稳态与调节"模块侧重于帮助学生从个体水平上认识生命系统内部的调节机制；"生物与环境"模块则侧重于帮助学生在群体水平上探讨生命系统的组成、结构、功能、发展变化规律及生物与环境之间相互作用的关系。本模块包括种群和群落、生态系统、环境保护等内容。这些课程内容整合在1个大概念之中，即"生态系统中的各种成分相互影响，共同实现系统的物质循环、能量流动和信息传递，生态系统通过自我调节保持相对稳定的状态"。

生态系统的概念是由植物群落学家坦斯利（A. G. Tansley）将系统理论引入到生态学的研究之中而提出的。换句话说，本模块也是利用系统生物学的研究方法建构与组织的。因此，本模块有利于培养学生系统分析和模型建构的科学思维方法。系统分析是在明确系统的边界后，在分析系统组成要素、层次结构的基础上，分析系统各组成成分间相互影响的定量关系，建立系统的数学模型，并利用计算机对系统结构优化，使系统具有功能整合作用的问题分析方法。限于高中学段15～18岁学生的思维、心理发展水平及认知需要，本模块并不要求学生掌握完整的系统分析的方法，重在领悟、体验系统的方法与思想，学习从系统的角度分析整体与局部、部分与部分、整体与外部环境之间的相互关系，运用数学模型表征种群数量变化的规律，并分析和解释影响这一变化规律的因素，且应用于相关实践活动中。

"稳态与调节"模块探讨的是个体水平的稳态，随着系统论、控制论思想方法对生物学的影响，稳态的概念突破了个体的范畴，延伸至生命科学的各个领域。即不仅人体的内环境存在稳态，各个层次的生命系统都存在稳态，在宏观领域，种群、群落、生态系统也都不例外。与人体内环境的稳态一致，生态系统的稳态也是通过反馈调节机制实现的。在生态系统中，生物与环境之间相互影响，种群数量不断变化，群落处在演替过程中。生态系统通过自动调节作用，实现物质循环和能量流动的相对稳定，形成稳态。因此，本模块在知识逻辑体系上是上一个模块的继续。本模块的课程内容有助于学生进一步了解系统分析的思想和方法，提高对生命系统与环境关系的认识，强化"稳态与平衡观""结构与功能观""物质与能量观""进化与适应观"，为学生树立人与自然和谐共处的观念、形成生态意识、环保意识和践行绿色低碳生活方式奠定基础。

3."生物技术与工程"模块

"技术"是人类在认识自然和利用自然的过程中积累起来并在生产劳动中体现出来的经验和知识，也泛指其他操作方面的技巧。生物技术不同于生物科学，但它们密切相关。生物技术是一种依靠生物科学改造自然的活动。"工程"是土木建筑或其他生产、制造部门用比较大而复杂的设备来进行的工作，如土木工程、水利工程、化学工程，当然也包括生物工程。

当代生物科技活动已经形成一个由生物科学、生物技术、生物工程3个层次组成的系统。三者的紧密相关往往使人们将三者作为一个整体而论，因而这3个概念经常被人们混用。从三者作为生物学课程内容对学生科学素养培养价值的角度考虑，必须对其做出必要的区分。生物科学作为一门基础科学，是认识生物和生命过程一般机制和原理的学问；生物技术的研究任务不在于揭示生命规律，而是以生物科学为基础，结合其他基础科学的科学原理，以发明或发展生产某种产品的操控手段；生物工程则是以生物技术为基础的多种科学技术的综合应用，以工业规模将生物技术产品产业化的过程。正因为如此，科学获取知识的方法属于"科学发现"，技术获取知识的方法属于"技术发明"，而工程获取知识的方法属于系统的集成与运作。生物科学知识是理论性的知识，生物技术知识是可以直接应用并操作的知识，生物工程知识则是与经济和人类社会发展目标相结合的、在法律和伦理约束下的、系统的操作性知识。

本模块即关于生物技术与生物工程方面的课程内容，包括发酵工程、细胞工程、基因工程、生物技术安全与伦理等。这些课程知识整合在4个大概念中，分别为"发酵工程利用微生物的特定功能规模化生产对人类有用的产品""细胞工程通过细胞水平上的操作，获得有用的生物体或其产品""基因工程赋予生物新的遗传特性""生物技术在造福人类社会的同时也可能会带来安全与伦理问题"。这4个概念既是对必修课程内容的扩展和应用，又是对生物技术和生物工程的认识和理解。本模块与日常生活、社会热点话题、经济发展、生物伦理道德、生物技术安全等联系密切。教师应抓住相关的生物技术与工程的支撑点，培养学生的科学判断能力、参与社会决策的意识习惯与能力，并增强其社会责任感。

生物技术与工程本身就是科学知识的实践过程，因此，在本模块的教学提示中，要求教师既要使用讲授与演示的方式进行教学，更要为学生提供实验条件及必要的参考资料，指导其设计和进行实验。根据本模块的特点，教师应该给予学生更多的机会参与主动的学习活动，如"利用乳酸菌发酵制作酸奶或泡菜"利用酵母菌、醋酸菌分别制作果酒和果醋""利用植物组织培养技术培育菊花或其他植物幼苗，并进行栽培""利用聚合酶链式反应（PCR）扩增 DNA 片段并完成电泳鉴定，或运用软件进行虚拟 PCR 实验"等。《普通高中生物学课程标准（2017 年版）》首次将"工程学"一词列入生物学课程理念——"教学过程重实践"之中。这里的"实践"，课程标准将其解释为学生学习过程中的实践经历，"可以是探究性学习活动，也可以是'工程学的任务'"。可见，"工程学"对于学生发展核心素养的价值日益受到重视。

（四）选修生物学课程内容

选修生物学课程包括为学有余力的学生设计的拓展课程，以及针对本校学生特点和当地资源开设的校本课程，旨在满足学生多样化兴趣和发展需要，以期为学生进一步学习和职业规划奠定基础。

课程标准给出了现实生活应用、职业规划前瞻和学业发展基础 3 个方向。每个方向给出了若干选题和实施建议（表 6-4）。

表 6-4　普通高中生物学选修课程方向、模块、价值与建议

课程方向	课程选题模块	模块数量	课程价值及选修建议
现实生活应用	健康生活、急救措施、传染病与防控、社会热点中的生物学、动物福利、外来生物入侵与防控、地方特色动植物资源	7 个	选题内容与学生生活相关，对于高中毕业后不再继续学习生物学相关专业或不从事生物学相关职业的学生来说，选择这一方向课程可以引导学生关注社会、关注生活、关注身边的生物学相关问题
职业规划前瞻	生物制药、海洋生物学、食品安全与检疫、职业病与防控、园艺与景观生态学、环境友好与经济作物、生物资源开发与利用、本地受威胁物种保护	8 个	选题内容与日后的职业规划相关，选择这一方向的课程可以了解相关领域的职业任务，认识其社会价值，尝试情感体验，为培养学生的职业兴趣和职业规划提供基础认识
学业发展基础	细胞与分子生物学、生物信息学与人类基因组、神经系统与疾病、干细胞与应用、植物组织培养、生态安全、校园动植物分类	7 个	选题内容多为必修课程与选择性必修课程内容的拓展，或现代生物科技领域的热点和前沿。选择这一方向的课程，可以进一步提高学生的生物学科核心素养，还可以为学生选择高等学校相关专业提供初步的体验，为继续学习相关专业打下深厚的知识基础

对于以上的选修课程模块，教师可以结合本校学生实际，选择开设其中一个或几个模块，也可以针对不同的学生，开设不同的模块。在具体模块教学中，教师可以根据学生的兴趣和需求，删减或丰富模块内容。教学课时及学分可以依据具体教学内容和要求灵活设置。具体模块的教学可与地方课程、校本课程内容相结合或作为校本课程开设，也可以与学校的环境教育、健康教育、爱国主义教育等专题教育相结合。具体模块内容的组织，应与学生的日常生活、社会生产实践相联系，避免单纯的知识传授；可以依据学校条件和学生特点，灵活选用适宜的教学策略和方式，提高学生的学习兴趣和探究能力。

二、初中学段生物学课程内容

我国现行初中学段生物学课程以主题组建课程内容。"主题"一词源于一个德国音乐术语，指乐曲中最具特征并处于优越地位的那一段旋律，即主旋律，表现出一个完整的音乐思想，是乐曲的核心。后来这个术语被广泛用于一切文学艺术的创作之中，指文学、艺术等作品中所表现出的中心思想，是作品思想内容的核心。与主题相对应的近义词有"立意""主旨"等，可以有一个主题，也可以有多个主题。

（一）课程内容的组织方式

初中学段生物学课程内容的构建经历了 7 个层次，依次分别是科学领域、生物学科、学习主题、大概念、重要概念、次位概念、活动内容（图 6-15）。

《义务教育生物学课程标准（2022 年版）》以核心素养为导向，以"知识内容"和"活动内容"共同构建了生物学课程内容。知识内容的组织以"科学领域—生物学科—学习主题—大概念—重要概念—次位概念"的方式依次展开。活动内容既包括学科内的科学探究，也包括跨学科实践，还包括教学提示中给出的活动建议。同时，课程标准还增设了"生物学与社会·跨学科实践"主题，引导学生通过科学探究与跨学科实践，增强课程的综合性、实践性及与社会的关系。

在知识内容的构建上，大概念是课程内容要素集成的项目，重要概念是由"项目"进一步具体化的课程内容基本要素，次位概念是由"要素"进一步具体化的课程内容"要点"。大概念、重要概念、次位概念主要表达了生物学课程的知识内容。科学探究、跨学科实践、学习活动建议等表达了生物学课程的活动内容，可以随着教师教学工作的展开而得到进一步的生成。内容要求以命题的方式表述，规定了义务教育阶段基于学科核心素养的生物学课程内容（表 6-5）；学业要求规定了所要达到的基本学习目标，以行为动词开头来描述学生应该学习什么、应该学到什么程度，表达了学生学习后应达到的学科核心素养水平；教学提示以建议的形式，围绕如何发展学生的核心素养提出了可操作的建议。生物学课程内容要求是生物学教材开发的重要依据，也是生物学教师教学目标设定、教学

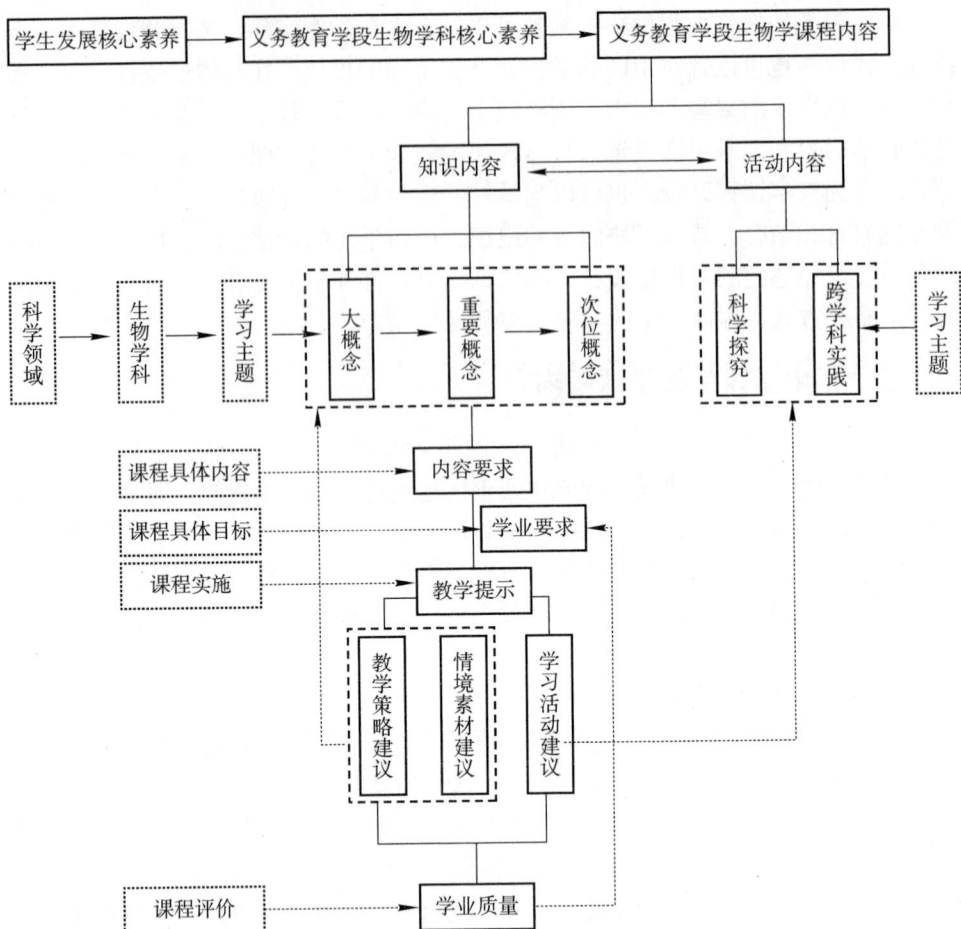

图 6-15 现行初中学段生物学课程内容体系的构建过程

内容选择、教学活动设计的重要依据。

（二）初中学段主要的课程内容

根据义务教育阶段的培养目标，综合考虑学生发展的需要、社会发展的需要和生物学科发展的需要等方面，现行初中生物学课程选取了 7 个学习主题，教师可统筹安排各学习主题，基于大概念的建立整合教学内容，帮助学生将所学知识结构化。

1. 生物体的结构层次

从微观与宏观两个尺度认识生物体的结构层次，初步理解细胞的多样性和统一性；初步形成结构与功能、部分与整体相统一等生命观念，逐步形成科学的自然观。

表 6–5　初中学段生物学课程内容要求（以"生物体的结构层次"为例）

内容要求			学习活动建议
大概念	重要概念	次要概念	
概念 1：生物体具有一定的结构层次，能够完成各项生命活动	1.1　细胞是生物体结构和功能的基本单位	一些生物由单细胞构成，一些生物由多细胞组成	实验探究活动：练习使用光学显微镜；用显微镜观察水中的微小生物；制作植物细胞、动物细胞的临时装片，用显微镜观察细胞结构；尝试制作植物细胞或动物细胞的结构模型；观察根尖细胞分裂的切片；观察人体和植物体的基本组织；观察某种原生动物（如草履虫），并探究其取食、运动或趋性
		动物细胞、植物细胞都具有细胞膜、细胞质、细胞核等结构	
		植物细胞具有不同于动物细胞的结构，如叶绿体和细胞壁	
		细胞不同结构的功能各不相同，共同完成细胞的各项生命活动	
		细胞核是遗传信息库	
	1.2　生物体的各部分在结构上相互联系，在功能上相互配合，共同完成各项生命活动	细胞能通过分裂和分化形成不同的组织	
		绿色开花植物体的结构层次包括细胞、组织、器官和个体；高等动物体的结构层次包括细胞、组织、器官、系统和个体	调查与交流活动：收集有关显微镜技术发展的资料，讨论科学、技术、社会的相互关系；通过阅读专业书籍、网络查询、专家访谈等，收集有关细胞研究进展方面的资料并进行交流和分享
		生物体在结构和功能上是一个统一的整体	

2. 生物的多样性

认识不同生物在形态结构上既有相似之处，又有差别，进一步理解生物的多样性和统一性；初步形成保护生物多样性的意识和行为习惯，增强社会责任感。

3. 生物与环境

初步运用系统与整体的思维方式认识生物与环境的相互关系，认同山水林田湖草是一个生命共同体；树立人与自然和谐共生的生态观，形成热爱自然、敬畏自然的情感，确立生态文明观念。

4. 植物的生活

理解植物生命活动的基本过程和原理，利用植物生命活动原理分析、解释、解决生产生活中的生物学问题；从物质循环与能量变化的角度阐明植物在生物圈中的重要地位。

5. 人体生理与健康

从系统、器官等不同结构层次认识人体的结构与功能，初步形成结构与功能相适应的生命观念；认识传染病的危害，理解人体免疫的基本原理与传染病的防控，增强社会意识；养成健康生活的态度和行为习惯。

6. 遗传与进化

理解遗传信息与生物性状的关系，以及遗传信息可以在亲子代之间传递；逐步形成生物进化的观点；正确认识转基因技术在生产生活和社会发展中的作用。

7. 生物学与社会·跨学科实践

认识生物学与社会的关系，理解科学、技术、工程学、数学等学科的相互关系；尝试运用多学科的知识和方法，通过设计和制作，解决现实问题或生产特定的产品。

（三）课程实施建议

《义务教育生物学课程标准（2022 年版）》让"学生发展核心素养"从一种教育理念转化为素养导向的"文本课程"。从这种"文本课程"转化为学生的"经验课程"，必须通过生物学教师对课程标准的理解和运作之后才能实现。

1. 基于核心素养进行教学目标设计

《义务教育生物学课程标准（2022 年版）》明确了义务教育阶段基于核心素养的生物学课程目标要求，这意味着生物学教学目标的设计应从"三维目标"走向"核心素养"。设计基于核心素养的教学目标，首先应该以核心素养价值监测生物学教学目标的方向，确保教学目标的设计在核心素养的框架内生成。例如，"设计单一变量的实验，探究关于植物生活的影响因素"具有培养学生科学思维、探究实践的核心素养价值。其次，核心素养目标的表述需要具体、可操作、可测量。例如，"从物质循环与能量变化的角度，阐明植物在生物圈中的作用"，其中的行为动词"阐明"能预期学生学习之后将产生的可观察、可测量的行为变化。另外，核心素养目标的设计应体现综合性、发展性和实践性。"综合性"要求应注重从问题解决的综合表现进行教学目标设计，可以表现为一种教学目标反映出一个或几个核心素养的发展情况，也可以表现为一个核心素养体现在不同的教学目标之中。"发展性"指核心素养的达成不是一堂课或几堂课即能实现的，它是一个需要整体规划的、循序渐进的过程。"实践性"指核心素养的达成是一个"做中学""用中学""创中学"的过程，核心素养教学目标的设计应包含学生的动手实践。

2. 围绕大概念组织教学内容和教学活动

"内容聚焦大概念"是《义务教育生物学课程标准（2022 年版）》提出的生物学课程理念之一，也是生物学课程内容组织的基本线索。教师要深入理解"内容聚焦大概念"的内涵和意义。大概念能够反映学科本质，是生命观念的具体内容和教学要求，支撑了生命观念课程目标的实现，具有高度概括性和抽象性。学生所面临的真实的生物学问题往往是综合的、复杂的，对这些问题的理解需要大概念的支撑。围绕大概念组织教学内容和教学活动没有统一的模式，但须围绕"大概念的解构"和"概念的进阶发展"来设计。教学实践中，单元教学是可以尝试的方式之一，即依据大概念确定单元主题，结合核心素养，确立单元学习目标。根据大概念内涵的容量，一个大概念可以对应 1~2 个单元。以单元学习目标为导向，依据大概念、重要概念和次位概念的内在逻辑关系，创设单元学习情境，提出单元核心问题。在此基础上，进一步规划课时目标和课时核心问题。概念的进阶发展往往需要学生经历从现象到本质再到应用的过程，在进行单元教学时，学习活动的设计应注意体现概念的主动建构过程。

3. 挖掘情境素材，通过具身认知发展学生的核心素养

《义务教育生物学课程标准（2022 年版）》对情境素材表现出了前所未有的重视，于每一个大概念后都给出了情境素材的建议。情境教学之所以如此受到重视，首先，真实情境能引发学生的具身认知，将抽象的概念、复杂的程序、内在的关系等以可感、可视或可操作的情境切入或呈现，让学生在自身与情境的互动中分析问题、解决问题，从而促进学生认知的投入和发生深度的学习。不仅如此，神经科学也已经证实，情境教学能促进学生理解他人的情感、情绪与行为意图，对学生必备品格的培养也具有突出的作用。此外，情境的创设是促进学生迁移能力的重要教学方式，也是测量学生迁移能力的重要途径。只有在真实情境中能够解决问题，学生所表现出的必备品格和关键能力才是真实的、持久的，也才能称得上核心素养。迁移能力的测量需要情境的转换，学生能利用在 A 情境中习得的品格与能力解决 B 情境中的问题，即初始学习情境迁移到另一个新的情境时，学习结果对新的情境仍然能产生影响或发挥作用，才具有迁移的学习效果。因此，立足学校实际的课程资源挖掘各种情境素材，通过具身认知发展学生的生物学科核心素养，也是基于核心素养生物学教学实践的必然要求。

4. 重视跨学科实践活动的开展

《义务教育生物学课程标准（2022 年版）》规定"生物学与社会·跨学科实践"学习主题约占总课时数的 10%。跨学科实践意味着生物学教学不再局限于生物学科之内，它将工程、技术、数学、物理、化学、社会等学科横向联系起来，是一种综合性的探究实践。《义务教育生物学课程标准（2022 年版）》列出了 3 个类别的跨学科实践活动，3 个类别下各有若干个活动主题。跨学科实践活动可以发展学生的实践操作能力、跨学科综合应用知识的能力、分析与解决问题的能力等高阶能力，同时还可以培养学生的社会参与意识和社会责任感，是培养"有理想、有本领、有担当"社会主义建设者和接班人的重要举措。《义务教育生物

学课程标准（2022 年版）》建议跨学科实践主题的教学与前 6 个学习主题进行一体化设计，共同生成结构化的生物学课程内容体系。在跨学科实践的选题上，可以参考《义务教育生物学课程标准（2022 年版）》提供的内容，也可以结合学校办学条件、当地生物资源和自然条件，或者从前 6 个学习主题中的重要概念、关键知识技能等灵活选题，务求有效落实。

5. 切实做好实验教学与探究教学

生物学课程是一门科学课程，实验教学与探究教学在《全日制义务教育生物课程标准(实验稿)》和《义务教育生物学课程标准（2011 版)》中被重点强调和关注，经过 20 余年的生物学教学实践，实验教学与探究教学已经成为生物学课程的教学常态。由于二者对于生物学教学的重要性，《义务教育生物学课程标准（2022 年版）》仍然对其重点关注和强调。科学不仅是一个内容丰富的知识体系，也是人类认识自然世界的一些特殊途径和方法。生物学课程作为科学课程，不仅要传播科学的事实和概念，还要体现它的科学方法和科学途径。其中，实验教学是体现科学课程的重要标志，因为在某种意义上来说，没有实验，就没有自然科学，在生物学课程的教学过程中，自然离不开实验教学法。科学探究是体现科学本质的重要途径，是科学教育的核心，是生物学课程重要的学科核心素养。科学探究的能力和思维习惯，学生通过模仿与操作是可以习得的，科学探究不仅是科学家获得新知的重要途径，也是学生学习科学课程的重要途径。

6. 围绕发展学生的核心素养精心设计作业

基于单元目标，统筹安排某单元的所有作业，应从作业类型、作业难度、作业容量、作业时间多维度进行设计。作业类型注重多样性，既要有书面作业，以加强基础知识、基本技能的落实，又要有探究实践类作业，如栽培、养殖、调查、模型制作、科普宣传、急救方法的模拟实践活动、社会性科学议题的讨论等，体现情境性、综合性和开放性等特征，发展学生综合运用所学知识和方法在真实情境中认识问题、分析问题和解决问题的能力。作业难度要平衡好学生应达到的学业目标与学生接受程度之间的关系，课时作业体现基础性，单元作业突出综合性。作业容量既要考虑容纳某课时或某单元的课程内容，又要考虑不同学科的作业总量，以免增加学生负担。根据不同的作业类型安排作业时间，书面作业以课堂内完成为主，探究实践类作业往往周期较长，应根据实际情况合理安排课上、课下作业时间。

更多数字资源 🌐

📚 参考文献　　💻 教学课件　　📝 课后自测

第七章

生物学课程的主要文本

课程主要表现为信息的载体，其载体又主要表现为文件、文本等形式。其中，课程的政策主要以国家的文件作为载体。文件形式的国家课程政策需要课程化，这个过程的第一步即研制课程方案，以课程文本的形式规范、指导、制约基础教育阶段的所有国家课程。生物学课程标准与中学生物学教科书都是针对生物学课程而研究与编制的文本，是国家课程政策在生物学科的物化形式。

第一节 | 现行中学两学段课程方案

为了课程改革的顺利进行，第八次基础教育课程改革中，先后有诸多的国家课程文件对其进行了顶层的改革设计。文件形式的国家课程政策在基础教育课程领域中落地、落实、落细、落具体，必须使其逐渐地课程化，即必须使其成为物化的、具体的课程。这个过程的第一步即研制课程方案，以顶层规划各学段所有学科课程、活动课程等的开发、实施与评价。

一、什么是课程方案

课程方案有时也称为课程计划。方案即工作的书面计划、文案。课程方案即课程规划的书面计划。

就课程开发的主体而言，课程方案可以分为不同的层次和类型，包括国家课程方案、地方课程方案和学校课程方案3种课程方案形态。因此，广义的课程方案应是课程开发者为了体现和顺利实现课程开发的意图，对课程目标、课程内容的选择与组织、课程实施与评价方法等做出的书面规划和设计。在我国，国家教育行政主管部门以国家课程文件的形式对国家课程的意图、课程目标、课程内容的选择与组织、课程实施与评价方法，以及对地方、校本课程实践做出规划和设计。这种课程文件我们一般将其称作"课程方案"，它是我国基础教育课程改革的总纲、课程育人的蓝图、课程标准与教材编制的依据和学校必须遵照执行的文件，这是一种狭义的课程方案。

"课程方案"曾在我国很长的一段历史时期被称为"教学计划",这是因为当时缺乏对"课程"的研究,因而用"教学"的研究代替了课程领域的研究。随着时间的推移,"教学计划"不仅不再适用于"课程"研究的范式,而且在使用中容易产生歧义,让人误解为是教师的教学进度计划。因此,1992年国家颁布的《九年义务教育全日制小学、初级中学课程计划(试行)》中把"教学计划"改为"课程计划"。1996年,教育部制定了第一个把普通高中作为独立学段的课程计划,同时在提法上也与义务教育阶段一致,统一把"教学计划"改为"课程计划",提高了课程研究术语的科学性。

"计划"一词所指的类型较多,不仅有书面计划,也有口头计划;既有短期计划,也有长期计划;既有战略计划,也有作业计划等。而"方案"一词则指书面的综合计划。它是书面"计划"中内容最为复杂的一种,因而需要做全面系统的部署,一般包括目标、政策、程序、规则、任务分配、要采取的步骤、要使用的资源、保障系统,以及为完成既定行动方针所需要的其他各种要素。可见,"方案"一词比"计划"一词更加规范。2001年,我国启动了第八次基础教育课程改革,教育部分别下发了《义务教育课程设置实验方案》(教基〔2001〕28号)和《普通高中课程方案(实验)》(教基〔2003〕6号)两个文件,提出"课程设置实验方案"和"课程方案(实验)"。"课程计划"也成为课程改革过程中的一个"过渡术语"。

二、现行普通高中课程方案

第八次基础教育课程改革中,2003年教育部颁布了《普通高中课程方案(实验)》,2004年开始实施,指导普通高中课程改革实践十余年。2014年,我国正式启动了普通高中课程方案与各科课程标准修订的工作,于2017年颁布《普通高中课程方案(2017年版)》。2020年,教育部下发了《教育部关于印发普通高中课程方案和语文等学科课程标准(2017年版2020年修订)的通知》(教材〔2020〕3号),因此现行普通高中课程方案是2017年版的修订版。它由培养目标、课程设置、课程内容确定的原则、课程实施与评价、条件保障、管理与监督6部分构成,系统地规划了普通高中课程设计的基本框架。

(一)高中学段的教育定位与培养目标

课程方案开宗明义,开篇就对普通高中学段的教育给出了明确的定位:普通高中教育是在义务教育基础上进一步提高国民素质、面向大众的基础教育;普通高中教育的任务是促进学生全面而有个性的发展,为学生适应社会生活、高等教育和职业发展做准备,为学生的终身发展奠定基础。

高中教育的定位问题不仅直接影响着教育政策的制定与实施,而且对义务教育与高等教育的结构调整与变革也产生了重大影响。谢维和(2011)指出"高中作为学制中一个具有高度关联性的学段，通常存在 3 种功能形态：基础教育、职业准备和大学预备教育。正是这 3 种功能的同时并存，使得高中不得不始终面临大众和精英、基础和分流、规范和选择、应试与素质、公平与适宜、均衡与特色等两难问题，成为全世界公认的办学最为困难的学段"。

虽然，高中学段具有为大学预备的功能，但高中学段一定是"基础教育"阶段，不是大学的"预科化"，虽然它担负着为高等教育输送生源的任务，但其主要功能不是高等教育的准备或预备，而是义务教育的进一步延伸——"在义务教育基础上进一步提高国民素质、面向大众的基础教育"。时至今日，我国高中学段的教育越发普及化，是面向大众的，因而它的基础教育功能也被越发地放大。

作为基础教育的一个学段，与义务教育阶段不同的是，高中学段学生即将面临"人才分流的第一道闸口"。这一阶段不仅需要继续"促进学生全面而有个性的发展"，而且还要"为学生的终身发展奠定基础"，可见，高中学段还是学生决定自己今后不同生活道路的关键期。因此，高中教育既要强调共同基础，又要兼顾学生个性发展；既是终止性的，又是准备性的；既是基础教育，又是非义务教育。作为多个矛盾使命的结合体，其任务就是承认不同并在各种不同中寻找平衡，通过提供多样化的教育为学生未来走向不同发展方向做准备（霍益萍，2012）。

在为普通高中正确定位后，课程方案制定了普通高中的培养目标。普通高中落实立德树人根本任务，在义务教育的基础上，进一步提升学生综合素质，着力发展学生核心素养，帮助学生成为具有理想信念和社会责任感、具有科学文化素养和终身学习能力、具有自主发展能力和沟通合作能力的社会主义建设者和接班人，成为有理想、有本领、有担当的全面发展的时代新人。总之，课程方案的培养目标强调作为一个全面发展的人而应实现的目标，凸显了"以人为本"的教育价值取向。

（二）课程设置的同一性与选择性方面的要求

传统的高中课程结构中，学生的选择性一般体现为文科、理科的选择，一旦选定学文或学理，其学习的全部课程就确定下来。这保证了每个学生有基本同一的知识与技能基础。但是这种精致的课程设置，却扼杀了学生的个性——课程像典型的过滤器，使学生标准化、同一化（石鸥，2003）。为了"促进学生全面而有个性的发展"，《普通高中课程方案（2017 年版）》在《普通高中课程方案（实验）》的基础上，进一步突出了课程的选择性。

课程方案指出普通高中课程由必修、选择性必修、选修 3 类课程构成。这样的课程设置一方面扩大了课程的选修空间，实现了课程内容的多样化和层次化，为学生自由选择课程、实现不同需要提供了前提；另一方面，"生活即课程"，课程内容及课程选择的过程都是学生成长、发展的重要课程资源。这样的课程设置有利于帮助学生在进入社会之前就能够有意识地规划自己的人生。

学生高中毕业的学分要求为 144 学分。其中，必修课程 88 学分，选择性必修课程 42 学分，选修课程 14 学分（其中校本课程 8 学分），见表 7–1。

表 7–1 普通高中课程方案（2017 年版 2020 年修订）

科目	必修学分	选择性必修学分	选修学分
语文	8	0～6	0～6
数学	8	0～6	0～6
外语	6	0～8	0～6
思想政治	6	0～6	0～4
历史	4	0～6	0～4
地理	4	0～6	0～4
物理	6	0～6	0～4
化学	4	0～6	0～4
生物学	4	0～6	0～4
技术（含信息技术和通用技术）	6	0～18	0～4
艺术（或音乐、美术）	6	0～18	0～4
体育与健康	12	0～18	0～4
综合实践活动	8		
劳动	6		
合计	88	≥42	≥14

课程方案的选择性在课程领域是通过向学生提供多样化的课程来实现的，而多样化课程实现的重要途径之一是设置模块课程。课程方案仍以学习领域、科目、模块建构课程，在 2003 年版的基础上，模块课程内容以大概念将课程内容进一步结构化。将独立的学科归入某一学习领域，旨在以整体的、综合的态度来看待学科，为学生形成完整的世界观奠定基础。

（三）课程内容选择与组织方面的要求

课程方案明确表示了普通高中课程的主要内容和要求可以通过国家课程标准反映出来，但课程内容的确定必须遵循课程方案所制定的基本原则。其一，思想性。课程内容的选择应"坚持辩证唯物主义和历史唯物主义，加强中国特色社会主义教育，充分反映习近平新时代中国特色社会主义思想，全面落实社会主义核心价值观的基本内容和要求，提升道德修养，有机融入中华优秀传统文化、革命文化、社会主义先进文化、法治意识、国家安全、民族团结和生态文明等教育，充分体现中国特色"。其二，时代性。课程内容的选择应"充分反映马克思主义中国化最新成果、当代社会进步、科技发展和学科发展前沿、充分体现先进的教育思想和教育理念，紧密联系学生生活经验，及时更新教学内容"。其三，基础性。课程内容的选择应"面向全体学生，依据学生发展核心素养，精选学生终身发展必备的基础知识和基本技能，打牢学生成长的共同基础。注重培养学生的学习兴趣、学习能力和探索精神，注重培养学生分析问题、解决问题的能力。合理控制学生的课业负担"。其四，选择性。课程内容的选择与组织应"适应国家人才培养需要，在保证每个学生达到共同基本要求的前提下，充分考虑学生不同的发展需求，结合学科特点，遵循学习科学的基本原理，分类分层设计可选择的课程，满足学生不同学习需要，促进学生发展"。第五，关联性。课程内容的选择与组织应"注重学科内容选择、活动设计与学生发展核心素养养成的有机联系。关注学科间的联系与整合。增强课程内容与社会生活、高等教育和职业发展的内在联系"。以上 5 项基本原则，其中"思想性"与"关联性"是在 2003 年版课程方案的基础上增加的两项原则。

（四）课程实施与评价方面的要求

2003 年版《普通高中课程方案（实验）》在课程实施与评价方面给出了 5 个方面的规划，分别是：合理有序地安排课程；建立选课指导制度，引导学生形成有个性的课程修习计划；建立以校为本的教学研究制度；充分挖掘课程资源，建立课程资源的共享机制；建立发展性评价制度。现行课程方案在 2003 年版的基础上进一步强化了课程有效实施的制度建设，进一步明确了课程实施环节的责任主体和要求。方案明确规定，应科学编制课程标准与教材、合理制订课程实施规划、建立选课指导制度和学生发展指导制度、大力推进教学改革、努力完善考试评价制度、充分开发与利用课程资源等，以多方面促进学生核心素养的发展。

此外，现行普通高中课程方案相较于 2003 年版方案还增加了"条件保障"部分，从师资队伍建设、教学设施和经费保障等方面提出具体要求；增加了"管理与监督"部分，强化各级教育行政部门和学校课程实施的责任。总之，与以往各个版本的课程方案不同，现行方案不仅是一种"应然"的课程文本，一种行将试验的计划，而且清楚说明了决策的依据，给出了课程改革的条件保障、管理与监督的机制。通过课程方案的分析，我们可以看到现行普通高中课程结构在理论上是合理的；方案的决策是有依据的、可靠的；方案的实施有配套措施，以及组织与制度上的保障，因此在实践上也是可行的。这也反映了我国"课程方案"的制作越来越科学与系统。

三、现行义务教育课程方案

同《普通高中课程方案（实验）》一样，2001 年教育部印发的《义务教育课程设置实验方案》在引导和推动我国基础教育课程改革方面发挥了重要作用。同时，为了面向新时代对义务教育发展提出的新要求，为了建构立德树人长效机制，优化育人蓝图，我国也启动了义务教育课程方案的修订工作，于2022年颁布了《义务教育课程方案（2022年版）》。新方案与现行普通高中课程方案一样，都在目标理念、内容结构、评价政策、课程管理等方面体现了核心素养导向的变革主线。

（一）建构"三有新人"义务教育培养目标

"青年强，则国家强。""青年一代有理想、有本领、有担当，国家就有前途，民族就有希望。"新课程方案根据义务教育性质及义务教育课程定位，从"有理想、有本领、有担当"三个方面，建构了"三有新人"义务教育培养目标的基本框架。新课程方案从国家层面刻画了义务教育阶段毕业生的集体形象，不仅充分体现了党和国家对培养担当民族复兴大任时代新人的新要求，还从立德树人的高度通过引导学生厚植爱国主义情怀，自觉为建设社会主义现代化强国、实现中华民族伟大复兴而努力奋斗的决心。

（二）完善"五育并举"课程体系

习近平总书记提出"全面贯彻党的教育方针，落实立德树人根本任务，培养德智体美劳全面发展的社会主义建设者和接班人"的要求。以党的教育方针为根本指引，新课程方案整体设计和系统完善了义务教育课程体系（表7-2），落实了"五育并举"和创新人才培养要求。在总体课程结构和类别保持基本不变的前提下，强化劳动课程设置，规定劳动教育的多样化实施途径。新课程方案还落实了国家信息科技战略政策，将原整合在综合实践活动中的"信息技术"独立设置，并将课程名称确定为"信息科技"，强调培育现代公民信息素养。信息科技坚持一至九年级一体化设计，其中三至八年级独立设课，其他年级的内容则渗透在数学等课程中。

（三）确立"聚焦核心素养"课程理念

2017年普通高中课程方案聚焦核心素养培育，落实了立德树人任务，彰显了学科育人的功能。基于普通高中核心素养课程改革的良好效果，义务教育阶段也开始尝试将核心素养理念应用于教育教学实践之中。义务教育新课程方案梳理和顺应了这种核心素养教育思潮，深入总结和吸收了基础教育课程改革的主要成果和经验，明确聚焦核心素养，整体架构义务教育课程体系。依据义务教育阶段"三有新人"的培养目标，各门课程明确凝练了学科核心素养和课程目标，凸显各门课程的独特育人价值和共通育人价值。

（四）直面"减负增效"关键问题

新课程方案对"减负增效"的关键问题做出直接回应，力求实现义务教育课程"减负提质"，确保学生全面而有个性地健康成长。首先，坚持以学生发展为本，通过聚焦核心素养落实立德树人根本任务，将课程主要内容定位于适应信息

表 7-2　义务教育课程方案（2022 年版）

年级									九年总课时（比例）
一	二	三	四	五	六	七	八	九	
国家课程 道德与法治									6% ~ 8%
语文									20% ~ 22%
数学									13% ~ 15%
外语									6% ~ 8%
历史、地理									3% ~ 4%
科学						物理、化学、生物学（或科学）			8% ~ 10%
信息科技									1% ~ 3%
体育与健康									10% ~ 11%
艺术									9% ~ 11%
劳动									14% ~ 18%
综合实践活动									
地方课程 由省级教育行政部门规划设置									
校本课程 由学校按规定设置									
周课时	26	26	30	30	30	30	34	34	34	
新授课总课时	910	910	1 050	1 050	1 050	1 050	1 190	1 190	1 122	9 522

注：本表按"六三"学制安排，"五四"学制可参考确定。

文明时代个人和社会发展所需要的正确价值观念、必备品格和关键能力，从学生当下的身心特点和生活经验出发，将学习内容、学习方式与学生身心发展规律相适应。其次，重视课程实施的过程和方法。课程的实施聚焦实践能力培养，培养学生面对真实情境解决现实问题的能力，推进育人方式的改革。最后，着力深化课程内容结构改革。各个科目课程标准在课程内容结构化方面迈出了更大步伐，采用了"任务群""大观念""大主题""大单元"等设计思路和技术，以此为课程内容瘦身，纲举目张，有效整合科目知识点和主题活动内容，以课程内容结构化促进育人方式的转变，实现减负增效。

第二节 ｜ 生物学课程标准

在工业、商业等领域内，标准化方法和标准化思想已经比较成熟，相应的各种技术标准、商品生产标准、管理标准大量存在，以规范相关领域的产品与行为。教育领域内也有"标准"，特别是"课程标准"。自 20 世纪 80 年代以来，"课程标准"逐渐成为世界范围内基础教育课程改革的关键词。原来没有国家标准的国家开始大力开发和构建国家（或地方）课程标准体系；原来惯用"教学大纲"或"教学指导纲要"等课程教学指导文件的国家转而编制和改用"课程标准"。总之，基于课程标准开展课程、教材、教学、评价、教师专业发展等方面的教育改革已然形成。生物学课程标准是我国基础教育学科课程标准的一个重要组成部分，对生物学教材、教学、评价、考试的规范化具有重要的意义。

一、课程标准的含义

如果说课程改革是基础教育改革核心的话，那么课程标准则是基础教育改革核心中的核心。因此，认识与理解课程标准是教师确立课程标准意识，基于标准教学的首要一环。

课程标准的核心词是"标准"。"标准"作为名词时指衡量事物的准则。"课程标准"则指衡量关于课程的"事与物"的准则，如衡量课程目标、课程内容、课程实施、课程资源、课程评价等的准则。

国际标准化组织（ISO）先后以"指南"的形式给"标准"做出了统一规定：标准是由一个公认的机构制定和批准的文件。它对活动或活动的结果规定了规则、导则或特殊值，供共同和反复使用，以实现在预定领域内最佳秩序的效果。显然，作为一种"标准"，"课程标准"也是由公认的机构制定和批准的、供共同和反复使用的文件，是课程管理规范化、科学化的产物。按照文件批准机构的不同，可以分为不同类型的课程标准。由国家教育部颁布批准的课程标准称为国家课程标准。生物学课程标准就属于国家课程标准。

我国 2001 年《基础教育课程改革纲要（试行）》对"课程标准"性质和功用做出了明确的规定：国家课程标准是教材编写、教学、评估和考试命题的依据，是国家管理和评价课程的基础。应体现国家对不同阶段的学生在知识与技能、过程与方法、情感态度与价值观等方面的基本要求，规定各门课程的性质、目标、内容框架，提出教学和评价建议。可见，国家课程标准是由教育部颁布的带有指令性的、重要的国家课程文件，是国家对基础教育课程的基本规范和要求，是整个基础教育课程改革系统工程中的重要枢纽，是衡量课程目标、课程内容、课程实施、课程资源、课程开发建设、课程评价与管理的准绳。它规定了课程运作过程与实施结果的规则，供教材编写、教学、评估和考试命题时遵守与反复使用，以确保课程实施的最佳效果和秩序。

📖 **拓展阅读 7-1** "课程标准"定义的演变

二、课程标准的分类

作为国家教育目标具体化的媒介和途径，课程标准应该如何将国家教育目标转化为学校课程与教学的具体要求？对这个问题的不同回答形成了不同类型的课程标准。

（一）内容标准

一种观点认为应将国家的教育目标与学科教学内容对应起来，学生应该知道学习什么和能够做什么，即描述学生在学校应该学习的知识和技能，以及学科领域中本质性的和最为重要持久的概念、观念、原理或理论等。由此编制的课程标准文本是一种由"教学内容"构成的文本，因此称为内容标准（content standard）。中华人民共和国成立前的课程标准与中华人民共和国成立后长期使用的教学大纲均属于内容标准。

（二）表现标准

一种观点认为课程标准除了包括内容标准外，还需要表现标准（performance standard）。这是 20 世纪 80 年代后期欧美课程研究领域的观点。秉持这种观点的专家认为，课程标准不仅要陈述学生需要学习的内容，还要描述他们在学习这些内容时应该有何种表现，达到何种程度或质量。具体来说，课程不仅仅是课程内容，还包含学生的学习活动及其表现和结果，因此，表现标准又称为"成就标准"。可见，课程标准不仅要对课程内容做出规定，也要对表现和结果加以规定和说明，以作为学生学业质量评价的尺度和准绳。它明确了学生对课程内容的学习"怎样好才算足够好"的问题，反映了对相关知识与技能的掌握程度或成就水平。

（三）机会标准

一种观点认为课程标准除了包含内容标准、表现标准外，还包括机会标准（opportunity to learn standard）。这是 20 世纪 90 年代以来欧美课程研究领域的一种普遍看法。它与上述两种认识的不同之处在于把机会标准纳入课程标准的范畴，同内容标准、表现标准一起构成课程标准的主体结构。所谓"机会标准"，即对影响学生学习机会的有关条件或安排做出规定，"旨在保障每一个学生的'学习权'而制定的教学规范、关系规范、课程资源的分配规范"（钟启泉，2003）。也就是说，课程标准不仅要对学生学习什么和能做什么，以及有何种学习表现和学习结果加以规定和要求，也要对达到这些方面的规定和要求所需要的条件或学习机会做出相应的规定和说明。

三、生物学课程标准的含义

生物学课程是国家课程，会有相应的课程标准对其做出相应的规定。按照《基础教育课程改革纲要（试行）》对"课程标准"的界定，生物学课程标准是由国家教育部颁布的带有指令性的、重要的国家课程文件，是国家对生物学课程的基本规范和要求，是生物学教材编写、生物学教学、生物学教学评估和生物学考试命题的依据，是国家管理和评价生物学课程的基础。生物学课程标准规定了生物学课程的性质、生物学课程目标、生物学课程内容标准，提出了生物学教学和评价的建议。毫无疑问，生物学课程标准对生物学教材编制、教师教学和评价具有重要指导意义，是生物学教材、教学和评价的出发点与归宿。它是我国基础教育阶段生物学课程的基本规范和质量要求，是每个中学生物学教材编写人员、教师和教育管理者开展工作的依据和准绳。

可见，生物学课程标准具有多方面功能。其一，它具有评价的功能。生物学课程标准能够衡量生物学课程与教学的质量、学生学业水平与学业质量、教育系统对课程与教学支持的质量、教育管理及相关政策的切合性。其二，它具有指导的功能。生物学课程标准能够为生物学教师开展教学活动、为生物学教材编写者提供依据，帮助人们判断教材内容与结构、教师专业发展活动、评价方式、教学方式和教学环境等是否合适。其三，它具有协调功能。生物学课程标准能促进生物学课程、教学活动或相关改革目标相互协调、目标一致、首尾如一地进行下去，促使每一个相关人员都能向着同一方向前进。

四、认识现行中学生物学课程标准

现行初中学段生物学课程标准是《义务教育生物学课程标准（2022年版）》，现行高中学段生物学课程标准是《普通高中生物学课程标准（2017年版2020年修订）》，二者均基于核心素养，为在前期课程标准基础上研制的最新课程标准。2013年，教育部制定了《"标准与指南"制定和发布规程》，强化对国家教育标准体系的顶层设计。在这之后研发的《普通高中生物学课程标准（2017年版）》《普通高中生物学课程标准（2017年版2020年修订）》《义务教育生物学课程标准（2022年版）》更科学、更规范、更准确、更实用，也更系统、全面、易操作。下面以现行普通高中生物学课程标准为例，对现行中学生物学课程标准的框架结构、行为语言、基本取向、类型特点进行说明。

（一）现行中学生物学课程标准的框架结构

课程标准的文本系应用文体。由于课程的复杂性与各国文化传统的差异，国际上尚未有统一的课程标准文本结构形式。但作为应用文体，其基本要求是具有清楚、规范、完整的框架结构（表7-3）。现行中学生物学课程标准的框架结构可以分为3部分：课程标准的说明部分、课程标准的正文部分、课程标准的补充部分。

1. 课程标准的说明部分

在课程标准的说明部分中，现行中学生物学课程标准安排了封面、前言和目

表 7-3　3 版课程标准（大纲）的框架比较

2000 年版	2003 年版	2017 年版 2020 年修订
一、课程目的	第一部分：前言	前言
二、课程目标	一、课程性质	一、课程性质与基本理念
三、课程安排	二、课程的基本理念	（一）课程性质
四、教学内容	三、课程的设计思路	（二）基本理念
1. 高中生物必修课	第二部分：课程目标	二、学科核心素养与课程目标
2. 高中生物选修课	第三部分：内容标准	（一）学科核心素养
五、教学中应注意的	一、必修部分	（二）课程目标
几个问题	1. 必修 1：分子与细胞	三、课程结构
六、教学评价	案例 1	（一）设计依据
附录	案例 2	（二）结构
	2. 必修 2：遗传与进化	（三）学分与选课
	案例 3	四、课程内容
	3. 必修 3：稳态与环境	（一）必修课程
	案例 4	模块 1 分子与细胞
	二、选修部分	模块 2 遗传与进化
	1. 选修 1	（二）选择性必修课程
	2. 选修 2	模块 1 稳态与调节
	3. 选修 3	模块 2 生物与环境
	第四部分：实施建议	模块 3 生物技术与工程
	一、教学建议	（三）选修课程
	二、评价建议	现实生活应用
	三、教科书编写建议	职业规划前瞻
	四、课程资源的利用与开发	学业发展基础
	建议	五、学业质量
		（一）学业质量内涵
		（二）学业质量水平
		（三）学业质量水平与考试评价的关系
		六、实施建议
		（一）教学与评价建议
		（二）学业水平考试与命题建议
		（三）教材编写建议
		（四）地方和学校实施本课程的建议
		附录
		附录 1 学科核心素养水平划分
		附录 2 教学与评价案例

录。封面反映了标准的识别特点，包括标准名称、具体的学段、标准发布的机关、标准发布实施的时间；前言对标准研制的背景、依据、修订的主要内容和变化等做出了特殊的说明；目录指示了标准的内容与逻辑顺序，以方便检索、阅读与使用。

2. 课程标准的正文部分

在课程标准的正文部分中，现行中学生物学课程标准包括课程性质与基本理念、学科核心素养与课程目标、课程结构、课程内容、学业质量、实施建议等部分。例如，表7-3中现行普通高中生物学课程标准的正文相较于2003年版标准进行了一些调整。一是将2003年版中前言部分的"课程性质"与"课程理念"安排在了正文的第一部分，这主要是因为课程性质、课程理念是生物学课程的基本要素，安排在正文部分更加合理、准确，促进了课程标准的完整性。二是提炼了生物学科的核心素养作为生物学课程目标，展示了现行中学生物学课程标准是基于核心素养的课程标准。三是将课程结构作为基本要素进行了阐述，强调了课程内容选择与组织的重要性。四是对课程内容进行了进一步的调整，在课程类型上不仅有必修课程与选修课程，还有选择性必修课程。五是研制了学业质量标准，将学业质量水平与考试评价真正对接起来。六是强化了课程管理，在实施建议中提出了地方和学校实施本课程的建议。现行初中生物学课程标准除了课程结构外，其余均做了与普通高中生物学课程标准类似的调整。

3. 课程标准的补充部分

在课程标准的补充部分，现行普通高中生物学课程标准安排了两个附录。附录1为"学科核心素养水平划分"，以表格的形式呈现学科核心素养的不同水平，进一步补充说明学生学业质量水平与评价标准。附录2给出了"'生态系统的稳定性'教学目标""筛选分离土壤中尿素分解菌的教学设计""寻找疯牛病的病原体""建立种群增长模型""核心素养的评价案例""检测生物组织中的还原糖、脂肪和蛋白质""基于在线学习平台的教学"等8个案例。现行初中生物学课程标准则提供了7个教学或评价的案例。这些案例都是针对相对较"新"或不易操作的课程内容和课程活动，以便于教师理解与使用标准，同时也是引导一种新观念、新的教学策略与有效方法。

（二）现行中学生物学课程标准的行文语言

课程标准作为一种应用文体，其基本要求需要遵循"标准"表述的习惯、规则及标准的文体规范，如需要行文简练、对事务及项目的阐述详而不繁等，因而标准经常使用"条款性语言"。现行中学生物学课程标准的条款性语言主要包括陈述性条款、指示性条款、推荐性条款和要求性条款4种。

1. 陈述性条款语言

陈述性条款是指以肯定或否定形式陈述一个事实或看法的语言条目，具体到语言句式上，陈述性条款多使用陈述句。它常在概述、具体事实等的陈述中出现，如"生物学课程的性质""基本理念""学科核心素养""课程结构""学业质量"等概念界定或具体事实的叙述中，大体采用的是陈述性条款的叙述方式。

2. 指示性条款语言

指示性条款是指以指令、叮嘱等的形式指示做或不做某事的语言条目，具体到语言句式上，指示性条款多使用带有祈使语气的句子，一般主语通常省略，如课程目标的目标要求部分、学业质量的水平要求部分。另外，现行普通高中生物学课程标准课程内容中"内容要求"的部分中，大概念与重要概念采用的是陈述性条款叙述，而次位概念则采用的是指示性条款的叙述方式。

指示性条款语言的表达必须清晰、准确、具体、可测量、可操作，不可使用概括性语言、不可含糊不清、不可产生歧义，以便让所有课程标准执行者理解。指示性条款的语言必须精准、清晰、严谨、可行，这是实现课程标准功能的基本前提，否则易造成对课程标准的随意解读。为了避免随意解读，我国新的生物学课程标准（教学大纲）一经出台，常伴随着"官方"的《生物学课程标准的解读》。其实，只要对课程内容通过什么活动来教，教到什么程度，对课程内容、活动内容、活动环境、表现程度等方面都有明确、具体、清晰的规定，"官方的解读"便会逐渐的式微。值得欣喜的是，相较于表 7–3 中 3 版课程标准（教学大纲）的指示性条款语言，我们可以发现现行中学生物学课程标准力求更严格、细致的标准描述，已经在很大程度上保证了标准的权威性和指示性。

3. **要求性条款语言**

要求性条款是指以"情态动词＋动词"的句子结构形式表达要求做或不做某事的语言条目，具体到语言句式上，要求性条款一般使用"应该""必须""需要"等情态动词再加上动词来表达。现行中学生物学课程标准中"教学提示"和"学业要求"的部分更多地运用了要求性条款语言。指示性条款和要求性条款规定的是一定要做到的内容。因此，在现行中学生物学课程标准的课程内容部分，不管是内容要求，还是教学提示或者学业要求，其语言叙述风格均态度明朗、观点鲜明，表现了课程标准"准绳""尺子"的功能。

4. **推荐性条款语言**

推荐性条款是指以介绍、建议的形式推荐去做或不去做某事的语言条目。具体到语言句式上，推荐性条款一般使用"应当""可""宜"等情态动词再加上动词来表达。推荐性条款规定的是建议要做到的内容。现行中学生物学课程标准的"实施建议"部分常采用推荐性条款的叙述方式。这种叙述方式态度具有明显的倾向性，不是必须要做，而只是提出建议和意见。需要注意的是，要求性条款语言中所使用的"应该"表示要求，英文中常用"shall"表示；推荐性条款语言中所使用的"应当"表示的是建议，仅仅起指导作用，英文中常用"should"表示。

以上 4 种条款性语言，指示性条款和要求性条款是现行中学生物学课程标准的核心，最能反映课程标准的主旨；陈述性条款主要概述事实、依据或界定概念，其目的是为指示性条款与要求性条款提供理论与事实的支持；推荐性条款是为课程的实施提供适当的建议，目的是为了促进课程实施者对生物学课程标准的认识与理解，提高课程实施的有效性。

（三）现行中学生物学课程标准的"素养"取向

观察比较表 7-3，可见 2000 年大纲是一个内容标准，是基于"内容"取向的，或者说"知识"取向的；2003 年课程标准第三部分直接命名为"内容标准"，虽然也有"表现标准"与"机会标准"的成分，但更倾向于"内容"取向；2017 年课程标准以核心素养为宗旨，是基于"素养"导向的。

与传统上倾向于关注内容标准的做法不同，研制基于核心素养的课程标准遵循不同的逻辑，需要对原有教育教学观念和体系进行系统反思（杨向东，2017），如怎样摆正核心素养与生物学课程的关系。传统上，课程设计以学科知识为中心，课程设计大多始于、止于学科知识，课程设计的核心问题在于如何把相关学科知识内容加以组织（Goodson，1997）。在核心素养的视域下，课程设计指向于核心素养，核心素养需要融入生物学课程。生物学课程与其他学科课程一样，都成为核心素养的载体。课程标准需要以素养要求的方式，将国家教育目标具体化，建立育人目标与学校课程的关联。综合各国与地区的经验，基于核心素养的课程标准研制基本遵循学生核心素养—学科核心素养—课程内容的思路。按照这种思路，生物学科核心素养起着桥梁的作用，因而是研制课程标准的关键。现行中学生物学课程标准将学科核心素养转化为内容标准与表现标准，如现行普通高中生物学课程标准"举例说明细胞各部分结构之间相互联系、协调一致，共同执行细胞的各项生命活动"，在其后的教学提示中要求"尝试制作真核细胞的结构模型"，在学业要求中又要求"建构并使用细胞模型，阐明细胞各部分结构通过分工与合作，形成相互协调的有机整体，实现细胞水平的各项生命活动"，其背后的逻辑是通过相应的课程内容与课程活动，帮助学生形成生命观念，提高学生的科学思维与科学探究水平。

可见，基于核心素养研制课程标准，并不仅仅是在原有文本基础上做些文字上的改动，而是需要基于素养教育的理论与已有的成功经验，系统反思原有教育教学观念和体系的弊端和不足，重新构建以核心素养为导向的基础教育理论框架和课程体系。

（四）现行中学生物学课程标准的完整性

生物学课程标准的建设是一项系统工程，因此需要根据系统理论和"标准"制定的规范进行统筹规划与编制。从生物学课程的运作过程来看，生物学课程基本要素包括生物学课程性质、生物学课程理念、生物学课程目标、生物学课程结构、生物学课程内容、生物学课程评价、生物学课程资源、生物学课程管理、生物学学业水平与命题考试等。统观表 7-3 中 3 版课程标准（教学大纲），现行普通高中生物学课程标准对各要素的陈述或规定最为全面和完整。

现行普通高中生物学课程标准是"内容标准""表现标准"与"机会标准"的统一。它摒弃了 2003 版"内容标准"的说法，因为在课程内容的规定中，不仅有对课程内容的规定，还有对具体学习表现的规定。例如，内容要求"概述 DNA 分子是由 4 种脱氧核苷酸构成，通常由两条碱基互补配对的反向平行长链形成双螺旋结构，碱基的排列顺序编码了遗传信息"，要求"概述"学习内容；在接下来的学习要求中又进一步要求学生"结合 DNA 双螺旋结构模型，阐明 DNA 分子作为遗传物质所具有的特征，以及通过复制、转录、翻译等过程传递和表达遗传信息（生命观念、科学思维）"。除了在课程内容中规定了学生的学习表现外，现行中学生物学课程标准更是专门研制了学业质量标准，明确学生完成生物学各阶段学习任务后，生物学科核心素养应该达到的水平，各水平的关键表现构成评价学业质量的标准。此外，现行中学生物学课程标准还对达成"内容标准""表现标准"的规定与要求的条件或学习机会给出了规定、说明和建议。从某种程度上说，现行中学生物学课程标准也是"机会标准"。

第三节 ｜ 生物学教科书

课程政策、课程方案、生物学课程标准等国家的课程文件最终需转化为生物学教科书才能进入课堂。对生物学教师而言，生物学教科书是生物学课程改革最具操作性的文本，是其在课堂层面实践生物学课程改革的重要依据。因此，生物学教科书的编制质量直接反映了生物学课程改革目标的达成度。

一、一般语境下的教科书

教科书，即"教科用图书的简称"，曾经被人们称为"课本"，是教育日常生活中最常见的物品之一。它是教师的教学用书，也是学生的学习用书。这是人们在一般语境下对教科书的认识，其基本含义包括：其一，教科书以图书的形态存在；其二，教科书的内容范围按教学大纲（课程标准）的要求安排；其三，教科书使用的环境为课堂教学环境、学生的自习或者复习环境。但若细究其里，这种理解有许多不清晰的地方，如："书"的形态是纸张书籍还是电子书籍呢？教师自行按课程标准的要求而编纂的"书"是否一定能称为"教科书"呢？

事实上，教科书的内容不仅有正文文字，还有注释、插图、实验和习题等；按课程标准的要求而编纂的"书"才有可能被认可为"教科书"，需要经过一定的制度规约，如国定制、审定制、自由制；教科书不是课本，而是教材的子集，是教材的主体。正如陈桂生（2006）所说："如果说在近代以来的学校课程中一直以教科书为唯一的教材，那么在现代课程体系中，教材已经不等于教科书，作为'标准化教材'的教科书观念也在变化中。"可见，一般语境下教科书的概念并不能完整地界定"教科书"，有必要重新给"教科书"一个完整的定义。

📖 拓展阅读 7-2　我国教科书的来源与行政制度

二、教科书与教材的关系

教学是由种种因素构成的极其复杂的动力性过程。教学的结构通常被视为由三大要素——教师、学生、教材构成。这种界定揭示了教学的构成要素，可以说是现代最经典的教学结构模型。不过，作为三大要素之一的"教材"却是含义多歧的术语。

钟启泉（2008）曾从 3 个层面对教材进行了界定：第一，教材是学生应当掌握的知识体系，包括事实、概念、法则、原理等；第二，教材是知识背后的能力体系，通过各种作业和活动促进学生能力的发展；第三，教材还包括了能力体系背后的价值观、世界观和伦理道德规范。可见，教材是根据一定的课程目标、实际需求、课程内容进行编写的；教材是教学过程之中不可或缺的基本要素之一；教材的服务对象是教师和学生，是教与学的可利用资源；教材借助不同的物质载体存在与显现，如教科书、辅助性图书资料等文本教材，多媒体课件等视听教材，以及模型或仪器等承载或传递特定教育信息的物化形态的教具（刘继和，2005）。因此，教材是教师为实现一定的教学目标，在教学活动中使用的、供学生选择和处理的、负载着知识信息的一切手段和材料。从表现形式上来看，教材既包括以教科书为主体的图书教材，又包括各种视听教材、电子教材，以及来源于生活的现实教材等。

每个学科都有配套的教科书，作为实现一定教育目的的重要工具。教科书反映了学科的课程内容，为教学内容提供依据。因此，教科书是教材的一种形式，是经过精心编纂，包含学生发展所需知识、活动的最直观的教材，是最具代表性的核心教材，是教师教和学生学的主要材料。可见，教材不单指依据课程标准加以组织编排的、作为学科教学主要材料的教科书，还包括了教师的教授行为所利用的一切素材和手段。教科书只是教材的一种，与之并行的还有大量的教学辅导用书、各种视听教材、学生活动报告册、模型、标本、挂图、投影片、音像教材、电子教材、网络教材，以及来源于生活的现实教材等。

三、教科书的重新定义

综合以上对教科书的分析，可以得出以下结论。其一，传统的教材概念等同于教科书，但随着时代的发展，教科书已不能等同于教材，而只是教材的一种最重要的表现形式。其二，传统意义上，教科书即课本。按字面理解，课本即"课程之本""一课之本"，但如今意义上的"教科书"也是教学的材料，而且可供选用的教科书由原来的"一本书"到现在的"多本书"，这些教科书都是依据课程标准而编写的，因此教科书已难构成"一课之本"。因此，"教科书即课本"的说法已不再成立。其三，教科书是教学用的图书，不仅仅是反映课程内容的文本，还融入了图像、习题、导言、活动、思维等元素，激发学生的多种感官通道共同参与学习。其四，教科书的编写必须依据相应学科的课程标准，并在相应学段课程方案的规约下进行，否则所编写的"教科书"就是不合法的，所以说教科书是课程的物化形态。依据课程标准编写而成的"教科书"还必须报全国中小学教材审定委员会审定，否则不得出版与选用，不能算是"合法"的教科书。其五，"教科书"中原先所谓的"教科"如今已统称为"学科"。不管如何命名，教科书既是教师教学的重要材料，也是学生学习的重要材料，既为教师提供教学材料与教学策略，也为学生提供学习材料与学习策略。因此，教科书在教师的教和学生的学的过程中都扮演着重要的角色。其六，教科书中的知识基本上是教师已知而学生未知的知识。虽然理论上讲，这些知识是学生应当学、必须学的知识，但未必是他们能够学和愿意学的知识。因此，教科书的编写必须考虑学生认知的心理顺序，必须能够激发学生学习的动机、唤起学生学习的兴趣。因此，教科书的编写必须将课程内容进行进一步的心理学化和结构化的处理。其七，由于现代科技的发展，教科书已不再囿于纸质的装订书籍，即教科书包括纸质版，也包括电子版。一般而言，纸质教科书是针对群体的教科书，电子教科书是针对个体的教科书。

如果给教科书重新定义，可以表述为：教科书是课程的物化形态，是依据国家教育政策、课程方案、课程标准，组织学科专家、课程专家、教学专家和相关人员选择适当材料并按照学生的认知顺序与材料内容的逻辑顺序将其组织起来的、系统反映课程内容的、经过国家特定的教科书审定部门审定通过的教学用图书。教科书的编制过程是将教学材料心理学化与结构化的过程。教科书既为教师提供教学材料与教学方法，也为学生提供学习材料与学习方法，是最具代表性的核心教材。

第四节 | 认识现行生物学教科书

2019年人教版普通高中生物学教科书历经3年的修订，于2019年经国家教材委员会专家委员会审核通过，并于当年秋季正式使用。该版教科书以《普通高中生物学课程标准（2017年版）》为依据，以"立德树人，发展学生生物学科核心素养"为宗旨，在普通高中课程标准实验教科书的基础上修订而成。

下面将以 2019 年人教版《普通高中教科书生物学必修 1 分子与细胞》为例，带领读者认识现行生物学教科书的文本特点。

一、教科书的结构

教科书结构指的是构成教科书的各种知识要素及知识要素之间的组合方式、组织程序及其组织形态，主要表现为它的逻辑结构、心理结构与文本结构。

（一）教科书的知识要素

《普通高中生物学课程标准（2017 年版）》必修 1 共有两个大概念：概念 1 为 "细胞是生物体结构与生命活动的基本单位"；概念 2 为 "细胞的生存需要能量和营养物质，并通过分裂实现增殖"。2019 年人教版《普通高中教科书生物学必修 1 分子与细胞》基于课程标准的 "内容要求" "教学提示" "学业要求" 选择了教科书的知识要素（表 7–4）。

表 7–4 2019 年人教版《普通高中教科书生物学必修 1 分子与细胞》的知识要素

章	节
第 1 章 走进细胞	第 1 节 细胞是生命活动的基本单位
	第 2 节 细胞的多样性和统一性
第 2 章 组成细胞的分子	第 1 节 细胞中的元素和化合物
	第 2 节 细胞中的无机物
	第 3 节 细胞中的糖类和脂质
	第 4 节 蛋白质是生命活动的主要承担者
	第 5 节 核酸是遗传信息的携带者
第 3 章 细胞的基本结构	第 1 节 细胞膜的结构与功能
	第 2 节 细胞器之间的分工与合作
	第 3 节 细胞核的结构与功能
第 4 章 细胞的物质输入和输出	第 1 节 被动运输
	第 2 节 主动运输与胞吞、胞吐
第 5 章 细胞的能量供应和利用	第 1 节 降低化学反应活化能的酶
	第 2 节 细胞的能量 "货币" ATP
	第 3 节 细胞呼吸的原理和应用
	第 4 节 光合作用与能量转化
第 6 章 细胞的生命历程	第 1 节 细胞的增殖
	第 2 节 细胞的分化
	第 3 节 细胞的衰老和死亡

第 1 章 "走近细胞"，从整体上阐明细胞是一个基本的生命系统，为其他章节进一步阐述细胞作为基本生命系统的组成、结构、功能、发展而奠定基础。第 2 章 "组成细胞的分子"，阐明组成细胞的分子与无机自然界相比既具有一致性又具有特殊性，多糖、蛋白质、核酸等生物大分子构成了生命大厦的基本框架。第 3 章 "细胞的基本结构"，阐明生命物质必须形成一定的结构才能正常地进行各项生命活动，构成细胞的重要结构都有着相应的功能，这些结构之间既有分工又有合作，共同完成各项生命活动。第 4 章 "细胞的物质输入和输出" 和第 5 章 "细胞的能量供应和利用"，阐述了生命系统的两个功能。第 6 章 "细胞的生命历程" 阐述了细胞的增殖、分化、衰老、死亡的生理机制，以及这些机制的本质原因。由上可知，教科书前三章知识内容主要阐述了 "概念 1" —— "细胞是生物体结构与生命活动的基本单位"，后三章知识内容主要阐述了 "概念 2" —— "细胞的生存需要能量和营养物质，并通过分裂实现增殖"。可见，在知识要素的选择上，2019 年人教版普通高中生物学教科书与课程标准具有一致性。另外，教科书还注意学科之间的衔接，关注跨学科概念，如设有 "学科交叉" 栏目，引导学生关注有关物理、化学等相关学科的概念。学科交叉的知识点，既有助于学生理解相关生物学知识，也有助于建立学科间的联系，建立对自然界的整体认识从而发挥综合育人的功能。

（二）教科书的逻辑结构与心理结构

教科书的逻辑结构与心理结构潜隐在教科书的知识要素中。在教科书中它们犹如一个人的两条腿。当两条腿长短一样且力量相当时，行走的人自然走得稳健、轻松与遥远。反之，如果教科书在对其逻辑结构与心理结构的处理中厚此薄彼，教科书的体系结构必然会失去平衡。实现教科书逻辑结构与心理结构的统一才能实现教科书的最佳教学功能。

1. 教科书的逻辑结构

教科书的逻辑结构是指将学科所涉及的观念和概念系统按照逻辑顺序加以组织的体系。它是教科书编制者对学科本质属性认识的结果，是对学科知识内容的 "重新建构"。2019 年人教版《普通高中教科书生物学必修 1 分子与细胞》以 "细胞是基本的生命系统" 为组织主线建构了教科书的逻辑结构（图 7-1）。

生物学教科书的逻辑结构是否科学在于能否正确地、分层次地找出知识结构间客观的、本质的联系，在于能否用整体的观点组织各部分知识要素，既要对教科书各知识要素进行分别的研究，又能统一的考察和纵览教科书所有的知识结构。将学科的基本观念、基本原理按照其内在的规律组织与联络起来，其实这也正是结构主义课程观的基本要义。从图 7-1 所展示的教科书逻辑结构看，2019 年人教版普通高中生物学教科书必修 1 以生命的系统观为基本统领，在保证与课程标准一致性的基础上，围绕生物学科思想、大概念进行组织，符合学

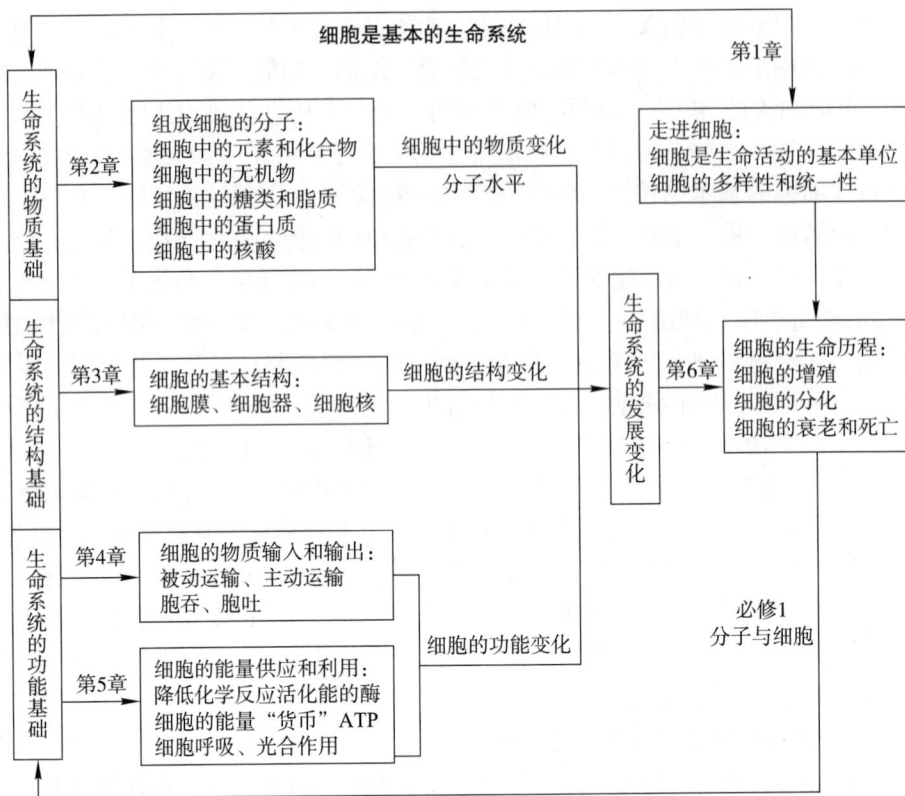

图 7-1 2019 年人教版《普通高中教科书生物学必修 1 分子与细胞》的逻辑结构

科的逻辑性和结构性；同时，学科知识内容把握了基础性，符合普通高中的基础教育性质。

2. 教科书的心理结构

教科书的心理学化是教科书科学化的标志之一。2019 年人教版《普通高中教科书生物学必修 1 分子与细胞》致力于教科书的逻辑结构和心理结构的有机统一，将教学策略与学习策略寓于教科书之中，关注学生的学习动机、兴趣、认知基础、思维特征及知识的应用能力。

教科书每节课前都会通过"问题探讨"创设有趣的、促发思考的、有价值的问题情境，激发学生的学习兴趣，通过问题驱动学生的学习动机；章首语有时通过真实的问题情境，有时通过风趣形象的格言小诗配以丰富寓意且美观、高清的相应插图，以引发学生的思考、唤起学生的好奇、驱动学生学习的能动性；每个小节里都有"本节聚焦"栏目，通过该栏目提示学生本节重点的学习目标，也能起到唤醒、激发、促进学生学习动机与动力的作用；行文重视学生的生活经验和已有的知识经验与操作经验，做到与初中生物学课程内容的自然衔接；功能是果，结构是因，由果溯因，以功能的学习带动结构的探索；教科书安排了许多"知识链接""相关信息"栏目，在这些栏目中或利用有益的前科学概念促进学生概念的转变或提示学生本节学习内容与后续学习内容的联系；教科书还重视将零散的名词、概念整合为概念网络，促进教科书知识内容的结构化。结构主义课程是布鲁纳在吸取和发展皮亚杰心理学研究成果的基础上建立起来的，其本身就追求学科逻辑结构与心理结构相统一。2019 年人教版《普通高中教科书生物学必修 1 分子与细胞》这样的组织方式有助于学生认知结构的建立，有助于知识的记忆、保持、提取与迁移等。可见，现行人教版教科书将知识的逻辑结构与学生的心理结构有机结合，这正是决定教科书质量的关键因素。

（三）教科书的文本结构

教科书的文本结构即教科书的基本体例、基本栏目。2019 年人教版《普通高中教科书生物学必修 1 分子与细胞》文本结构包括封面、目录、科学家访谈、章首页、问题探讨、正文、本节聚焦、学科交叉、知识链接、相关信息、思考讨论、科学方法、生物科学史话、练习与应用、探究实践、与社会的联系、生物科技进展、本章小节、复习与提高、想象空间、课外制作、科学技术社会、思维训练、与生物学相关的职业、附录、插图等。

教科书的开篇安排了"科学家访谈"。必修 1 访谈的科学家是施一公院士。他的研究方向为细胞凋亡的分子机制、包括 RNA 剪接体在内的大分子复合物的结构与功能等，与本模块中大分子蛋白质的结构与功能有着密切联系。施一公院士的科学研究工作和成果与必修 1 密切相关，有助于学生对这一部分知识内容的学习，也有利于激发学生学习的动机和学习兴趣。另外，教科书以施一公院士的学术影响力和科学精神现身说法，为学生树立榜样，给学生以鼓励、以希望、以寄语，有助于培植学生的科学精神、家国情怀、社会责任与学习动力。

章首页由章引言、章配图和科学家名言（或诗歌）等组成，共同起到创设本章起始学习情境的作用。例如，第 1 章"走近细胞"的章首页，以"世界上首个体细胞克隆猴在我国诞生"的实例为情境，明确指出"人类已经在生物学研究中取得了巨大的成就，然而，许多未解之谜还得回到细胞中去寻找答案"，并进一步提出 3 个层层递进的问题，引导学生开始学习本章的主要内容——走进细胞。大幅的章配图指向本章将要学习的重要内容，有助于激发学生进一步学习的兴趣。章首语引用了细胞生物学家威尔逊的名言——"每一个生物科学问题的答案都必须在细胞中寻找"。科学家名言直指本章学习内容的重要意义，凸显所学内容的价值。

"问题探讨"所创设的情境都很新颖且有趣味。例如，第 1 章第 1 节"走近细胞"以大熊猫和冷箭竹为问题情境引入学习内容（图 7-2），提出"大熊猫与它吃的冷箭竹虽然形态迥异，但都是由细胞组成的"。这样做的目的是激发学生

第1节
细胞是生命活动的基本单位

🔲 **问题探讨**

大熊猫和冷箭竹形态迥异，但它们生命活动的基本单位都是细胞。

讨论

1. 如果让你提供证据说明大熊猫和冷箭竹都是由细胞构成的，你将如何获取和提供证据？

2. 与同学相互评价各自的证据是否正确和充分。

大熊猫吃冷箭竹

图7-2 通过"问题探讨"创设问题情境驱动学习动机

兴趣，启迪学生思维，引导学生进入本节课的学习。"问题探讨"根据情境提出相对宏观的问题，正文中继续以大熊猫和冷箭竹为情境素材建构生命系统的结构层次，学习过程前后衔接，让学生在连续递进的思维中逐步建构概念、强化概念。章首页与"问题探讨"栏目均体现与发挥了"首因效应"在教科书中的重要作用。

"思考讨论"是针对一些重要概念的建构而设置的栏目。概念建构一般遵循从事实中概括或抽象的过程，因此，该栏目一般基于基本的事实或证据，由事实或证据中提出相应的问题引导学生讨论和交流，再经科学思维而形成重要的概念。教科书中一些重要概念都设置了相应的"思考讨论"，如教科书中的"分析细胞学说建立的过程""对细胞膜成分的探索""关于酶本质的探索""探索光合作用原理的部分实验"等。通过"思考讨论"进行思维上的探究，有助于学生科学思维的培养和重要概念的形成，有助于对科学过程和本质的理解。另外，还有一个以学生操作为主的探究活动栏目——"探究实践"。这类活动通常通过观察、实验、制作等动手操作的活动，以提升学生的科学方法、操作技能为主，同时帮助学生通过探究活动获得相应的重要概念。

"练习与应用"栏目、"复习与提高"栏目都属于教科书的习题部分。前者位于节尾，用于巩固本节所学的重要概念，或者应用概念解决生产实践或生活中的相关问题；后者位于章尾，以考查本章所学的重要概念，或者以提升学生的生物学科核心素养为目的。"练习与应用"又分为"概念检测"和"拓展应用"两类习题。"概念检测"是对重要概念进行检测而设置的习题。值得注意的是，这类习题摒弃了直接判断概念内涵是否正确的判断题，而是给予新的情境，通过情境考查学生对概念的理解、掌握或应用，进而考查学生所形成的生命观念，以及科学思维方法和能力。"复习与提高"是章后设置的习题，是对一章主要学习内容的复习，并进一步提高学生的关键能力和必备品格。习题题型按照高考题型设计为"选择题"和"非选择题"。选择题主要考查对重要概念的理解和应用能力，渗透对生命观念的考查；非选择题的题型多样，主要考查依托重要概念进行科学思维解释新情境中问题的能力，同时培养社会责任的担当意识和能力。

二、教科书中的核心素养

2019 年人教版普通高中生物学教科书以"立德树人，发展学生生物学科核心素养"为宗旨，把生物学科核心素养的要求落实到了教科书具体的章节之中。

（一）以"生命的系统观"为统领建构生命观念体系

生命观念是生物学课程独有的学科核心素养，体现了生物学课程作为生命科学的学科本质。教科书将细胞作为一个基本的生命系统来看待，全书以"生命的系统观"为统领，先从整体上阐明细胞是一个基本的生命系统，接着在系统的组成上构建了生命的物质观，在系统的结构上构建了结构与功能观，在系统的功能上构建了物质与能量观，最后又在系统的发展上构建了生命的发展观（图 7-3）。

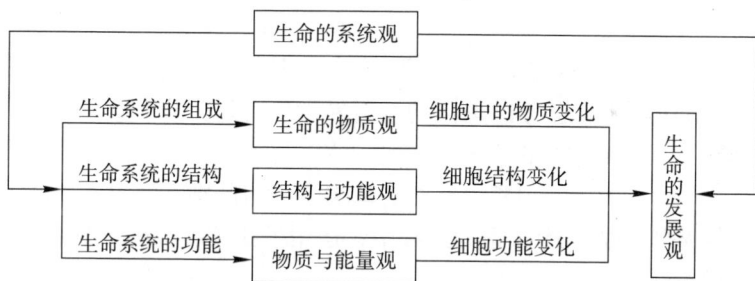

图 7-3 2019 年人教版普通高中生物学必修 1 的生命观念体系（改自吴成军，2017）

教科书每章内容都有着某一方面鲜明的生命观念，如第 1 章"走进细胞"侧重于生命的系统观，第 2 章"组成细胞的分子"侧重于生命的物质观，第 3 章"细胞的基本结构"侧重于结构与功能观，第 4 章"细胞的物质输入与输出"和第 5 章"细胞的能量供应与利用"侧重于物质与能量观。除了某一方面鲜明的生命观念外，每一章也渗透着其他的生命观念。例如，第 1 章"走进细胞"除了让学生初步形成细胞是基本的生命系统的观念、认识生命系统的结构层次外，也对结构与功能观、进化观有着初步渗透。各章侧重与渗透的生命观念见表 7-5。

表 7-5 2019 年人教版生物学教科书必修 1 侧重与渗透的生命观念

章	侧重的生命观念	渗透的生命观念
第 1 章 走进细胞	生命的系统观	结构与功能观、进化观
第 2 章 组成细胞的分子	生命的物质观	结构与功能观
第 3 章 细胞的基本结构	结构与功能观	生命的系统观
第 4 章 细胞的物质输入与输出	物质与能量观	结构与功能观
第 5 章 细胞的能量供应与利用	物质与能量观	结构与功能观
第 6 章 细胞的生命历程	生命的发展观	生命的物质观、生命的信息观、结构与功能观

（二）凸显科学思维在形成概念中的重要作用

概念是思维的产物，科学思维是形成概念的工具和途径。为此，2019 年人教版普通高中教科书在文字叙述、学生活动设计等方面，都很注意训练学生的思维，通过问题情境、事实证据、演绎推理、归纳概括、模型建构等手段，引导学生思考、讨论，进行相应的逻辑分析，最终通过阐释、归纳、综合、抽象与概括生命现象与规律形成概念。除此之外，教科书还特别安排了思维训练、思考讨论、问题探讨、科学方法等栏目，强化学生科学思维的方法、培养学生科学思维的品质。

例如，为了建构氨基酸的结构模型，教科书通过"思考讨论"栏目安排了对"氨基酸的结构特点"的思考讨论活动，引导学生通过分析和比较 4 种氨基酸的结构式归纳出"氨基酸至少都含有一个氨基和一个羧基，并且都有一个氨基和一个羧基连接在同一个碳原子上""各种氨基酸之间的区别在于 R 基的不同"的重要概念。在构建氨基酸结构概念的过程中，运用了比较、分析、归纳、综合和演绎的科学思维方法。

再如，为了引入与初步认识"细胞是生命活动的基本单位"，教科书通过"问题探讨"栏目，以"大熊猫吃冷箭竹"为情境，让学生提供证据证明大熊猫和冷箭竹都是由细胞构成的，以及评价自己的证据是否正确和充分。这一活动培养了学生"尊重事实和证据"的科学思维品质，同时学习"分析和评估证据是否可靠与充分"的科学思维方法。

教科书特别设计了"思维训练"栏目，如"运用证据和逻辑评价论点""运用模型做解释""分析数据"等，结合正文相关内容训练学生的思维品质和科学思维方法的运用。教科书还通过复习与提高、练习与应用、章首语、科学家访谈等栏目渗透了科学思维的方法与训练。这样，教科书显性与隐性的科学思维训练相结合，有助于学生更全面地达成课程标准中关于科学思维这一学科核心素养的要求。

（三）重视科学探究活动，提高学生创新与实践能力

科学探究与科学思维都是生物学科核心素养的重要组成部分，也最能体现生物学课程作为科学课程的学科本质。因而 2019 年人教版教科书在教科书的编制中高度体现了与课程标准所提出的课程理念、课程目标的一致性："关注学生学习过程中的实践经历，强调学生学习的过程是主动参与的过程，让学生积极参与动手和动脑的活动，通过探究性学习活动或完成工程学任务，加深对生物学概念的理解，提升应用知识的能力，培养创新精神，进而能用科学的观点、知识、思路和方法，探讨或解决现实生活中的某些问题"。

教科书中的科学探究活动有两种呈现形式，一种以"思考讨论"的方式呈现，该活动以科学史、科学研究的结果为主，以此为任务驱动，要求学生分析、讨论、交流和寻求答案。这类探究活动强调的是思维上的探究，有助于科学思维的培养和重要概念的形成，有助于对科学过程和本质的理解，如教科书中的"分析细胞学说建立的过程""对细胞膜成分的探索""关于酶本质的探索""探索光合作用原理的部分实验"等。另一种是以学生操作为主的探究活动，主要以"探究实践"的形式呈现，这类探究活动以帮助学生习得科学方法、提升操作技能为主，同时通过探究活动获得相应的重要概念。

科学探究中有一般的科学方法，也有专业性较强的科学方法。这些方法的学习和掌握，有利于学生自主地开展探究活动，提升其持续学习的能力。为了让常用的科学方法更加显性，引起学生的重视，教科书特意在相关位置设置了"科学方法"栏目，有的还安排在探究实践之中，结合学习内容让学生理解科学方法的作用和意义。这些栏目涉及的科学方法有：归纳法、提出假说、差速离心法、同位素标记法，以及建构模型、控制变量和设计对照实验、对比实验等。

（四）加强社会责任意识的培养，提升学生社会责任担当与能力

社会责任属于跨学科的核心素养，是各学科普遍强调的。2019 年人教版普通高中生物学教科书的社会责任主要表现在 3 个层面：其一，它表现在国家认同、社会主义核心价值观、传统文化、家国情怀等爱国教育层面；其二，它表现在科学本质、科学精神、科学态度和科学价值观等层面；其三，它表现在生命教育、生态文明教育、健康教育等层面。在行文上，教科书努力引导学生的社会责任认知、社会责任情感与社会责任行为，如利用不同栏目努力引导学生关注社会上与生物学有关的议题、关注生物科学技术在生产生活中的应用等（表 7–6）。

除"与社会的联系"栏目外，"生物科技进展""科学技术社会""与生物学有关的职业"等栏目在培养学生的社会责任教育上也都具有重要价值。另外，"科学家访谈""生物科学史话""科学家的故事""问题探讨"等栏目也都渗透了社会责任担当的意识。

表 7-6　2019 年人教版普通高中生物学教科书必修 1
"与社会的联系"栏目所侧重的"社会责任"

章节位置	栏目主题	侧重的社会责任
1.2	采挖发菜，破坏环境	爱护环境
2.3	控制添加糖的摄入量	健康生活
2.4	必需氨基酸与非必需氨基酸	健康生活
2.4	吃熟食容易消化，消毒、灭菌的原理	健康生活
3.2	人工合成的膜材料用于疾病的治疗	关爱他人
4.2	囊性纤维化的病因	关爱他人
4.2	痢疾内变形虫引发阿米巴痢疾	健康生活
5.1	酶法生产葡萄糖	爱护环境
6.2	干细胞研究的新进展	健康生活
6.3	中国进入老龄化社会	关爱他人

　　总之，现行人教版普通高中生物学教科书全面落实了生物学科核心素养。在教科书的编排和组织上，每章、每节都在系统地发展学生的生物学科核心素养，而不是孤立地发展生命观念、科学思维、科学探究和社会责任中的某一项。不仅如此，教科书开头的"科学家访谈"和章尾的"本章小结"也分别从整体上渗透和梳理了生物学科核心素养的 4 个方面，有利于学生明确与强化学科核心素养的学业水平要求。

更多数字资源

📚 参考文献　　📥 教学课件　　✍ 课后自测

第八章

生物学课程评价与课程测量

自从泰勒在《课程与教学的基本原理》(*Basic Principles of Curriculum and Instruction*)一书中将课程评价作为课程开发的 4 个基本问题之一,课程评价也成为后来课程开发与编制的核心环节。生物学课程评价也是生物学课程研究的重要内容。通过对生物学课程的有效评价,能够了解生物学课程实施的效果,发现生物学课程在开发与实施过程当中可能存在的问题,从而为生物学课程的改进提供大量的信息与依据,以期进一步提高生物学课程的质量与实施效果。

第一节 | 认识生物学课程评价

所谓生物学课程评价,简单地说就是对生物学课程的某些方面或整体所进行的各种形式的价值分析和价值判断。在课程评价研究史上,由于课程评价的形式不同、课程评价的内容不同,不同的研究者及国际组织提出了不同的课程评价模型。

一、几种课程评价模型简介

比较著名的几种课程评价模型如泰勒的目标达成课程评价模型、斯塔弗尔比姆(D. Stufflebeam)提出的 CIPP 课程评价模型、国际教育成就评价协会提出的课程的三级评价模型(后又扩展为课程的四级评价模型)。

(一)目标达成课程评价模型

课程评价的目标达成模型以泰勒原理为基础,其方法和步骤在《课程与教学的基本原理》一书中有明确的表述。泰勒(1994)认为,课程评价实质上是确定课程与教学计划达到课程目标何种程度的过程,即确定学生实际发生的行为变化达到何种程度的过程,具体程序见图 8-1。

泰勒的目标达成模型是最早的课程评价模型,也是影响最为深远的课程评价模型。它以课程目标为中心,借助课程评价的手段如"测验",测量与评价课程目标的达成度,通过反馈评价结果,促进课程开发与编制的优化。可见,它所评

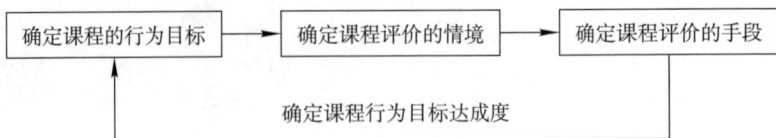

图 8-1 目标达成课程评价模型

价的更多的是学生学习的结果。

（二）CIPP 课程评价模型

CIPP 课程评价模型产生于 20 世纪 60 年代，是美国教育评价研究专家斯塔弗尔比姆倡导的课程评价模型。斯塔弗尔比姆认为课程评价是为管理者做决策提供信息服务的过程，因此 CIPP 课程评价模型亦称为决策导向的课程评价模型。它包括 4 个步骤：背景评价、输入评价、过程评价、结果评价。

其中，背景评价强调根据评价对象的需要对课程目标本身做出判断，看两者是否一致。因此，它需要确定课程计划实施机构的背景、明确评价对象及其需要、明确满足需要的机会、诊断需要的基本问题、判断目标是否已反映了这些需要等。输入评价主要是为了帮助决策者选择达到目标的最佳手段，以对各种可选择的课程计划进行评价，考察其可行性、合理性、适切性。过程评价主要是通过描述实际过程来确定或预测课程设计本身或实施过程中存在的问题，从而为决策者提供如何修正课程计划的有效信息。成果评价需要收集与结果有关的各种描述与判断，把它们与目标以及背景评价、输入评价和过程评价等方面的信息联系起来，并对它们的价值和优点做出解释。成果的评价需要测量、解释和评判学生习得课程计划的成绩。可见，CIPP 课程评价模型的优势在于突出了评价的发展性功能，整合了诊断性评价、形成性评价、过程性评价和终结性评价；评价对象也不再限于学生，还包括课程方案、课程的实施过程。

（三）课程的三级评价模型与四级评价模型

国际教育成就评价协会（IEA）将课程看作是一个包含多层面的复杂结构，每一个侧面都与特定的教育活动的情境和水平相联系。该协会在其多年进行的国际数学与科学趋势研究项目（TIMSS）的研究基础上，提出了课程的三级结构模型：目标的课程、实施的课程和习得的课程。对以上课程的三级结构分别进行评价，即课程的三级评价模型。

其中，目标的课程是指承载了国家教育主管部门为学生设定了目的和目标的课程，如课程方案、课程标准，也包括课程政策等国家正式课程文件，这些目的和目标是通过以上"课程"的规定或推断出来的。可见，目标课程处于课程的顶端，集中体现了国家的课程意图，因此也被称作官方的课程。实施的课程是指学校环境中为进一步实施或达成目标课程中的教学目的和目标，通过教师的施教呈现课程的内容、思想、活动的过程。习得的课程是指真正被学生所获得的那部分课程，不仅包括其已达到的学业成就，还包括通过教学而使其具有的态度、情感和价值观。

以上课程的三级结构模型中，教材（教科书）虽然也承载了国家教育主管部门为学生设定的目的和目标，但在实际教学中，教材（教科书）在教师与学生之间起着传递、建构信息等更重要的作用。鉴于教材（教科书）在整个课程体系中的重要作用，IEA 将其从目标课程层面抽出来，命名为"潜在的实施的课程"，作为一个独立的层面进行研究，列于目标的课程和实施的课程两个层面之间，这就是课程的四级结构模型。该评价模型中，课程的评价包括课程政策的评价、课程方案的评价、课程标准的评价等目标课程评价，也包括教材（教科书）的评价、课程实施的评价、学习效果的评价。

综合以上几种课程评价模型可知，研究者对课程或课程体系的认识不同，对课程评价的角度、层面、形式也不一样，因此也形成了课程评价不同的理论与模型。泰勒提出的目标达成课程评价模型更关注学生的学习结果，是一种结果性评价；斯塔弗尔比姆所倡导的 CIPP 课程评价模型既有结果评价，也有背景评价、输入评价和过程评价，展示了课程评价的诊断与发展功能；IEA 从整体的视野考察课程，最终形成了课程的四级结构评价模型，既包括对文本的评价，也包括对"人"（教师与学生）的评价。限于本书的篇幅，后文将聚焦于对学生的评价展开说明。

二、几组概念的辨析

不同的课程评价模型，展现出了不同的课程评价类型，因此也出现了多种关于课程评价的术语。有些术语互相纠缠且容易混淆，有必要做出辨析，为生物学课程评价提供合理的学理基础。

（一）课程测量与课程评价

格朗伦德（Gronlund，2008）指出：评价 = 测量（量化研究）或非测量（质性分析）+ 价值判断。可见，课程评价是在课程量化研究或质性分析的基础上进行的一种价值判断，课程评价的首要任务是对课程进行测量或质性分析。

如果仅以"学生"作为评价对象，课程测量则是根据课程的行为目标，按照一定的规则对学生的课程习得效果加以数量化测定的过程。课程测量一般以测验为刺激引起学生相应的行为反应，根据一定的标准给学生的行为反应赋分，再通过获得的分数为根据来估计、推测学生的学习结果。

区分课程测量与课程评价可以从以下 4 个方面进行。其一，课程测量关心的是数量的多少，而课程评价关心的是价值的高低。因此，我们看到，课程测量是一个事实判断的过程，课程评价是一个价值判断的过程。如果离开了教育目的和价值观的评定，即使课程评价所依据的是客观可信的测量，也失去了实际的价值与意义。其二，课程测量用一定的尺度提供量化的资料，虽然这个过程一定会有误差，但它是一个相对客观的过程；课程评价则一定带有主观性，是客观测量与主观估计的统一。其三，课程测量是一种单一的活动，其主要工作就是获得数据；课程评价则是一种综合的活动，需要收集包括数据在内的多种信息。课程评价比课程测量所包含的内容要广泛、综合。其四，课程测量是对学生学业成绩的定量描述，而课程评价则是一种定性描述。课程测量的目的是获得数值，课程评价最关切课程的价值及课程目标的实现与否。

同时，课程测量与课程评价其实又是密切联系的同一过程的两个不同方面。首先，课程评价以课程测量为基础，课程测量为课程评价提供依据。课程测量是课程评价信息的主要来源，课程评价要基于课程测量的数据给予正确的价值判断。如果没有课程测量或质性分析提供的资料，课程评价则成为无源之水，失去了作为价值判断的依据，其科学性、准确性将无从谈起。其次，课程测量后一定要进行课程评价。课程测量的结果只有通过课程评价才能获得实际意义，成为优化课程有价值的信息；否则，只是一堆抽象的数值。因此，课程测量后，一定要进行课程评价才能实现它的反馈功能、强化功能及发展功能。从这个意义上来讲，课程评价是课程测量的重要目的。

综上，我们就不难理解课程测量与课程评价之间的区别与联系。例如，某个学生生物学期末考试成绩 92 分，班级平均分 87 分，标准差是 8.312。从课程测量工作来讲，已经完成了对这个学生生物学课程学习结果的量化描述，即完成了对他的课程测量过程。但对于课程评价工作来讲，还需要追溯该学生以往的学习成绩、课堂表现及其他表现，通过比较、分析、综合等解释学生的学业成就，即在量化研究与质性分析的基础上进行价值判断。课程测量与课程评价是不同的两个教育事件，同时，我们也可以看到，将课程测量与课程评价两种活动截然分开是非常困难的。在一些情况下，课程测量与课程评价是同义的，许多课程测量本身就含有价值判断的作用，如小明的生物学课程考了满分，因为"满分"本身就含有评价之义。在英语中，常用 3 个词汇描述测量与评价："evaluation"为评价，"measurement"为测量，"assessment"为评定。其中，"assessment"既具有评价之意，也具有测定之意。

（二）诊断性评价、形成性评价、过程性评价与结果性评价

CIPP 课程评价模型中不仅具有结果性评价，还整合了诊断性评价、形成性评价和过程性评价，突出了课程评价的发展功能。2001 年《基础教育课程改革纲要（试行）》（教基〔2001〕17 号）提出了形成性评价、过程性评价与诊断性评价的课程改革需求。2013 年，《教育部关于推进中小学教育质量综合评价改革的意见》（教基二〔2013〕2 号）明确提出了形成性评价、过程性评价、结果性

评价与诊断性评价的要求。《教育部关于深化课程改革落实立德树人根本任务的意见》（教基二〔2014〕4号）又提出了"学生发展核心素养体系和学业质量标准"，将课程评价的改革作为课程改革的重要组成部分，进一步促进了形成性评价、过程性评价、诊断性评价在我国基础教育中的发展与应用。在我国的课程评价中，结果性评价一直占据主导地位。可以预见，在我国未来的课程评价体系中，诊断性评价、形成性评价与过程性评价将越来越占据主流地位。

1. 诊断性评价

《教育部关于推进中小学教育质量综合评价改革的意见》提出："将内部评价与外部评价相结合，注重促进学校建立质量内控机制，改变过于依赖外部评价而忽视自我诊断、自我改进的做法""对评价内容与关键性指标进行分析诊断，分项给出评价结论，提出改进建议，形成学校教育质量综合评价报告"等，对诊断性评价的重要作用做出了强调。

"诊断"包括两个基本的过程，一是"诊"，一是"断"。"诊"始见于战国文字，本意为医生察看、问诊、验证病人的病情，以判断病人的病症及引发病症的原因，达到对症治疗的目的。诊断性评价指通过一定的工具或手段发现学生认知与成长过程中出现的问题，并对问题形成的原因与机制做出分析与判断，为个别辅导提供依据，也用于鉴定或调整课程与教学方案，实现课程评价的发展功能。诊断性评价的理论基础是认知建构理论与认知诊断理论。

2. 形成性评价

《教育部关于推进中小学教育质量综合评价改革的意见》提出："将形成性评价与终结性评价相结合，注重考查学生进步的程度和学校努力程度，改变单纯强调结果不关注发展变化的做法"，对形成性评价的重要作用也做出了强调。

"形成"即通过发展变化而成为具有某种特点的事物，或者出现某种情形或局面。教育领域中的"形成性评价"则指测量与评价知识和方法是如何在学生头脑中形成的。它通过一定的工具或手段，特别是通过测验观察学生解答问题的认知过程，从微观层面上分析学生作答试题时的心理加工成分、策略、所需的知识结构等内部心理机制，从而"推测"甚至"解开"学生的"认知黑箱"。形成性评价可以发现学生认知与发展方式、过程的迥异，结合诊断性评价分析学生认知与成长的基础、路径、方式、结构、背景等，可以更精细地个别辅导提供依据，也用于鉴定或调整课程与教学方案，实现课程评价的发展功能。形成性评价的理论基础是认知建构理论与认知诊断理论。

3. 过程性评价

《教育部关于推进中小学教育质量综合评价改革的意见》提出教学评价"既要关注学习的结果，又要关注学习过程和效益"。《基础教育课程改革纲要（试行）》也提出了教学评价"应体现国家对不同阶段的学生在知识与技能、过程与方法、情感态度与价值观等方面的基本要求"等。可见，过程性评价也是我国基本的教育评价政策。

"过程"即事情进行或事物发展所经过的程序。过程性评价中的"过程"，一是指形成过程，即知识与方法的形成过程；二是指积累的过程，即知识与方法在形成的基础上完成累积的过程。因此，"过程性评价"一是指"形成性评价"，二是指在"形成性评价"基础上的"累积性评价"。可见，过程性评价包括形成性评价与累积性评价，可以为学生提供认知与成长的图谱——描绘出学生学习与成长的曲线图（图8-2），从而深度考察学生的认知、成长特征和学习倾向，为学生的生涯规划提供依据。

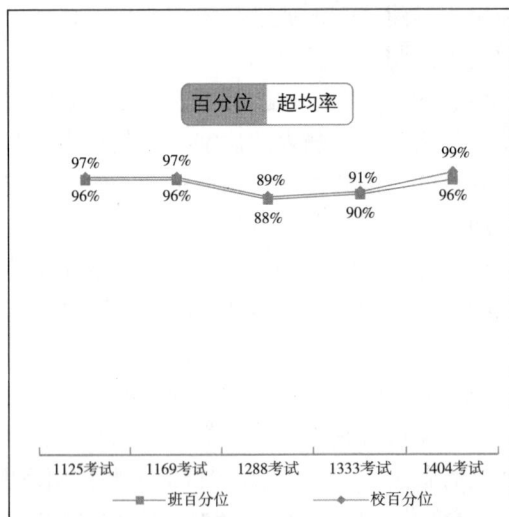

百分位 超均率

97%	97%		91%	99%
96%	96%	89%		96%
		88%	90%	

1125考试　1169考试　1288考试　1333考试　1404考试

—■— 班百分位　—◆— 校百分位

图 8-2　某学生生物学学业成就的成长曲线

4. 结果性评价

结果性评价又称总结性评价。"结果"，顾名思义，意为长出果实；"总结"即把一阶段内的工作、学习或思想中的各种经验或情况进行分析研究，做出有指导性的结论，或指总结后概括出来的结论。可见，结果性评价是指一段教学活动结束后，对学生学习的结果进行的测量与价值判断，以方便进行总结、考核、甄别或选拔等。

结果性评价是我国教育评价领域中长期以来一直处于强势地位的评价方式。它的理论基础是泰勒的"目标达成评价模型"，要求课程目标或教学目标的设计与表述应具体、明确、可操作，以便通过观察或测验测量其目标的达成度。

除了诊断性评价、形成性评价、过程性评价与结果性评价，配置性评价也很常用。配置性评价一般在各学段、各学年、各学期开始时或开始前施行，目的是了解学生是否具有达到课程目标或教学目标所必需的基础知识和技能，了解学生的性格倾向、学习兴趣和态度等，即了解学生学习的准备状态，故又称为"摸底性评价"，从而为编班分组、妥当安排课程与教学计划提供依据。

（三）终结性评价与发展性评价

如前所述，诊断性评价、形成性评价、过程性评价、结果性评价、配置性评价等评价形式既有区别又有联系，它们有的具有诊断功能，有的具有导向功能、有的具有调节功能，有的具有激励功能，有的具有甄别功能，有的具有选拔功能。其中，有的评价能促进被评价者的继续发展与进步，有的代表着终结或结束。相应地，能促进被评价者继续发展与进步的评价均称为"发展性评价"，而代表着终结或结束的评价称为"终结性评价"。

从上述的分析可知，诊断性评价、形成性评价、过程性评价、配置性评价均具有发展的功能。那么，结果性评价是否一定代表着"终结"而不带有任何"发展"的功能呢？本书认为应正确看待结果性评价的总结功能与考核功能。如果能"以评促教""以考促教"，这并不代表着"终结"，而是代表着进一步的"发展"。因此，"结果性评价"若能"总结""考察"学生的学习有没有达到既定的"结果"，从而激励学生的进步，而不是就此"终结"，这样的结果性评价也是发展性评价。

由于优质教育资源的有限性和竞争的存在，在许多情况下要对学生的学习结果做出鉴别与选拔。结果性评价的鉴别与选拔功能是我国长时期以来教育评价的突出功能，但这种评价直接加剧了"应试教育"，与"素质教育"的理念背道而驰。因此，2001 年《基础教育课程改革纲要（试行）》在具体的改革目标中指出，要"改革课程评价过分强调甄别与选拔的功能，发挥评价促进学生发展、教师提高和改进教学实践的功能"。《普通高中生物学课程标准（2017 年版）》明确提出了"学业评价促发展"的基本理念。可见，课程评价改革的方向，是淡化评价的"甄别"与"选拔"功能，强化评价的"发展"功能。结果性评价若能从"选拔"走向"发展"，由"证明"走向"改进"，它的"总结"就不代表"终结"，从而发挥结果性评价或总结性评价积极的导向功能与"指挥棒"作用。

第二节 ┃ 认识生物学课程测量

生物学课程评价的首要任务是生物学课程测量或质性分析。现代课程测量的方法从古代的科举制度发展而来。所谓科举，即以科举士，以科来选拔官员。"科"为会意字，从禾，从斗，"斗"的意思是"量""测量"。可见，"科"的本意是用斗量禾，以区分出禾的等级品类。第八次基础教育课程改革以来，我国生物学课程的测量逐渐淡化了它的区分、鉴别功能，强化了它的发展功能。生物学课程测量是生物学课程开发、实施与研究的必需环节。生物学课程测量是生物学教师的基本工作之一，也是生物学教师的一项基本的教学技能。

一、什么是测量

课程测量是众多测量形式的一种，认识课程测量，须先认识什么是测量。关于测量，现在我们比较公认的是史蒂文斯（S. S. Stevens）的概念：从广义而言，测量就是根据法则给事物分派数字。这一定义概括了物理测量、社会测量和心理测量的共性。课程测量属于心理测量。从史蒂文斯下的定义可以看出，测量包括3个要素。

（一）测量的要素 1——事物的属性

测量的第一个要素是事物的属性。测量物体的长度、重量、体积、温度及一个事件发生的时间长短等，都是测量事物的物理属性。它们的存在形式比较具体，大多可以被人的感觉器官直接感觉到，能看得见或听得到、摸得着、尝得出、嗅得到。这种测量属直接测量。人的心理属性，如学生的智力、个性、品德、知识、技能、习惯、能力、态度、兴趣、爱好等。它们的存在形式比较抽象，大多不能被人的感官直接感觉到。这种测量需要间接测量。

（二）测量的要素 2——数字

测量的第二个要素是数字。数字在未被用来表示事物的属性之前，仅仅是一个符号，本身没有量的意义。当数字被合理地用来描述事物的属性时，我们才赋予它以量的意义。数的特性为逻辑运算提供了许多可能性。假如我们能用数合理地描述事物的属性，并且在允许的条件下对数进行运算，就可以通过运算的结果对所要测量的属性进行推测。如果事物的属性和数的系统之间在性质上或形式上存在着高度的类似性，我们就可以用数来描述事物的真实情况。

（三）测量的要素 3——规则

测量中最关键且最困难的事情就是制定规则，这是测量的第三个要素。所谓规则，就是指导我们如何测量的一种准则或方法，即在测量时给事物的属性分派数字的依据。一般来说，具体且稳定的事物属性，如性别、身高、体重等，其测量的规则就易于建立和使用；抽象且易变的事物属性，如人的智力、知识、技能、人格、态度等心理属性，其测量规则就难以制定和使用。

二、什么是课程测量

随着科技的进步与发展，测量不仅仅局限于物理、化学、天文、数学等较为精准的自然科学领域，其工具和方法经过改良后开始运用并服务于教育领域。课程测量包括目标课程（课程政策、课程方案、课程标准）的测量、文本课程（教科书）的测量、实施的课程（教师的施教过程）、习得的课程（学生的学习结果）等的测量。受篇幅所限，本书仅讨论学生习得的课程测量。它是按照一定的规则对学生的学习效果加以数量化测定的过程。课程测量虽起源于我国古代的科举制度，但科举考试并非科学意义上的课程测量。20 世纪初，心理学家桑代克（E. L. Thorndike）等人把心理统计学、测量的基本原理和方法运用于课程测量，使课程测量逐渐走上科学化的道路。

（一）课程测量的间接性

课程测量所要测量的对象是学生对知识的理解程度、智力发展水平及才能等，这些都是不易触及的心理品质。学生的心理品质只能通过课程影响后的学生的行为表现出来。我们运用最多的就是学生对测验题目的反应，运用推理和判断的方法，用学生的行为间接测量学生的心理品质。正因为课程测量是间接的测量，大大增加了测量工作的难度。因为，在测量过程中必然会受到许多无关因素的影响，产生测量误差，进而影响测量结果的准确性。

（二）课程测量的相对性

课程测量不同于物理测量。一般情况下，物理测量的度量单位是比较稳定的，而课程测量所使用工具的单位和标准都是相对的。它表现在：第一，测量尺度的相异性，即对于课程测量来说，对同一被试的测量，不同的测评者使用的尺度不一样，必然使测量产生误差。第二，课程测量活动的不易复验性，即对于课程测量来说，由于测量工具的抽象性和不稳定性，受被测量者身体、心理因素或其他环境因素的影响，很难再次使用相同的尺度对先前的测量进行检验。第三，测验分数的价值是相对的。一方面，由于试题的难易度不同，评分标准不同，班上学生成绩的分布情况不同，因此不同班级学生的考试分数及不同试题的考试分数价值并不相等；另一方面，同一试题的考生分数，如 59 分比 60 分少 1 分，99 分比 100 分少 1 分，同是少 1 分，可这两个 1 分的价值是不等的。

（三）课程测量的可能性

在日常生活中，我们非常熟悉如何使用一把尺子去测量一件物体的长、宽、高。这种物理测量只要有合适的测量工具、测量单位、测量的参照点和测量的规则，就可以测量。所以物理属性测量的可能性被大家所公认。而对于课程的测量，它测量的主要对象是心理属性，如学生的学业成就等。尽管课程测验在教学过程中已成为教师考核学生学习成绩不可缺少的工具，但是由于人的心理属性是抽象的，不易捉摸，实现客观的测量比较困难，因此有人对心理属性测量的可能性尚存怀疑。那么，它到底能否测量呢？答案是肯定的，心理属性与物理属性一样，都是可以测量的。早在 20 世纪初，心理学家桑代克与测验学者麦柯尔（W. A. McCal）已为心理属性测量做出了经典测量理论（classical test theory,

CTT）的基本假设：其一，任何现象，只要是存在的，总有数量。这个原则是由桑代克在 1918 年提出的。他认为凡物的存在必有其数量。人的心理现象虽然看不见、摸不着，但它是客观存在的，也有数量的差异。例如，人的智力有高低之分，学生的学习成绩有优劣之别。这高低之间、优劣之间，存在着程度的不同。所谓程度不同，就是数量的不同。其二，凡有数量的现象，都可以测量。这个原则是由麦柯尔于 1923 年提出的。他认为人的心理属性也是可以测量的，虽然我们不能用尺来量它、用秤来称它，但是它必定会反映在某种活动之中，或表现在某种行为之中，于是我们就可以通过对人的行为的测量来推测他的某种心理属性。当然实现这种测量是很困难的。

三、课程测量的工具——量表

课程测量不能采用直接测量，只能采用间接测量。直接测量的工具，如天平可以权衡质量，尺子可以度量长短。课程测量作为一种间接测量，其测量的工具称为量表。

（一）课程测量的 4 类量表

课程测量的量表一般可分为 4 种类型，称名量表、等级量表、等距量表和比率量表。它们分别对应着不同的测量水平。

1. 称名量表

称名测量是课程测量中最简单的形式——分类，即属于同一类的事物用同一个数字表示，属于另一类的事物用另一个数字表示。用来描述各类事物的数字仅仅是事物的名称：它只具有相同与不同的特性，没有数量大小的含义。用这类数字表示的量表叫称名量表。

例如，学生按性别进行分类，凡男生用 1 表示、女生用 2 表示。如果既按性别分类，又按对生物学科喜欢和不喜欢两个标准进行分类，喜欢用 1 表示，不喜欢用 0 表示。于是男生喜欢者可表示为 11，男生不喜欢者可表示为 10；女生喜欢者可表示为 21，女生不喜欢者可表示为 20。在这里，用来描述事物的数字仅仅是代表事物的符号。它只能区分事物的类别，没有数量的大小、多少、位次和倍数关系。因此，不能将之进行加减乘除四则运算。

2. 等级量表

等级量表也叫位次量表，即对于事物的属性按一个标准进行分类，用来描述各个类别的数字，不仅具有区分性，而且还具有等级性（位次性），用这样的数字表示的量表叫等级量表或位次量表。

例如，将学生对光合作用的理解能力分成甲、乙、丙 3 个等级。甲等用 3 表示，乙等用 2 表示，丙等用 1 表示。于是对于学生光合作用理解能力的评定构成了 3 > 2 > 1 的位次关系。但是这些数字只能确定事物相等或不等的关系。在不等的情况下，只能确定大于或小于的关系，如 3 > 2、2 > 1，则 3 > 1 的关系，但却不能确定甲等的 3 比丙等的 1 大多少个相等的单位。因为 3 与 2 和 2 与 1 之间的差距是不相等的。因此对于量表上的这些数字不能进行加减乘除的运算。

3. 等距量表

有相等单位和既定参照点的量表叫等距量表。但是量表上的参照点（读数的起点）不是绝对零点，而是人为设定的参照点。

例如，用摄氏温度计测量的温度，9℃ 与 6℃ 之差等于 6℃ 与 3℃ 之差，但这并不意味着 9℃ 是 3℃ 的 3 倍。这是因为摄氏温度表是以冰点作为既定参照点。摄氏零度并不意味着没有温度，而摄氏温度表上的绝对零点在零下 273℃（−273℃）。时间量表上的参照点也是人为设定的。钟表上的零点，并不意味着没有时间。这类量表上的数值只能作加减运算，不能作乘除运算。就像我们平时的测验，学生即便得了 0 分，我们很多时候也不能因此就认定学生在这方面没有任何能力。

4. 比率量表

有相等单位和绝对零点的量表叫比率量表。所谓绝对零点，就是量表上标着 0 的地方，表示所要测量的属性是无。这类量表上的数值既可以确定一个事物比另一事物大多少，又可以确定大多少倍。因此，量表值可以进行加减乘除四则运算。在物理测量中，长度、重量、开氏温度量表（绝对温度量表）都属于比率量表。例如，甲生身高 143 cm，乙生身高 130 cm，可以说甲生比乙生高 13 cm，也可以说甲生身高是乙生的 1.1 倍。它所适用的统计方法，除了等距量表所适用的统计方法之外，还可以计算几何平均数和差异系数。比率的测量，是定量测量的最高水平。我们假设理想中的测验试卷为比率量表，对它的成绩统计可以进行加减乘除各种运算。

以上 4 种量表中，人们将运用名称、等级量表进行的测量认为是定性测量，而将运用等距、比率量表进行的测量认为是定量测量。

（二）定量课程测量的工具——测验

一般的定量课程测量以测验为刺激引起学生相应的行为反应，以获得的分数为根据来估计、推测学生对知识和技能的学习结果。因此，测验试卷或相关行为的操作是教育测量重要的量表。测验依不同的分类标准，有不同的种类。

1. 按测验实施的形式划分

一般而言，常用的教育测验按实施的形式可以归纳为两大类：纸笔测验和实作测量。纸笔测验是指以书面形式的测验工具，主要侧重于测量学生在学科知识方面学习成就的高低或认知能力方面发展的强弱。这类测量方式的共同特征是：都使用纸张印刷品（即测验卷）来呈现学生回答的试题，并要求学生以各种书写工具在测验卷上填写适当的答案，因此被称作纸笔测验。实作测量是指运用一定的工具，测量学生在实际情境下应用知识的能力，以及在情感态度和动作技能领域学习成就的一种测量方式。由于这类测量方式需要实际观察和记录学生在真实或仿真的施测情境中的实际表现，或根据学生实际表现行为的过程或最后的成果作品来进行测评，因此被称作实作测量。

2. 以测验的参照标准划分

以测验的参照标准划分，可以分为常模参照性测验和效标参照性测验。常模参照性测验又称相对性测验，是以对象群体的平均水平（常模）为参照点，确定测量对象在群体中的相对位置的一种测验方式。它依据学生个人的成绩在该群体学生成绩序列中或常模中所处的位置来评价和决定他的成绩优劣，而不考虑他是否达到教学目标的要求，因而宜用于选拔人才，但不能明确表示被评价者的真正水平，不能说明其是否达到了特定的标准。效标参照性测验又称绝对性测验，是以某一预定的目标为客观参照点，确定测量对象达到客观标准的绝对位置的一种测量方式。它依据教学目标、课程标准和教材编制试题来测量学生的学业成绩，从而判断学生是否达到了教学目标的要求，而不以评定学生之间的差别为目的，因而效标参照性测验还称为目标参照性测验，宜用于毕业会考、合格考试、单元测试等，不适用于选拔人才。

另外，按照测验的目的与功能划分，测验可以分为诊断性测验、形成性测验、过程性测验、结果性测验和配置性测验，为相应功能的课程评价提供依据。根据测验的标准化程度划分，测验可以分为由测验专家精心周密编制的标准化测验和与教师日常教学工作息息相关的自编测验等。

四、经典课程测量理论

常用的测量理论包括经典测量理论（classical test theory，CTT）、概化理论（generalizability theory，GT）、项目反应理论（item response theory，IRT）和认知诊断理论（cognitive diagnostic theory，CDT）四大类，或称 4 种理论模型。4 种理论各有长短，其中经典测量理论容易理解、操作简单，体系完整，在现实中更易于被接受，适应面很广。我国中小学测验试卷的编制主要依据的是经典测量理论。经典测量理论由桑代克开发，后经过测量专家们一系列的改进，至今仍然广泛应用于各国的教育测量、心理测量和社会测量之中。经典测量的关键在于保证测量的客观性，即是否正确、是否可靠、是否适宜、是否有鉴别力。经典测量理论用 4 个指标来衡量，即信度、效度、难度和区分度，这也是经典测量理论的核心所在。

（一）信度

所谓信度就是用同一个测验对同一组被试先后施测两次，其测验结果的一致性程度，或者等值性的两个测验对同一组被试实施结果的一致性程度。信度反映了测验的可靠性。例如，用一把尺对同一块布先后测量两次，其结果均为 6 米，表明这把尺作为测量长度的工具是可靠的。如果两次测量结果不是同一长度，表明这把尺作为测量长度的工具可能是不可靠的。同样，用同一种生物学测验卷，对同一个学生先后施测两次，其结果是相近的，这表明这个生物学测验是可靠的。假如同样的试卷施测同一同学，第一次测验成绩为 100，第二次测验的成绩为 60，就表明这个生物学测验是不可靠的。

估计一个测验的信度，一般是用同一个测验对同一组被试两次施测结果的相关程度来表示，这叫再测信度；或者用等值的两个测验对同一组被试施测结果的相关程度来表示，这叫复本信度；有时也会把同一份试卷分成等值的两份试卷，然后求其相关程度，这叫分半信度。两次测验结果的相关程度高，表明测验的信度高；两次测验结果的相关程度低，表明测验的信度低。

（二）效度

所谓效度就是一个测验所欲测量的属性，能够确实测到的程度，即测验的正确性，也就是测验功能的有效性。课程测量的对象不是物质的实态，而是心理的属性，因此需要以测验为工具进行间接测量。而测验的结果在多大程度上反映了所欲测量的属性，这就是测验的正确性问题。测验的效度一般有 3 类：效标关联效度、内容效度和结构效度。

估计一个测验的效度，一般要选择一个效标，这个效标就是能够足以反映需要鉴定的测验所欲测量属性的变量。被试的测验成绩与作为效标的另一个标准测验成绩之间的相关程度就是该测验的效度。例如，要估计高中生物学入学考试的效度，可选择初中毕业会考生物学考试成绩作为效标，求其高中生物学入学考试成绩与初中毕业会考生物学考试成绩之间的相关程度。如果二者的相关程度很高，表明高中生物学入学考试的效度很高；如果二者的相关程度很低，表明高中生物学入学考试的效度很低。

所谓内容效度就是指测验内容对所要测量内容的代表性程度。这种代表性表现为测验的测题与所要测量的内容范围、教育目标是否相符，测验中测题所引起的行为是不是所要测量属性的明确反应，测验的结果是不是一个具有代表性的行为样本。为了保证内容效度，我们在编制生物学试卷之前，一定要明确考试的目的、考试的内容范围、考试的难度和区分度要求，并在此基础上编制试卷双向细目表。利用双向细目表比对，就能大致推测生物学试卷的内容效度。

（三）难度

难度是指试题或试卷的难易程度，是试题或试卷考查学生知识和能力水平适合程度的指标。P 为试题的通过率，即难度值。如果一道题目的难度值为 1，说明全体学生都正确解答了这一道题，这意味着该题太容易了，在旨在对学生排序和区分的考试中（比如高考），这道试题是没有意义的。如果一道题的难度值为

0，说明全体学生无一人答对该题，这意味着此题太难了，这样的试题也是没有意义的。一份好的试卷，其中难题、容易题和中等题都应占一定的比例。通常试卷难度范围的划分见表 8-1。

表 8-1 试卷难度值范围

难度值（P）	$0 \sim 0.19$	$0.20 \sim 0.39$	$0.40 \sim 0.59$	$0.60 \sim 0.79$	$0.80 \sim 1.00$
划分范围	难	偏难	适中	偏易	易

试卷难度应该根据测验的目的来选定。单元测验、期中考试等形成性、过程性的考试测验，难度不宜过大，一般控制在 0.70 ~ 0.90 为宜；合格考试卷全卷难度一般为 0.60 ~ 0.80；对于选拔性考试，全卷平均难度在 0.50 左右能够产生较好的选拔效果；而生物学竞赛试卷，难度应控制在 0.20 ~ 0.40 为宜。

（四）区分度

区分度是指试题或试卷对学生实际水平的区分程度或鉴别能力。区分度是反映学生掌握知识水平差异能力的指标。区分度高的试卷能对不同知识水平和能力的学生加以区分，能力强的学生得高分，能力弱的学生得低分。如果水平高和水平低的学生得分相差不大或没有规律可循，那么这样的试卷的区分度就低。

试卷的区分度和难度有着密切的关系，区分度的提高主要是通过控制试题难度来实现的。如果试题太难，所有的学生都答不出来，就没有区分度可言；如果试卷太容易，所有学生都能答出来，同样没有区分度。只有合适的难度才会有很好的区分度。实践证明，难度值为 0.50 的试题具有最好的区分度。

区分度的计算公式很多，其中最简便的方法是：比较测验总分高的一组考生与低的一组考生在试题通过率上的差值，即 $D = P_H - P_L$。其中，D 为区分度（也叫鉴别指数），P_H 为总分最高的 27% 考生在该题的通过率，P_L 为总分最低的 27% 考生在该题的通过率。

区分度的取值范围在 +1.00 ~ −1.00，其值越大，区分的效果佳。一般来说，区分度大于 0.40，说明试题的区分度很好，0.39 ~ 0.30 为良好，0.29 ~ 0.20 为尚可，0.20 以下则较差。

上述经典测量理论是建立在被试的特质是正态分布假设上的，因此它的测验总分的分布也是正态；测验分数尽可能区分被试；经典测量的关键在于保证测量的客观性。除了信度、效度、难度、区分度外，试卷的长度、试题的差异度等也会影响着测验的客观性。另外，我们要判断一份试卷的优劣，一般要进行试卷和试题的质量分析。试卷的质量分析，一般也要对试卷信度、效度、难度、区分度 4 个指标做出说明。

除了经典测量理论，测量的概化理论主要解决测量误差的问题，对于分析测量的信度有一定优势。项目反应理论数理逻辑严密，测量精度高，但对使用者的素质和客观条件都有很高的要求，故应用的范围受到限制。认知诊断理论是认知心理学与测量学相结合的产物，能为诊断性测验、形成性测验、过程性测验提供理论依据，因此该理论目前已经成为国内外课程测量学研究的重点和热点。在人才测评实践中，要根据具体的测评对象、目的和具备的条件选择恰当的理论来指导测评工作。当然如果能将几种测量理论的优势结合起来则会获得更好的测评结果。

第三节 | 基于经典测量理论的生物学学业质量测量

生物学学业质量是学生在完成本学科课程学习后的学业成就表现。生物学课程的学业质量测量是生物学课程实施中一个重要的教学过程，是生物学教师日常教学工作的一部分，因而也是生物学教师的基本教学技能。纸笔测验是生物学课程学业质量测量的重要形式之一，需要试卷的编制、试测、施测、评分、分数的统计、试卷质量分析等环节。限于篇幅，本书仅介绍试卷的编制与分数的统计两个基本环节。

一、基于经典测量理论的生物学学业质量试卷的编制

试卷的编制需要基于一定的测量理论。我国目前一般依据经典测量理论，即符合信度、效度、难度和区分度的指标。编制生物学学业质量测验试卷，首先要确定是目标参照测验还是常模参照测验、是单元测试还是期末测试、是配置性测验还是诊断性测验等问题。因为不同类型的测验其测量目的不同，难度要求也不相同，确定了试卷的测试目的及其行使的功能，试题难度、区分度及试题的内容就基本有了一个大致的范围。接着，就可以在经典测量理论关照下编制试卷了。一般来说，试卷编制的主要程序有以下几个重要过程。

（一）设计测验的蓝图——双向细目表

为了测验试题的取样对生物学课程与教学内容及教学目标有较好的代表性，既能覆盖所要测量的全部内容，又能反映各部分内容和各认识层次的相对比重，应确定各部分内容和各认知层次测题数量的比率，这就是测验蓝图。这个蓝图一般用双向细目表来表示，表8-2展示了基于改造后的布鲁姆目标层次设计的测验蓝图，纵标目一般表示生物学测验试题的范围，横标目表示要求测量的生物学学习的能力层次，中间数字表示测题的比率。

教师根据测验目的及教学目标的要求，以教学目标为横轴，以测验内容范围为纵轴，画出一个二维度的分类表，且均衡分配好试题比重或题数于表中的每个细目里，并尽量使试题的取材能够充分涵盖所要评价的教学目标和测验内容的

表 8-2 "组成细胞的分子"单元测验双向细目表

各章内容	知道	理解	分析	综合运用	总计
第1节 细胞中的元素和化合物	7	5	4	4	20
第2节 细胞中的无机物	6	5	4	3	18
第3节 细胞中的糖类和脂质	5	5	5	4	19
第4节 蛋白质是生命活动的主要承担者	3	6	8	4	21
第5节 核酸是遗传信息的携带者	4	5	7	6	22
总计	25	26	28	21	100

范围，以作为编拟测试题的设计蓝图，这样的一个二维度分类表便叫作双向细目表。拟订双向细目表时，要注意层次分类合理、比例恰当。布鲁姆认为，按照他对认识领域目标的分类，各层次适宜的比例为：知道占15%，领会占25%，运用占30%，分析占15%，综合占10%，评价占5%。我国较多的人认为，前3个层次共应占60%～70%，分析、综合可占30%～40%，评价则占0～10%。实际上，在测验试卷编制时，可以有小的偏离。

（二）规划试卷的结构

试卷的结构包括试卷的隐性结构和显性结构。

试卷的整体构思属于隐性结构。在试卷的整体构思中，需要精心设计命题的基本思路，确定其基本宗旨，这是试卷命制的关键。试卷的难度结构，也叫难度分布，是指试卷的整体难度如何，各题的难度是如何安排的，各个难度档次的试题分别占有多大比例，这也是隐性的。试卷的知识结构、能力结构是指试卷所涉及的知识、考查能力的类别及其比重要求等。描述试卷知识结构、能力结构的工具可用双向细目表来规划。试卷的心理结构是指试卷所考查的心理成分、情感态度成分及其在试卷中的具体表现。因而，在试卷的编排时，将试题由易到难排列，整个试卷具有难度的层次性，不同程度的考生都将充满信心和兴趣来完成试题。前面的试题是热身题，具有稳定考生心理的特殊作用。

试卷的显性结构包括试卷的框架结构与题型结构。试卷的框架结构一般由试卷的名称、考试的时限、全卷的满分值、密封线、试卷使用说明、试题、解答用纸或用卡、附件（试题答案、评分标准和细则等）等构成。试卷的题型结构应统筹考虑和规划有关题型，综合考虑各种题型之间的搭配，以最大限度地发挥试题的整体功能。

（三）筛选试题，组题拼卷

按照双向细目表的要求，选用或自拟合适的试题入卷。筛选试题与组题拼卷需要处理题量及其分布、题型及搭配、难易及其层次、试题在卷面上的安排等问题。

一份优质试卷的试题筛选与组题拼卷应符合以下 7 个方面的要求。第一，一致性的要求，即试卷指导思想与测试目标一致，符合考试大纲、课程标准或教学目标的要求。正规的标准化考试，如中考、高考等会有考试大纲确定测量的目标。一般的教师自编测验，测量目标的确定要依赖于教师对课程标准与教学目标的分析。测量目标要与课程目标、教学目标一致起来。第二，全面性的要求，即考核内容应覆盖全面，考核点分布合理，各种考核内容比例适当，符合生物学科特点，有较好的代表性，又突出重点，注意联系社会和生活实际。第三，适度性的要求，即试卷试题的难度比例、考查深度要符合考试大纲或课程标准、教学目标的规定和要求（表 8-3）。第四，适量性的要求，即试卷的分量要适当，既能保证试题覆盖率和信度、效度要求，又能（在难度测验情况下）保证考生有足够的解答时间。一般认为，教师做题时间和学生做题时间的比例可掌握在 5 : 2 或 3 : 1。第五，独立性的要求，即试卷中各道试题间要有相对独立性，不能有构成对其他试题提供正确答案的线索，不能出现有答案暗示或引导答案线索的试题。第六，合理性的要求，即试卷中的试题编排要合理，符合心理学化和科学化的要求，如同类型试题集中编排并冠以扼要的指导语，说明解答的要求和方式。在各类试题中尽量按照先易后难顺序排列。第七，简明性的要求，即每道试题的叙述要简明、准确、易懂，避免使用艰深难懂的字词，学生阅读试题后能确切知道题意，明确在解题过程中做什么、怎么做、答案用什么形式表述等，不致对题目的要求捉摸不透，以减少不必要的丢分。

表 8-3 单元测验、高考、竞赛试题的难度分布

难度	单元测验	高考	竞赛
0.9	20%		
0.8	40%	20%	
0.7	30%	30%	20%
0.5	10%	30%	30%
0.3		20%	30%
0.1			20%

（四）建立评分标准

对每道入卷的试题赋予一定的分值，并详细规定评分标准，是试卷设计与编制的重要一步。它直接影响着学生的考试成绩，对考试的质量也起着关键的作用。通常，在制定双向细目表时已预置题分，并随着试卷的编制进程，时有调

整，直至评分标准的制定，才最后确认。在这个过程中，必须综合考虑各因素和它们之间的关系，合理地给各道试题赋分。一般情况下，是按试题的难易程度赋分，难的分值高，容易的分值低。另外，建立详细、科学的评分标准，还可以提高评分者的评分信度，提高测量的质量。

二、生物学试卷考试分数的统计

考试成绩是习得的课程评价的重要内容。科学的成绩分析对课程的调整、教学过程的改进、学生核心素养的提高均有重要的帮助作用。但原始的分数所反映的信息是很有限的，这需要引入"统计量"，以正确地解释测验分数，从而有效地分析考试分数代表的意义，也便于从繁杂的数据中找到该数据集的特点，进而描述数据集的整体情况，为课程评价获得有价值的依据。生物学课程学业水平测验中最常用的统计量有三大类：集中量数、差异量数和位置量数。

▶️ 视频讲解 8-1 考试分数代表的意义

（一）集中量数

集中量数也称平均的数，是代表一组数据典型水平或集中趋势的统计量。常用的集中量数包括算术平均数、加权平均数、中位数、众数等，它们的作用都是度量次数分布的集中趋势。

1. 算数平均数

算术平均数是一组同质数据值的总和除以数据总次数（频数）所得的商。令 M 代表算数平均数，X_i 代表各个原始数据，N 代表数据的个数，则：

$$M = \frac{\sum X_i}{N}$$

2. 加权平均数

加权平均数即将各分值乘以相应的权数，然后加总求和得到总体值，再除以总的单位数。若以 x 代表分值，w 代表相应分值的权数，则加权平均数 $\overline{X}$ 可以表示为：

$$\overline{X} = \frac{x_1 w_1 + x_2 w_2 + \cdots + x_n w_n}{w_1 + w_2 + \cdots + w_n}$$

某一指标的权重是指该指标在整体评价中的相对重要程度。权重表示在评价过程中，被评价对象不同侧面的重要程度的定量分配，对各评价因子在总体评价中的作用进行区别对待。表 8-4 示意小明与小田的生物学课程加权成绩。

3. 中位数

中位数（median）又称中值，是按顺序排列的一组数据中居于中间位置的数，代表一个样本、种群或概率分布中的一个数值，其可将数值集合划分为相等

表 8-4 小明与小田生物学课程加权成绩的计算

姓名	测验项目与权重			加权成绩
	平时成绩（权重20%）	期中成绩（权重30%）	期末成绩（权重50%）	
小田	80	90	95	90.5
小明	95	90	80	86.0

的上下两部分。对于有限的数集，可以通过把所有观察值高低排序后找出正中间的一个作为中位数。如果观察值有偶数个，通常取最中间的两个数值的平均数作为中位数。

4. 众数

众数（mode）是指在统计分布上具有明显集中趋势点的数值，代表数据的一般水平。也是一组数据中出现次数最多的数值，有时众数在一组数中有好几个。有时没有众数。

上述统计量中，用得最多的是算术平均数，它是一个接近数据"真值"的值。比如我们要测量一个学生的实验操作能力，进行了多次测验，得到多个成绩，而这些成绩的平均数则是最接近他的真实能力的值。再如我们要想通过一次测验了解一个班级的学习情况，班上不同学生考了不同的成绩，最能反映班级整体情况的值就是该班的算数平均分。不过，在统计算数平均数时要注意两点：其一，不同质的测验分数不能求算数平均数。例如，不同科目的考试、前后不同的非标准化考试的成绩不能求平均数，如生物考 90 分与语文考 90 分其意义是不一样的。其二，算数平均数不能表示群体分数的差异。比如一组生物学考试成绩分别为 95、85、75、65、55、45，另外一组成绩为 73、72、71、69、68、67，这两组成绩的平均分都是 70 分，如果只知平均分，对学生的个别差异就不能表现出来，还必须找出个别分数彼此间的变化范围，即差异量数。

（二）差异量数

差异量数描述测量结果的分散程度和离散程度。集中量数和差异量数必须相结合才能反映一组数据的全貌。上段的例子中，第一组最大数与最小数之间相差 50 分，而第二组最大数与最小数之间只差 6 分，这说明第一组数据之间差异较大，第二组数据之间差异较小。最常用的差异量数主要有方差和标准差。

1. 方差

方差常用 S^2 或 δ^2 表示，计算公式为：

$$S^2 = \frac{\sum (x_i - \overline{X})^2}{N}$$

x_i 代表各个数据，$\overline{X}$ 代表该组数据的平均数，N 代表数据的个数。

2. 标准差

标准差的含义是从正态分布理论中推论出来的，其计算方法是：

$$S=\sqrt{\frac{\sum(x_i-\overline{X})^2}{N}}$$

从公式可以看出，一个班级分数越高低不齐，其方差与标准差越大；反之，分数越彼此相近，其标准差越小。一个班级内学生知识与能力水平是否整齐，均可用标准差来衡量。

例如，10 名学生的生物学考试分数为 67、85、70、74、90、82、83、61、77、78。这些学生考试分数的标准差是：首先计算算数平均分，代入公式求得标准差是 6.90877：

$$\overline{X}=\frac{67+85+70+74+90+82+83+61+77+78}{10}=76.7$$

$$S=\sqrt{\frac{\sum(x_i-\overline{X})^2}{N}}$$

$$=\sqrt{\frac{(67-76.7)^2+(85-76.7)^2+\cdots+(78-76.7)^2}{10}}$$

$$=6.90877$$

（三）位置量数

平均分数和标准差从总体上描述了考生的集中情况与差异情况，但是如果要进一步了解某个学生在团体中属于哪一个层次，就需要确定学生在团体中的位置，即需要引入"位置量数"。常用的位置量数如标准分、百分位数、等级赋分等。

1. 标准分

标准分是以标准差为单位来衡量某一分数与平均分数之间的差距，适用于各种比较和计算，是反映个人在团体中相对位置的统计量。标准分的计算公式为：

$$Z=\frac{X-\overline{X}}{S}$$

由公式可以看出，标准分有 3 种可能性：大于 0，小于 0，或是等于 0。正值越大，成绩越靠前；负值越负，成绩越差；标准分为 0，则正好是平均水平。标准分的意义在于：其一，标准分可以比较同一学生在不同阶段的学业成绩，从而评价其学习的发展（表 8-5）。其二，标准分可以比较同一学生不同学科的学业成绩，且同一学生不同学科的学业成绩可以相加（表 8-6）。其三，标准分可以比较不同学生同一学科或不同学科的学业成绩（表 8-7）。

表 8–5　小明同学不同学期生物学成绩的标准分比较

时间	生物学学业原始分数	全班平均分	标准差	标准分
上学期	88	91	15	−0.2
下学期	78	68	9	1.1

表 8–6　小明同学高二下学期选考科目成绩

学科	原始分数	标准分
生物学	74	0.7
化学	70	−0.6
地理	58	1.7
总计		1.8

表 8–7　小明与小田高二下学期选考科目成绩比较

学科	小明原始分数	小田原始分数	小明标准分	小田标准分
生物学	74	77	0.7	1.0
化学	70	96	−0.6	2.0
地理	58		1.7	
物理		41		−1.2
总计			1.8	1.8

从表 8–5 可以得知，小明上学期生物学成绩虽然为 88 分，但低于全班平均成绩 0.2 个标准差，而下学期生物学成绩虽然只有 78 分，但从标准分来看却比上学期好，高于全班平均成绩 1.1 个标准差。可见，小明学习成绩有了明显的进步。

从表 8–6 可以得知，小明同学地理 58 分，但却高出总体 1.7 个标准差，因而，相对来说，小明的地理成绩较好。三科成绩标准分可以相加，总分为 1.8。

从表 8–7 可以得知，小明同学与小田同学虽然选考科目不同，两人选课科目的总分不等，但从标准分看，他们选考科目的总成绩无高低之分。

2. 百分位数

百分位数是用于衡量数据位置的量数。用 99 个数值或 99 个点，将按大小顺序排列的观测值划分为 100 个等份，则这 99 个数值或 99 个点就称为百分位数，处于 $p\%$ 位置的值称为第 p 百分位数。百分位数提供了各数据项如何在最小值与最大值之间分布的信息。对于无大量重复的数据，第 p 百分位数将它分为两个部分。大约有 $p\%$ 的数据项的值比第 p 百分位数小；而大约有（$100 - p$）% 的数据

图 8-3 小安同学生物学课程测试的原始分数和百分位数

项的值比第 p 百分位数大。因此，第 p 百分位数是这样一个值，使得至少有 $p\%$ 的数据项小于或等于这个值，且至少有 $(100-p)\%$ 的数据项大于或等于这个值（图 8-3）。

从图 8-3 可知，小安同学生物学原始分数是 99 分，班级百分位数是 97%，表示班里约有 97% 学生的成绩低于小安同学的成绩，有约 3% 学生的成绩高于或等于小安同学的成绩。一般情况下，同一学生的班级百分位数小于学校百分位数，但当同班学生并列名次的情况下，班级百分位数可能会超过学校百分位数。

与百分位数类似，如果将所有数值按大小顺序排列并分成 10 等份，处于 9 个分割点位置的分数就是十分位数。如果将所有数值按大小顺序排列并分成 4 等份，处于 3 个分割点位置的分数就是四分位数。第 25 百分位数又称第一个四分位数（first quartile），用 $Q1$ 表示；第 50 百分位数又称第二个四分位数（second quartile），用 $Q2$ 表示；第 75 百分位数又称第三个四分位数（third quartile），用 $Q3$ 表示。如果将所有数值按大小顺序排列并分成 2 等份，处于中间分割点位置的分数就是二分位数，即中位数，也即第 50 百分位数。

3. 等级赋分

"等级"意为按质量、程度、地位等的差异而做出的区别，如按商品等级规定价格。教育测量中的"等级赋分"即根据一定的标准并按考生成绩在全体考生中的等级位置给予相应的分数。等级赋分在目前的高考赋分制度中备受关注。

2014 年 9 月，国务院颁布《国务院关于深化考试招生制度改革的实施意见》（国发〔2014〕35 号）。同年，浙江、上海作为试点省份首先启动了新高考改革。随后，北京、山东、海南、天津 2017 年秋也开始启动新高考方案。接着，江苏、湖北、福建、辽宁、广东、重庆、河北、湖南等省份也开始推进新高考的改革。进行新高考改革的省份，取消了文理分科，采取"3 + 3"或"3 + 1 + 2"方式进行高考。"3 + 3"方案，其中的一个"3"为 3 门核心课程，即语文、数学、英语；另外一个"3"即从思想政治、历史、地理、物理、化学、生物学等 6 门科目中自主选择 3 科。由于考生选考科目不同，不同科目的试卷难度、区分度不同，评分标准也不一样，其考试分数不同质，无法实现不同科目考试成绩的可加、可比性。为此，浙江、上海、天津采取了等级赋分方案（表 8-8），山东采取了等比例转换赋分方案（表 8-9）。

表 8-8 浙江省高考等级赋分表

等级	1	2	3	4	5	6	7	8	9	10	11
赋分	100	97	94	91	88	85	82	79	76	73	70
比例	1%	2%	3%	4%	5%	6%	7%	8%	7%	7%	7%
等级	12	13	14	15	16	17	18	19	20	21	
赋分	67	64	61	58	55	52	49	46	43	40	
比例	7%	7%	7%	6%	5%	4%	3%	2%	1%	1%	

表 8-9 山东省高考等比例转换赋分表

等级	1	2	3	4	5	6	7	8
等级比例 %	3	7	16	24	24	16	7	3
等级成绩区间	91~100	81~90	71~80	61~70	51~60	41~50	31~40	21~30
原始成绩区间	89~98	79~88	64~78	52~63	39~51	25~38	24~19	0~18

针对山东方案，原始分与等级分等比例换算方式为：

$$\frac{该区间高考最高分 - 学生原始成绩}{学生原始成绩 - 该区间高考最低分} = \frac{等级赋分区间最高分 - 学生等线成绩}{学生等线成绩 - 等线赋分区间最低分}$$

如果小明的生物学课程高考原始成绩为 92 分，设小明的生物学课程等级成绩为 X，则：

$$(98 - 92)/(92 - 89) = (100 - X)/(X - 91)$$

$$X = 94$$

因此，小明的生物学课程高考原始成绩为 92，小明的生物学课程等级成绩为 94。

对于实施选科的 3 门课程，已经实施新高考改革的省市中，绝大部分采取了赋分制。但有一个省份是例外，海南省选择了标准分转化法。海南省自 1988 年以来，一直使用标准分呈现高考成绩。标准分转换方法参照了现代教育测量理论和统计学原理，其本质是正态分布理论。海南省不仅将选考的 3 科原始成绩转换为标准分，而且将语文、数学、英语 3 科原始成绩也转换为标准分数，以反映考生成绩在考生总体中的位置。

第四节 ｜ 指向核心素养的生物学学业质量测量与评价

基于核心素养的考试评价改革是核心素养课程改革的有机组成部分。促进生物学科核心素养的形成，必须基于核心素养考试命题的科学方略编制生物学试卷。现行中学生物学课程标准研制了学业质量标准，为基于核心素养的生物学学业质量测量与评价提供了依据。

一、生物学学业质量标准

生物学学业质量标准以生物学科核心素养及其表现水平为主要维度，结合生物课程内容，对学生的学业成就表现进行了总体的刻画。简单地说，即要求在完成一定阶段的学习任务后，学生生物学科核心素养应该达到相应的水平。

具体说来，可以从以下 3 个方面理解生物学学业质量标准。其一，生物学学业质量标准是生物学科核心素养和生物学课程内容有机结合后制定的，是连接生物学科核心素养、生物学课程标准、生物学课程考试及评价的桥梁。其二，生物学学业质量标准是基于生物学科核心素养建立的，是生物学科核心素养在生物学课程与教学中的具体表现；同时，生物学科核心素养引领生物学学业质量标准的研制方向。其三，生物学学业质量标准主要界定了学生经过一段时间生物学课程学习后，应该达到或必须达到的基本能力水平和程度要求，是学生核心素养在生物学课程中的体现，直接反映了学生应达到的生物学课程学业结果。因此，学业质量标准是阶段性测量与评价、学业水平考试命题的重要依据。

有了生物学课程的学业质量标准，教师在教学目标的设计中就能够更加清晰地知道具体课程内容、学科核心素养须达到的程度；有了学业质量标准，考试评价就能够更好地体现对学生学科核心素养的考查，促进核心素养在教育评价领域的落地。可见，在功能上，学业质量标准与生物学课程的教学、评价连接得更加紧密，在课程实践与课程评价中更具操作意义。它能够有效地指导教师教学的广度和深度，保障基于核心素养生物学课程目标的有效达成。因此，生物学学业质量标准是构建现代生物学课程体系的重要组成部分。

二、生物学科核心素养发展水平与学业质量水平的对应关系

《义务教育生物学课程标准（2022 年版）》以 4 类情境阐释了义务教育生物学学业质量水平。为方便基于学科核心素养的学业质量评价，《普通高中生物学课程标准（2017 年版）》在研制生物学学业质量标准时还从 4 个水平上界定了生物学科核心素养，然后依据其不同水平学业成就表现的关键特征，结合必修课程和选择性必修课程的重要概念、方法等对学生学习相应的课程后所表现出的学习结果按照核心素养水平进行了学业质量水平的描述。生物学科核心素养发展水平与学业质量水平的对应关系见表 8-10 至表 8-13。

表 8–10 生物学科核心素养之"生命观念"发展水平与学业质量水平的对应关系

水平等级	学业质量水平	学科核心素养水平
水平 1	能初步以结构与功能观、物质与能量观等观念，说出生物体组成结构和功能之间的关系、光合作用和呼吸作用中的物质与能量转换、遗传与变异的物质基础和规律等；初步运用进化与适应观，说出生物的多样性和统一性；在给定的问题情境中，能以生命观念为指导，分析生命现象，探讨生命活动的规律，设计解决简单问题的方案	初步具有结构与功能相适应的观念及生物进化观念，能从分子与细胞水平认识生物体的结构与功能是相适应的，生物的适应性是长期进化的结果，初步具有物质和能量观
水平 2	能运用结构与功能观、物质与能量观等观念，举例说明生物体组成结构和功能之间的关系、光合作用和呼吸作用中的物质与能量转换、遗传与变异的物质基础和规律等；运用进化与适应观举例说明生物的多样性和统一性；在特定的问题情境中，能以生命观念为指导，分析生命现象，探讨生命活动的规律，设计方案解决简单问题	具有结构与功能相适应的观念和生物进化观念，并能运用这些观念分析和解释简单情境中的生命现象；具有物质和能量观，结合简单情境说明生命活动的维持包括物质代谢和能量代谢
水平 3	能运用结构与功能观、物质与能量观、稳态与平衡观等观念，举例说明生物体组成结构和功能之间的关系、遗传与变异的物质基础、稳态的维持和调节机制、生态系统的平衡原理等；运用进化与适应观举例说明生物的多样性和统一性，以及与环境的关系；在特定的问题情境中，能以生命观念为指导，分析生命现象，探讨生命活动的规律；基于上述观念，能综合运用科学、技术、工程学和数学（STEM）知识和能力，设计方案，解决特定问题	具有结构与功能相适应的观念和生物进化观念，并能运用这些观念分析和解释较为复杂情境中的生命现象；综合物质和能量观及稳态与平衡观，在特定情境中说明生态系统中时刻存在物质循环和能量流动
水平 4	能运用结构与功能观、物质与能量观、稳态与平衡观等观念，阐释生物体组成结构和功能之间的关系、遗传与变异的物质和结构基础、稳态的维持和调节机制、生态系统的平衡原理等；运用进化与适应观阐释生物的多样性和统一性，以及与环境的关系；在新的问题情境中，能以生命观念为指导，解释生命现象，探究生命活动的规律；基于上述观念，能够将科学、技术、工程学和数学（STEM）知识和能力综合运用在实践活动中，解决生活中的实际问题	具有结构与功能相适应的观念和生物进化观念，并能基于这些观念识别身边的虚假宣传和无科学依据的传言；具有物质和能量观，并能指导、解决生产和实践中的具体问题；具有稳态与平衡观，并能指导人的健康生活方式，指出某一生态系统的构成要素及影响其平衡的因素

表 8-11 生物学科核心素养之"科学思维"发展水平与学业质量水平的对应关系

素养水平	学业质量水平	学科核心素养水平
水平 1	能认识到生物学概念是基于科学事实，经过归纳与概括、演绎与推理等方法形成的；能理解分子与细胞、遗传与变异等相关概念的内涵；能用上述概念和科学思维方法解释简单情境中的生命现象	能够认识到生物学概念都是基于科学事实经过论证形成的，并能用这些概念解释简单的生命现象
水平 2	能基于特定的生物学事实，采用归纳与概括、演绎与推理等方法，以文字、图示的形式，说明分子与细胞、遗传与变异等相关概念的内涵；针对生物学相关问题，能运用科学思维方法展开探讨；在面对有争议的社会议题时，能利用生物学重要概念或原理，通过逻辑推理阐明个人立场	能够以特定的生物学事实为基础形成简单的生物学概念，并用文字或图示的方式正确表达，进而用其解释相应的生命现象
水平 3	能基于给定的事实和证据，采用归纳与概括、演绎与推理等方法，以文字、图示或模型的形式，说明分子与细胞、遗传与变异、稳态与调节、生物与环境等相关概念的内涵，举例说明生物工程与技术的原理及其与社会之间的关系；针对生物学相关问题，能运用科学思维方法展开探讨、审视或论证；在面对有争议的社会议题时，能利用生物学重要概念或原理，通过逻辑推理阐明个人立场，做出决策	能够从不同的生命现象中，基于事实和证据，运用归纳的方法概括出生物学规律，并在某一特定情境中，运用生物学规律和原理，对可能的结果或发展趋势做出预测或解释，并能够选择文字、图示或模型等方式进行表达并阐明其内涵
水平 4	能基于事实和证据，采用归纳与概括、演绎与推理、模型与建模等方法，以恰当的形式阐释分子与细胞、遗传与变异、稳态与调节、生物与环境等相关概念的内涵，论述生物工程与技术的原理及其与社会之间的关系；在面对生产、生活中与生物学相关的新问题情境时，能熟练运用科学思维方法展开探讨、审视或论证；在面对有争议的社会议题时，能利用生物学重要概念或原理，通过逻辑推理阐明个人立场，做出决策并解决问题	能够在新的问题情境中，基于事实和证据，采用适当的科学思维方法揭示生物学规律或机制，并选用恰当的方式表达、阐明其内涵；在面对生活中与生物学相关的问题并做出决策时，利用多个相关的生物学大概念或原理，通过逻辑推理阐明个人立场

表 8-12 生物学科核心素养之"科学探究"发展水平与学业质量水平的对应关系

素养水平	学业质量水平	学科核心素养水平
水平 1	能针对给定的分子与细胞、遗传与进化等相关的生物学问题，根据实验计划，使用简单的实验器具，按照实验操作步骤进行实验，如实记录实验数据，并分析得出结论，写出实验报告并与他人进行必要的交流；认同在生物学的探究过程中开展合作的必要性	能够使用简单的实验器具；基于给定的实验方案完成简单的实验；记录相关数据；能以书面的形式将实验结果记录下来
水平 2	能提出分子与细胞、遗传与进化等相关的生物学问题；能熟练地使用常见的实验器具，制订简单的实验方案或在给出的多个方案中选取恰当的方案并实施，如实记录实验数据，并分析各项数据，得出合理的结论；能与他人合作开展探究活动，规范撰写实验报告，与他人交流所得结果和存在的问题	能够正确使用工具进行观察；提出生物学问题，在给出的多个方案中选取恰当的方案并实施；选用恰当的方法如实记录和分析实验结果；能与他人合作完成探究，以口头或书面的形式与他人展开交流
水平 3	能够针对特定情境提出可探究的生物学问题或生物工程需求，基于给定的条件，设计并实施探究实验方案或工程学实践方案，运用多种方法如实记录和分析实验结果；能举例说明人类的活动对环境产生的影响，以及生物多样性对生态系统的维持、人类生存和发展的重要意义；能主动合作，推进探究方案或工程实践的实施，并运用科学术语报告实验结果	能够熟练运用工具展开观察；针对特定情境提出可探究的生物学问题或生物工程需求；基于给定的条件，设计并实施探究实验方案或工程学实践方案；运用多种方法如实记录和分析实验结果；在小组学习中能主动合作，推进探究方案或工程实践的实施，并运用科学术语报告实验结果
水平 4	能够针对日常生活和生产中的真实情境，提出清晰的、有价值的、可探究的生命科学问题或生物工程需求，查阅相关资料、设计并实施恰当可行的方案，运用多种方法如实记录，创造性地运用数学方法分析实验结果，并客观分析与评价生物技术产品在生产和生活中的应用所产生的效益和风险；能论证人类的活动对环境产生的影响，阐释生物多样性对生态系统维持、人类生存和发展的重要意义；在生物学的探究过程中起组织和引领作用，运用科学术语精确阐明实验结果，善于沟通，开展有效的合作	能够恰当选用并熟练运用工具展开观察；针对日常生活的真实情境提出清晰的、有价值的、可探究的生命科学问题或可达成的工程学需求；基于对相关资料的查阅，设计并实施恰当可行的方案；运用多种方法如实记录，并创造性地运用数学方法分析实验结果；能够在团队中起组织和引领作用，运用科学术语精确阐明实验结果，并展开交流

表 8-13 生物学学科核心素养之"社会责任"发展水平与学业质量水平的对应关系

素养水平	学业质量水平	学科核心素养水平
水平 1	形成热爱生命、人与自然和谐共处的基本观念,认同环境保护的必要性和重要性;认同健康文明的生活方式,远离毒品;能对有关生物学的社会热点议题进行理性判断	知道社会热点中的生物学议题;认同健康文明的生活方式,珍爱生命,远离毒品;认同环境保护的必要性和重要性,认同地球是人类唯一的家园
水平 2	形成热爱生命、人与自然和谐共处的基本观念,初步形成保护环境意识,参与绿色家庭、绿色学校、绿色社区等行动;养成健康文明的生活方式,远离毒品,并能抵制封建迷信和伪科学;形成敬畏生命的观念,遵循正确的伦理道德,能对有关生物学的社会热点议题进行理性判断	关注并参与社会热点中的生物学议题的讨论;接受科学、健康文明的生活建议,珍爱生命,远离毒品;了解传染病的危害与防控知识;形成环保意识与行为,参与绿色家庭、绿色学校、绿色社区等行动;关注生物学技术在生产生活中的应用
水平 3	形成珍爱生命、人与自然和谐共处的观念,养成保护环境、维护生态平衡的行为习惯,积极参与绿色家庭、绿色学校、绿色社区等行动,并提出人与环境和谐相处的一些建议;养成健康文明的生活方式,远离毒品,自觉抵制封建迷信和伪科学;形成敬畏生命的观念,遵循正确的伦理道德,能对生殖性克隆人等社会热点议题进行科学判断	基于生物学的基本观点,辨别迷信和伪科学;制订适合自己的健康生活计划;珍爱生命,远离毒品;主动运用传染病的相关防控知识保护自身健康;参与社区生物多样性保护及环保活动的宣传和实践,积极参与绿色家庭、绿色学校、绿色社区等行动;具有通过科学实践解决生活中问题的意识和想法
水平 4	形成珍爱生命、人与自然和谐共处及可持续发展的观念,养成保护环境、维护生态平衡的行为习惯,积极参与绿色家庭、绿色学校、绿色社区等行动,并提出人与环境和谐相处的合理化建议;养成健康文明的生活方式,自觉远离毒品,参与毒品危害的宣传;能够鉴别并自觉抵制封建迷信和伪科学;遵循正确的伦理道德,能对生殖性克隆人等社会热点议题进行科学的评价	对现代生物技术在社会生活中的应用,基于生物学的基本观点,辨别并揭穿伪科学;制订并践行健康生活计划;向他人宣传毒品的危害及传染病的防控措施;参与当地环保建议的讨论,积极参与绿色家庭、绿色学校、绿色社区等行动;能通过科学实践,尝试解决现实生活中的生物学问题

三、生物学学业质量的测量与评价

核心素养具有可教、可学的外显部分,也存在无声、无形但可感、可知的内隐部分。外显的核心素养较易测量,目前有多种成熟的测量方法;内隐的核心素养较不易测量，需要加强对其形成过程的高度关注，多以定性、形成性评价的方式进行分析或测量。

（一）指向核心素养的测评缘何需要情境化

核心素养本质上是个体的内在品质或特征，绝大部分是无法直接观测的，因此需要间接测量。个体所具备的核心素养及水平，必须借助于他们在具体任务中的实际表现加以推测。而要确保这种推测的合理性，就必须建立所测的核心素养与个体在具体任务上实际表现之间的关联，这正是现行两学段课程标准制定学业质量标准的意义所在，它构筑了核心素养与任务反应之间的桥梁——"情境"（图 8-4 至图 8-7）。

1. "情境"构筑了核心素养与任务反应之间的桥梁

情境对核心素养中"缄默知识"或"内隐理论"具有解蔽的意义。核心素养在学生头脑中存在无声无形的内隐部分。波兰尼（M. Polanyi）从认识论的视角提出了"缄默知识"的概念，斯腾伯格（R. Sternberg）从心理学视角对"缄默知识"进行了深化研究。斯腾伯格认为缄默知识在表现形式上具有潜在性和隐蔽性，难以通过语言或文字进行正式的逻辑说明，但却能在某一特定的情境中显现出来。建立核心素养与个体在具体任务表现之间的关联，通过任务反应水平可以间接测量核心素养水平。由此可见，情境化试题的命制对核心素养测评的重要意义。另外，情境认知学习理论认为，情境能提供有意义学习、促进知识在真实生活情境中的应用等深度学习的方式。按照情境认知理论，个体的心理通常在情境

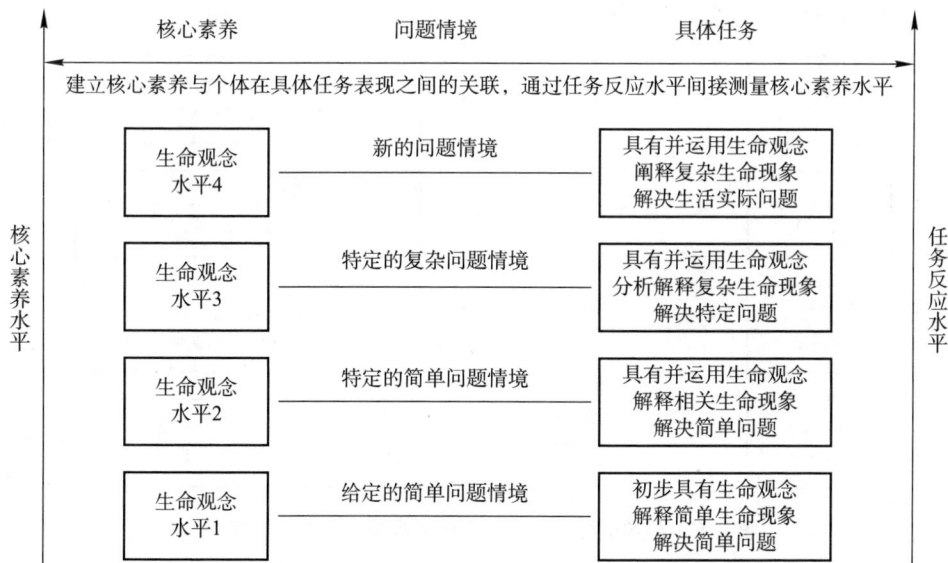

图 8-4 生命观念表现水平与任务反应水平之间的关系

核心素养　　　　　　问题情境　　　　　　　　具体任务

建立核心素养与个体在具体任务表现之间的关联，通过任务反应水平间接测量核心素养水平

核心素养水平

科学思维水平4　　　新的问题情境　　　　揭示与表达生物学规律 逻辑推理解决问题

科学思维水平3　　　特定问题情境　　　　归纳概括生物学规律 逻辑推理作出决策

科学思维水平2　　　特定问题情境　　　　形成与表达简单概念 解释相应生命现象

科学思维水平1　　　简单问题情境　　　　知道概念形成过程 解释简单生命现象

任务反应水平

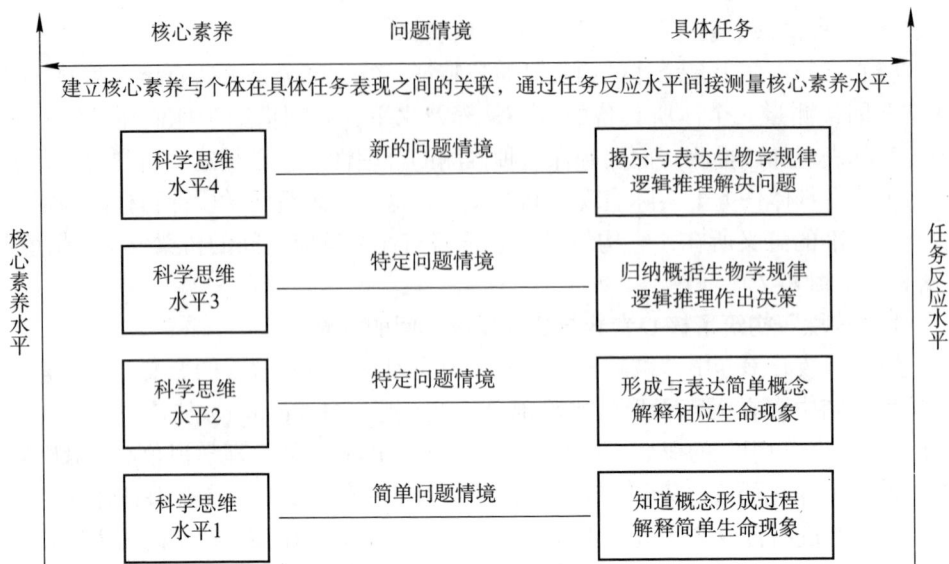

图 8-5　科学思维表现水平与任务反应水平之间的关系

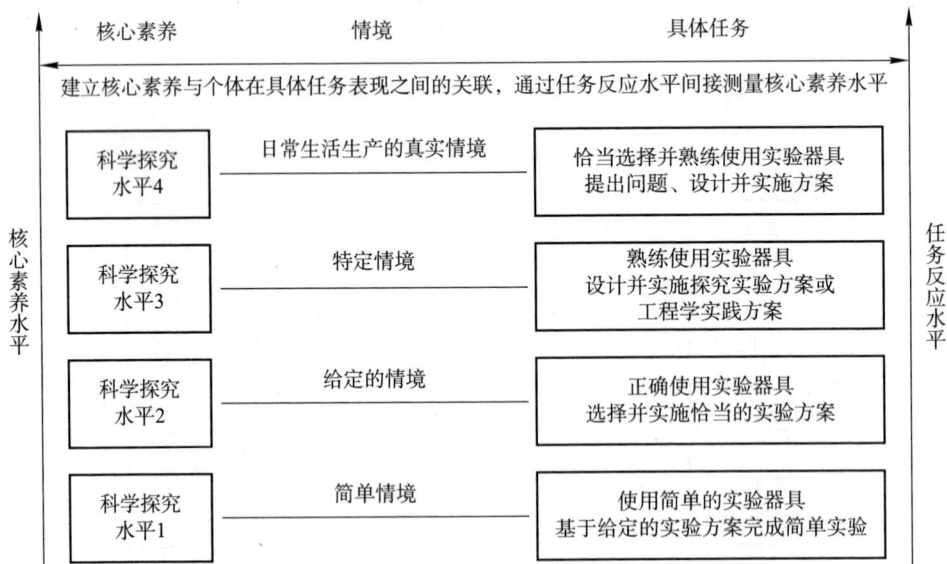

核心素养　　　　　　情境　　　　　　　　　具体任务

建立核心素养与个体在具体任务表现之间的关联，通过任务反应水平间接测量核心素养水平

核心素养水平

科学探究水平4　　　日常生活生产的真实情境　　恰当选择并熟练使用实验器具 提出问题、设计并实施方案

科学探究水平3　　　特定情境　　　　熟练使用实验器具 设计并实施探究实验方案或 工程学实践方案

科学探究水平2　　　给定的情境　　　　正确使用实验器具 选择并实施恰当的实验方案

科学探究水平1　　　简单情境　　　　使用简单的实验器具 基于给定的实验方案完成简单实验

任务反应水平

图 8-6　科学探究表现水平与任务反应水平之间的关系

核心素养　　　　　　　社会议题　　　　　　　具体任务

建立核心素养与个体在具体任务表现之间的关联，通过任务反应水平间接测量核心素养水平

核心素养水平	社会责任水平4	特定生物学社会热点议题	科学评价社会决策	任务反应水平
	社会责任水平3	特定生物学社会热点议题	责任判断责任实践	
	社会责任水平2	简单生物学社会热点议题	责任参与责任内化	
	社会责任水平1	简单生物学社会热点议题	责任认知责任认同	

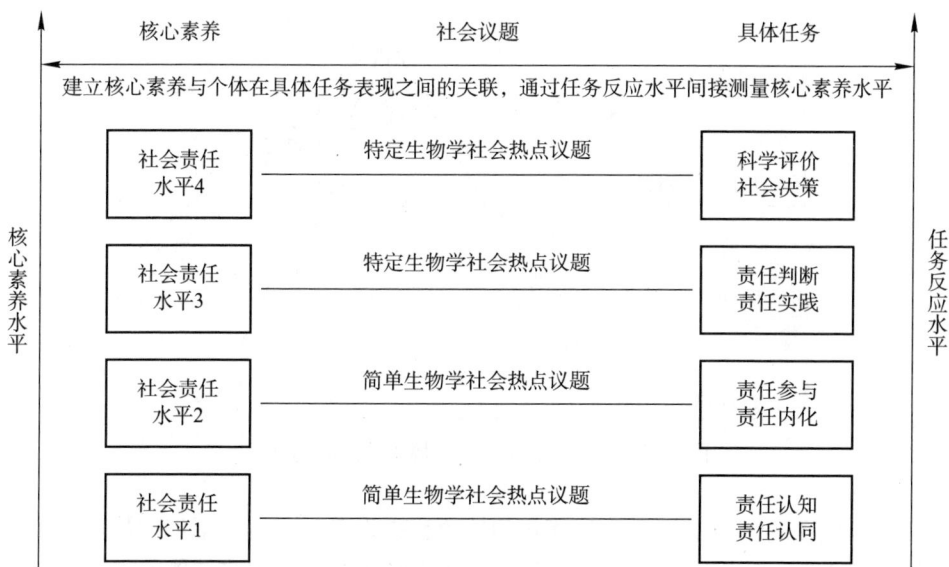

图 8-7　社会责任表现水平与任务反应水平之间的关系

中进行活动，学生的解题过程也是如此，核心素养的测评理应"情境化"。

2."情境"是测评学生核心素养发展水平的重要依托

与碎片化学科知识点相比，核心素养指向的是教育领域中复杂的理论建构，是学生通过后天学习形成的综合性学习结果。这种综合性体现在它不是在固定情境下的简单应用，而是在不同情境下的创造性应用，是学生在应对各种复杂陌生情境时表现出来的人格品质与心智灵活性。当学生直面复杂现实问题或任务时，他们会通过持续的探索与尝试，不断观察、预测、实践和反思，试图建立情境、观念和结果之间明晰的内在关系。如果让学生反复操练大量脱离情境、有固定解题套路的问题，这样的问题难以引发学生真正的思维，也就不会培养学生核心素养。核心素养的科学测评，必须依赖于合理的、真实的任务情境，才有可能实现。

3."情境"转换是考查学生核心素养迁移效果的必要因素

所谓迁移，是指学习主体能利用在 A 情境中习得的价值观念、必备品格、关键能力，部分或全部地解决 B 情境中的问题，即当初始学习情境迁移到另一个新的情境时，学习结果对新的情境仍然能产生影响或发挥作用。可见，若考查核心素养的迁移水平，必须设置真实、科学、新颖的问题情境。通过问题情境的不同水平可以间接推测核心素养的迁移水平（图 8-8）。情境既是学生核心素养形成和培养的途径和方式，也是测评核心素养迁移水平的重要手段。学生在学校所"获得"的学科知识或技能，之所以无法迁移到现实生活中，关键在于学校的学

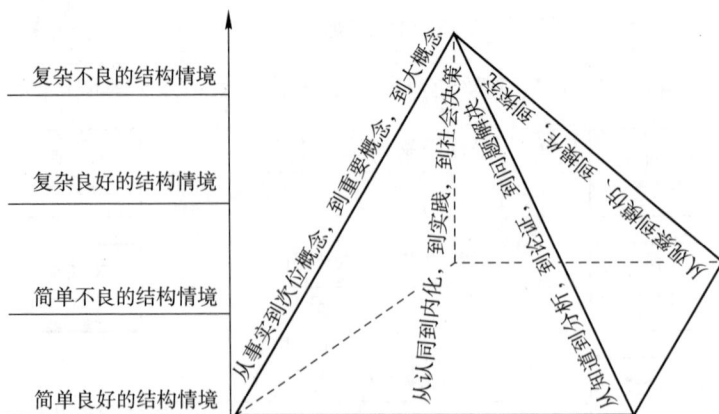

图 8-8 核心素养水平与情境水平之间的关系

习活动所依存的情境被过于人为简化和抽象，丧失了与现实生活的连接。脱离了具体问题或任务情境，学生其实无法建构所学具体领域知识或技能的真正含义。

（二）阶段性测量与评价

阶段性的测量与评价是日常生物学教学过程中不可或缺的重要环节。它应以学生的发展为本，以生物学课程目标、课程内容要求、学业质量标准为依据，以生物学大概念、重要概念等主干知识为依托，以多种方式检测学生生物学科核心素养的发展水平。在生物学学业质量测量与质性分析的基础上，实行导向性与激励性的生物学课程评价，使之既能促进学生核心素养水平的提升，又能推动教师教学水平的提高，实现评价者和被评价者共同发展。

以普通高中生物学课程为例，在"生命观念"方面，主要考查学生是否逐步形成了认识生命的基本观念，如生物体的结构与功能相适应、生物始终处于发展变化之中，生物对环境具有适应性等，以及学生能否运用这些生命观念探索生命活动规律、解决实际问题等；在"科学思维"方面，主要考查学生是否逐步养成科学思维习惯，能运用归纳与概括、演绎与推理、模型与建模、批判性思维、创造性思维等方法，探讨、阐释生命现象及规律的能力；在"科学探究"方面，主要考查学生是否具备了观察能力、发现问题的能力、设计和实施探究方案，以及探究结果的分析、交流等能力；在"社会责任"方面，主要考查学生是否具有关注社会重要议题的意识和社会责任感，以及开展生物学实践活动的意愿和能力等。以 2019 年人教版《普通高中教科书生物学必修 1 分子与细胞》的"复习与提高"为例，按照学科核心素养的不同发展水平，表 8-14 统计了全书 50 题大致考查的核心素养及发展水平。

每一道题目都可考查学生某种或某几种学科核心素养，总体来看，"复习与提高"所体现的核心素养发展水平以水平 1 与水平 2 居多。

表 8-14　2019 年人教版《普通高中教科书生物学必修 1 分子与细胞》
"复习与提高"考查的核心素养与发展水平

章	复习与提高		总计
	选择题	非选择题	
第1章	1（生命观念水平 1） 2（生命观念水平 1） 3（生命观念水平 1/ 科学思维水平 1） 4（生命观念水平 1/ 科学思维水平 1）	1（生命观念水平 1/ 科学思维水平 2） 2（生命观念水平 2/ 科学思维水平 2） 3（科学思维水平 2/ 社会责任水平 4）	7
第2章	1（生命观念水平 1） 2（生命观念水平 1） 3（生命观念水平 1/ 科学思维水平 1） 4（生命观念水平 2/ 科学思维水平 2） 5（生命观念水平 1） 6（生命观念水平 1） 7（生命观念水平 1） 8（生命观念水平 1）	1（生命观念水平 2/ 科学思维水平 2） 2（生命观念水平 2/ 科学思维水平 2） 3（生命观念水平 2/ 科学思维水平 2） 4（生命观念水平 2/ 科学思维水平 3）	12
第3章	1（生命观念水平 1） 2（生命观念水平 1/ 科学思维水平 1） 3（生命观念水平 1） 4（生命观念水平 1） 5（生命观念水平 1） 6（生命观念水平 1）	1（生命观念水平 1/ 科学思维水平 2） 2（生命观念水平 2/ 科学思维水平 2）	8
第4章	1（生命观念水平 1/ 科学思维水平 1/ 　科学探究水平 1） 2（生命观念水平 2/ 科学思维水平 1） 3（生命观念水平 2/ 科学思维水平 1） 4（生命观念水平 2/ 科学思维水平 2/ 　科学探究水平 1）	1（生命观念水平 1/ 科学思维水平 2） 2（生命观念水平 2/ 科学思维水平 2） 3（生命观念水平 2/ 科学思维水平 3）	7
第5章	1（生命观念水平 1） 2（生命观念水平 1） 3（生命观念水平 2/ 科学思维水平 1） 4（生命观念水平 1/ 科学思维水平 1） 5（生命观念水平 1） 6（生命观念水平 2/ 科学思维水平 1）	1（生命观念水平 1/ 科学思维水平 2） 2（生命观念水平 3/ 科学思维水平 3/ 　社会责任水平 2）	8

章	复习与提高		总计
	选择题	非选择题	
第 6 章	1（生命观念水平 1）	1（生命观念水平 1/科学思维水平 1）	8
	2（生命观念水平 1）	2（生命观念水平 2/科学思维水平 3/	
	3（生命观念水平 1）	科学探究水平 1）	
	4（生命观念水平 2/科学思维水平 2）	3（生命观念水平 4/科学思维水平 4/	
	5（生命观念水平 1）	社会责任水平 4）	

---

4. 1969 年，人们在坠落于澳大利亚默奇森镇的陨石中发现了氨基酸，这些氨基酸不是来自地球。由此你可以作出什么推测？

图 8-9　第 2 章 "复习与提高" 非选择题第 4 题

　　图 8-9 题目描述了人们在陨石中发现了氨基酸，且非地球所有，要求学生据此情境进行推测。根据该章有关蛋白质知识的学习，学生很容易联想到氨基酸是组成蛋白质的基本单位，而蛋白质又是生命活动的主要承担者，由此得出结论：宇宙中很可能还存在与地球生物类似的生命形式。本题目针对生物学相关问题，让学生运用演绎推理的科学思维方法展开探讨、审视或论证，可以检测与评价学生的科学思维水平 3。同时，这道题目还让学生在特定的问题情境中，以 "结构与功能观" 为指导分析生命现象，探讨生命活动的规律，设计方案解决简单问题，因此还可以检测与评价学生的生命观念水平 2。

---

3. 2002 年 7 月 12 日，美国《科学快报》报道了纽约州立大学几位病毒学家人工合成脊髓灰质炎（俗称小儿麻痹症）病毒的消息和简略的研究过程。用人工合成的病毒感染小鼠的实验证明，人工合成的病毒能够引发小鼠脊髓灰质炎，只是毒性比天然病毒小得多。
　　回答下列问题。
　　（1）人工合成脊髓灰质炎病毒，是否就是人工制造了生命？
　　（2）人工合成病毒的研究，应该肯定还是应该否定？为什么？

图 8-10　第 1 章 "复习与提高" 非选择题第 3 题

　　图 8-10 题目以生物学热点问题创设情境，引导学生积极关注社会热点，并参与到相关生物学议题的讨论之中。这道题目引导学生遵循正确的伦理道德，并对社会热点议题进行科学的评价，可以检测与评价学生的社会责任水平 4。同时，这道题目还考查了学生能否在面对有争议的社会议题时，利用生物学重要概念或原理，通过逻辑推理阐明个人立场，因此还可以检测与评价学生的科学

思维水平 2。

（三）学业水平的测量与评价

生物学学业水平考试是测量与评价学生是否达到国家课程标准规定的生物学学业质量标准要求的考试，主要目的是评价学生学科核心素养的发展水平。

1. 学业质量水平与学业水平考试的关系

普通高中学业水平考试包括学业水平合格性考试和学业水平等级性考试。合格性生物学学业水平考试是基于高中生物学必修模块的课程内容，目的在于测量与评价学生在学完必修生物学课程后是否达到了普通高中课程标准规定的基本学业质量水平要求。等级性生物学学业水平考试是基于高中生物学必修模块与选择性必修模块的课程内容，目的在于甄别与选拔不同学业质量水平的学生，以满足高校对不同层次人才的需求。普通高中学业质量标准不仅是阶段性测量与评价的依据，也是学业水平考试命题的重要依据。学业质量标准的每一等级水平均包括生物学科核心素养的 4 个维度及不同水平之间的差异，主要表现在不同复杂程度的情境中运用各种重要概念和方法解决问题的程度，水平从低到高具有递进关系。一、二级水平，除解决问题的情境相对简单和解决问题的程度相对较低外，涉及的大概念、方法等仅限于必修课程内容，是生物学课程学业水平合格考试的命题依据。三、四级水平，解决问题的情境相对复杂，解决问题的程度要求相对较高，涉及的大概念、方法等包括必修课程和选择性必修课程的全部内容，是本学科学业水平等级性考试的命题依据。

义务教育生物学学业水平考试由纸笔测验、实验操作性考试和跨学科实践活动测评 3 部分组成。它是根据教育部有关规定，由省级或地市级教育行政部门组织实施的考试，以义务教育生物学学业质量标准为依据。考试成绩是学生初中毕业和高一级学校招生录取的重要依据。

2. 学业水平考试的命题建议

《普通高中生物学课程标准（2017 年版）》对生物学学业水平考试给出了 3 个命题原则。其一，命题应以课程标准中的内容要求、学业质量标准为依据，指向学生生物学科核心素养的发展水平；其二，试题素材应贴近学生生活实际，以真实问题情境组织命题，应注重考查学生综合运用所学知识和技能解决问题的能力；其三，试题的表述和指向要明确、清晰、直接，确保题目的公平性、科学性和规范性，要能区分出不同素养水平的学生。《普通高中生物学课程标准（2017 年版）》对生物学学业水平考试还给出了考试命题程序的建议。首先，应明确合格性考试与等级性考试的不同目的和要求，研究和理解课程标准中两者应测量的内容与学业质量水平的要求，结合本地区的实际情况，确定试卷的题量、题型分布与比例、恰当的题目难度，科学合理地编制测量试题。其次，应将生物学科核心素养及其发展水平、所涉及的知识和方法对应起来，建立试题编制的细目表，以规划学科核心素养的测试蓝图，以保证试题编制的信度、效度。第三，试题情境应围绕现实问题（包括热点问题）展开，尽量做到新颖、真实、科学、恰当，有一定的信息量和适当的复杂度，能够成为学生运用科学知识分析和解决实际问题的载体。基于试题情境的设问要有清晰的层次和严谨的逻辑，指向核心素养的不同水平。第四，依据课程目标、考试类别、学业质量标准和测试蓝图，对试题内容、试题题型、试题题量、试题难度、试题分布等反复打磨和修改，确保和提升题目质量。

《义务教育生物学课程标准（2022年版）》同样给出了学业水平考试命题原则及题目命制建议。在命题原则上，标准强调首先应坚持素养立意，围绕学习主题和大概念，创设真实情境，凸显育人导向；其次，应全面理解和体现标准要求，严格依据标准命题，保证命题的科学性和规范性；最后，应以核心素养为维度丰富试题形式，进而引领教学方式的改革。在题目命制上，标准建议按照"明确考查意图""选取情境素材""设定问题任务"和"确定评分标准"的基本流程进行。在明确考查意图的前提下，针对学生的年龄特征和认知水平，聚焦核心素养，结合课程内容，选取生产和生活中的实际问题、社会热点问题、生物科技新进展、生物科学史等素材，创设指向核心素养的问题情境。试题内容和形式要注重综合性、探究性和开放性，重点考查学生综合运用所学知识和方法分析问题、解决问题的能力，要有利于培养学生的社会责任感、创新精神和实践能力。

3. 普通高中学业水平等级考命题案例

基于核心素养的生物学学业水平等级考（高考）命题，对于未来基础教育课程改革的顺利推进，以及引领基于核心素养的课堂教学改革和高校选拔合格人才都具有十分重要的战略及现实意义。同时，这又是一项高难度的创新工作，需要更多人贡献智慧，更多的研究者和一线教师进行深入的研究和实践（吴成军，2016）。

以下见两则学业水平等级考命题案例分析。

案例 1

学业水平等级考试题——选择题

> 湿地是地球上重要的生态系统，具有稳定环境、物种保护及资源供应等功能。下图中甲和乙两条曲线分别表示湿地中两种生物当年的种群数量 N_t 和一年后的种群数量 N_{t+1} 之间的关系，下列有关说法正确的是（　　　）

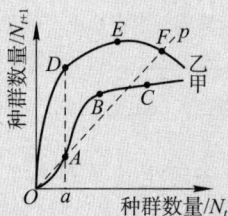

A. 甲曲线A、B、C三点中，表示种群数量增长的点为C点
B. 乙曲线D、E、F三点中，表示种群数量相对稳定的点为F点
C. 当N_t小于a时，甲、乙两条曲线中甲曲线所代表的生物更易消亡
D. 若种群甲长期处于C点，则其年龄结构为衰退型

这道试题改编自2015年山东理综第27题，由原来的非选择题调整成了选择题。试题首先设置问题情境，所考查的核心素养及发展水平见表8-15。

表8-15 案例1考查的核心素养及水平

考查的核心素养	核心素养表现	核心素养水平
生命观念	在特定的问题情境中，以"稳态与平衡观"为指导分析生命现象，探讨生命活动的规律	生命观念水平3
科学思维	在特定情境中，运用生物学规律和原理，对可能的结果或发展趋势做出预测或解释	科学思维水平3
社会责任	形成敬畏生命的观念，遵循正确的伦理道德，能对有关生物学的社会热点议题进行理性判断	社会责任水平3

案例2

学业水平等级考试题——非选择题

生物的有些性状受单基因控制，有些性状受多基因控制。回答下列问题：

（1）假设某作物的A性状（如小麦的有芒／无芒）受单基因控制，B性状（如小麦的产量）受多基因控制，则性状_____更容易受到环境的影响。

（2）若要通过实验探究B性状的表现与环境的关系，则该实验的自变量应该是_____，在设置自变量时，应该注意的事项有（答出两点即可）_____。

（3）根据上述两类性状的遗传特点，对于人类白化病的控制来说，一般应设法降低人群中_____；对于哮喘病的预防来说，一般可从改善其所处的_____入手。

这道试题为 2018 年高考全国生物单科卷第 28 题，同样首先设置问题情境，通过 3 个问题考查了学生生命观念、科学思维、科学探究与社会责任，所考查的核心素养及发展水平见表 8-16。

表 8-16 案例 2 考查的核心素养及水平

考查的核心素养	核心素养表现	核心素养水平
生命观念	运用"进化与适应观"说明特定情境下生物与环境的关系	生命观念水平 3
科学思维	在特定情境中，运用生物学规律和原理，对可能的结果或发展趋势做出预测或解释	科学思维水平 3
科学探究	能用科学的方法制订简单的实验方案	科学探究水平 2
社会责任	关注社会问题，关注公民的健康，并能通过科学实践解决现实生活中的生物学问题	社会责任水平 4

总之，要在生物学课程中落实"立德树人"的课程总目标，不仅要设计基于核心素养的生物学课程，打造基于核心素养的生物学课堂，整合基于核心素养的课程资源，还要能执行基于核心素养的生物学学业质量测量与评价。只有紧紧围绕生物学科核心素养命题，基于相应情境考查学生的核心素养发展水平，将基于核心素养的育人导向与基于核心素养的生物学课程改革、生物学教学改革一体化，才能将"立德树人"的课程总目标真正落到实处。

更多数字资源 🅮

📚 参考文献　　💻 教学课件　　📝 课后自测

后记

呼唤生物学教师课程意识的觉醒与回归

人们对教师课程意识的关注兴起于课程改革实践的反思之中。在我国的课程改革过程中，行政力量是首要的推动力。它表现为教育方针、重大教育法规、教育政策对课程改革的宏观指导和根本约束，课程方案（计划）、课程标准、教科书等物化课程对教学体系的全面管理等。我国课程改革过程中众多的专家、学者形成的学术力量，也以多种方式参与、推动了课程与教学的改革。他们有的直接主持课程改革实验，有的作为政府决策的智囊和参谋者，还有的作为课程知识信息的创造者、传播者、反思者、评论者。

那么，一线教师与课程改革的关系是什么呢？

"探究性学习"的倡导者——著名课程论专家和生物学家施瓦布（J. Schwab），曾经参与了结构主义课程改革。课程失利后，施瓦布历经14年，撰写了4篇里程碑式的论文[①]，对其老师——泰勒的"目标课程模式"及其他以理论为主的课程模式进行了批判，建立了"实践的课程范式"。在实践课程范式的视野内，施瓦布指出"教师即课程"。教师是课程的有机构成部分，是一个根据现有课程资源将课程规划转变为课堂里具体教学计划的设计者和开发者。他认为，课程实施是教师根据实际情况对课程目标、内容和方法进行调适的过程，是一个课程再创造的过程。因此，教师是课程的主体和创造者。在同一时期，著名课程论专家斯坦豪斯（L. Stenhouse）发起了"教师-研究者运动"，要求赋予教师以教授者和研究者的双重身份。他认为，如果没有教师主动参与、研究、内省，没有他们主动认识理解"官方课程"，没有他们根据实际情况把"官方的课程"转变成"操作的课程"，任何课程改革最终都是难以成功的。总之，不管是施瓦布所提出的"教师即课程"，还是斯坦豪斯所发起的"教师-研究者运动"，都有赖于教师课程意识的觉醒及课程意识带来的课程理解力。

---

① 4篇论文分别是《实践：课程的语言》《实践2：折中的艺术》《实践3：课程的转化》《实践4：课程教授要做的事情》。

那么，什么是课程意识呢？生物学教师需要什么样的课程意识呢？

郭元祥从"课程哲学"[①]的角度对"课程意识"做过详细的阐释。他认为课程意识是教师的一种基本专业意识，属于教师在教育领域的社会意识范畴。同时，作为一种特定形态的社会意识，课程意识是教师对课程系统的基本认识，是对课程设计与实施的基本反映。作为对课程存在的反映，课程意识的基本形式是观念层面的，在本质上是教师教育行为中或明确或隐含的"课程哲学"。钟启泉和岳刚德曾在批判"教学意识"泛化现象的基础上对"课程意识"做过界定。他们认为课程意识是指教师在课程实施中，在对课程目标和课程价值认同的基础上，自觉地将课程目标细化为教学目标，且在教学过程中不断审视教学目标的合理性，根据教学情境的变化灵活地选择教学方法实施教学，在课程情境中寻求教育意义，从而真正走向课程实践的自觉。

如果把课程意识看作郭元祥所说的"课程哲学"，从理论上讲，每位教师都具有自己的课程意识，其教学行为都或明或暗、或多或少地受到一定课程意识的支配，但问题是并不是每位教师都具有明确合理的课程意识。本书认为，生物学教师应具备的课程意识如下。

其一，课程的主体意识。生物学教师不仅决定着生物学课程资源的鉴别、开发、积累和利用，而且还是课程实施过程中首要的基本资源条件。生物学教师的素质状况决定了生物学课程资源的识别范围、开发与利用的程度，以及发挥效益的水平。另外，生物学教学过程中的学生也是生物学课程的主体。这一方面是指学生的"生活经验""学习经验""社会经验"是生物学课程的依据，另一方面是指学生在课程实施中发挥着能动性，学生创造着课程。可见，生物学教师及教学过程中的学生都是生物学课程的有机构成部分。

其二，课程的理解意识。课程专家古德莱德（J. I. Goodlad）把课程分为5个层面：理想的课程、正式的课程、领悟的课程、运作的课程、经验的课程。从古德莱德的"课程链"中可以看到，生物学教师只有认识与理解了专家提出的"理想的课程"、官方规定的"正式的课程"，才能高质量地生成生物学教师本人"领悟的课程"与"运作的课程"两环，然后直接影响这一链条最终的一环——学生"经验的课程"。生物学课程的理解包括对国家课程政策的理解、课程方案的理解、生物学课程标准的理解、生物学教科书的理解等，这是对官方正式课程的理解；生物学课程的理解还包括对生物学课程性质的理解、生物学课程理念的理解、生物学课程目标的理解、生物学课程结构与设计的理解、生物学课程内容与组织的理解、生物学课程评价的理解等，这是对专家理想课程的理解。只有生物

---

① 郭元祥这里所说的"课程哲学"，并非课程理论体系中的哲学研究领域或一门学科，而是一种意识形态。

学教师能够理解、愿意接纳并能够将官方的生物学课程转化为领悟的生物学课程和运作的生物学课程，生物学课程改革的目标才能实现；相反地，如果官方的生物学课程不能被生物学教师理解，或是被生物学教师曲解、误解甚至拒绝，生物学课程的改革将会成为一句空话。

其三，课程的生成意识。从古德莱德的课程运作链条来看，"领悟的课程"与"运作的课程"是教师基于自己的课程知识与课程理解，对预设的课程进行"再生产"，建构与生成"教师课程"的过程。可见，"教师课程"的形成是一个动态生成的过程，首先教师要对官方的正式课程进行解读，在这个解读的过程中，不同的教师就会有不同的感受和想法、做法，并把这些转化为自己的教学行为。如果在这个过程中，生物学教师能试着"把生物学课程中旧的、不合理的部分改成新的、能适应客观情况的"，生物学教师课程的生成意识便会与改革意识结合起来。

综上可见，教师的课程意识决定了其教学境界。一名生物学教师对生物学课程的性质、价值、目标、理念、内容、教材、评价等方面的理解和把握，直接影响了其在生物学教学过程中处理知识、设计活动、师生交往，以及教学过程所展示的教学效果。明确合理的课程意识高效、良性地支配着教师的教学理念、教学行为方式、教学评价方式、教师角色，以及教师本人在教学过程中的存在方式与生活方式。换句话说，生物学教师对生物学课程的理解直接影响了其对生物学教学的理解，生物学教师的课程意识影响了其生物学教学思维。

为此，本书呼唤生物学教师课程意识的觉醒与回归！

徐宜兰

2022 年 12 月

郑重声明

高等教育出版社依法对本书享有专有出版权。任何未经许可的复制、销售行为均违反《中华人民共和国著作权法》，其行为人将承担相应的民事责任和行政责任；构成犯罪的，将被依法追究刑事责任。为了维护市场秩序，保护读者的合法权益，避免读者误用盗版书造成不良后果，我社将配合行政执法部门和司法机关对违法犯罪的单位和个人进行严厉打击。社会各界人士如发现上述侵权行为，希望及时举报，我社将奖励举报有功人员。

反盗版举报电话　（010）58581999　58582371

反盗版举报邮箱　dd@hep.com.cn

通信地址　北京市西城区德外大街4号　高等教育出版社法律事务部

邮政编码　100120

读者意见反馈

为收集对教材的意见建议，进一步完善教材编写并做好服务工作，读者可将对本教材的意见建议通过如下渠道反馈至我社。

咨询电话　400-810-0598

反馈邮箱　gjdzfwb@pub.hep.cn

通信地址　北京市朝阳区惠新东街4号富盛大厦1座　高等教育出版社总编辑办公室

邮政编码　100029

防伪查询说明

用户购书后刮开封底防伪涂层，使用手机微信等软件扫描二维码，会跳转至防伪查询网页，获得所购图书详细信息。

防伪客服电话　（010）58582300